한국음식의 조리과학

손경희 외 지음

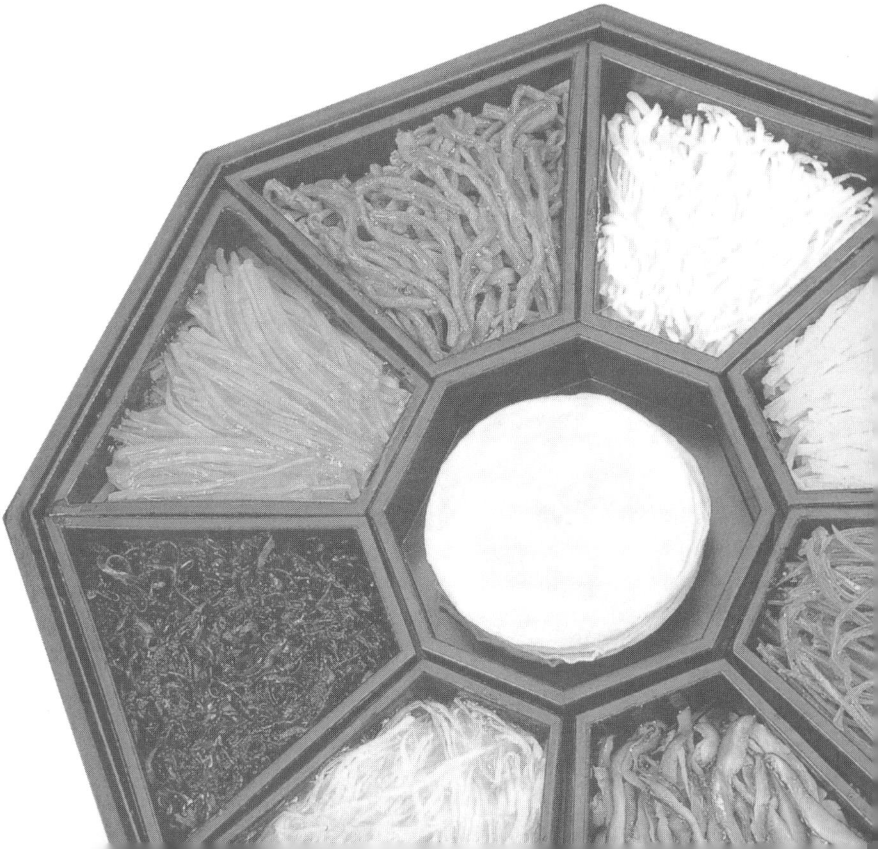

教文社

머리말

인류의 역사와 더불어 음식을 만드는 일은 계속되어 왔고, 각 지역의 민족들은 자연환경 즉 기후와 풍토에 따라 경험을 토대로 각기 지혜롭게 음식을 개발하고 고유한 음식문화를 형성하고 전승하여 왔다.

음식을 만드는 일은 과학이고 문화이며 예술이라 할 수 있다. 그러므로 과학적 · 전통적 · 문화적인 측면에서 학문적 체계가 이루어져야 한다고 본다. 20세기 중반부터 미국에서는 음식 만드는 방법을 교육하기에 앞서 음식을 만들기 위해 기본이 되는 조리원리를 교육하기 시작하였는데, 식품의 구성성분 및 구조와 조직을 이해하고 조리과정에서 일어나는 반응과 변화를 확인하며 실제로 음식을 만드는 데 이 원리를 적용시키는 이론을 정립하였다. 한편 타 문화권의 음식에도 관심이 증대되어 문화적인 측면의 이해를 돕기 위한 교육이 이루어졌다.

우리 민족의 식생활은 우리의 생활문화 가운데 가장 발달된 면이라 할 수 있으며, 체험에서 익힌 과학성과 영양적으로 식품배합의 합리성이 담겨 있고 과학의 원리를 잘 적용한 음식들이 전통적으로 뿌리내려 왔다. 전통적으로 토착된 고유한 한국음식의 조리원리를 과학적으로 재조명함으로써 한국음식을 바르게 이해하고 한국음식문화의 발전 방안을 모색할 수도 있을 것이다.

이 책은 한국 음식문화의 특징과 한국조리에 이용되는 양념과 고명, 주식과 부식, 그리고 후식류의 조리과학적 특성을 항목별로 조리법에 따라 조리원리를 언급하면서 조리과정의 합리화와 이해를 돕기 위한 내용으로 구성되었다.

그 동안 우리 연구실의 제자들이 강의 경험을 통해 교재의 절실한 필요성에 뜻을 모아 한국음식의 조리과학적 특성에 대한 부분을 정리하여 이 책을 집필하게 되었다. 그러나 시일도 촉박하고 여러 면으로 부족하여 미흡한 부분이 많을 것으로 생각된다. 한국음식을 체계적이고 과학적으로 이해하는 데 도움이 되는 자료가 되기를 바라며, 기회가 되는 대로 수정 보완해 나갈 것으로 알고 제자들의 노고에 감사한다.

끝으로 이 책이 출판되기까지 협조하여 주신 교문사의 류제동 사장님과 그 밖의 직원 여러분께 고마운 마음 전한다.

2001년 1월

손 경 희

차 례

제2장 주식의 조리과학적 특성 • 31

제3장 부식류의 조리과학적 특성 • 63

제 1 장

한국 음식문화의 개요

1 한국 음식문화의 특징

1) 한국의 자연환경

인류집단의 생활유형을 규제하는 가장 기본은 자연환경이다. 채집경제 생활을 하던 시대는 물론이고 목축이나 농경으로 생업경제사회를 성립할 때나 자연환경을 극복하고 살아가는 현대사회에서도 인간의 식생활 유형을 결정하는 것은 그들이 처한 자연환경이다.

우리나라는 아시아 대륙의 동북부에서 일본열도를 향해 길게 뻗은 반도국으로 북반구의 중위도 지역에 위치한다. 유라시아 대륙과 일본열도 사이에 걸쳐 있으며 기후나 문화적으로 양 지역의 중간적인 특징을 지니고 있어, 여러 면에서 대륙의 영향을 많이 받았을 뿐만 아니라 대륙의 문화를 일본에 전하는 다리 역할도 하였다.

기후적으로는 냉온대 기후대에 속하고 한대성 기후와 열대성 기후의 이중적인 성격을 띤다. 겨울철은 시베리아에서 불어오는 북서계절풍에 의해 한랭건조한 특징을 지니고, 여름철은 북태평양의 아열대성 고기압의 영향을 받아 고온다습하다. 연평균 강수량은 960ml로 세계의 평균 강수량인 743ml보다 높아 습윤지대에 속하고 연강수량의 40～60%가 여름철에 집중되며, 여름철의 고온다우한 특징과 긴 일조시간으로 수도재배에 알맞다. 그러나 강수량은 북으로 갈수록 감소하는 경향이 있어 벼농사는 중부 이남 지역에 편중되어 있다. 또한 사계절의 변화가 뚜렷하고 기온의 연교차 및 남북 차이가 커서 다양한 기후대가 분포한다. 이러한 특징은 기후대에 따른 식생활 문화의 차이를 가져와 향토음식문화와 계절에 따른 식문화가 발달하였다.

지형적으로는 산지가 전국토의 70%를 차지하는 산악국이지만 산맥의 높이가 200～400m 이하인 낮은 산지가 40% 이상이다. 산맥의 흐름은 주로 동쪽과 북쪽에 치우쳐 있어 동북이 높고 남서가 낮은 지형으로, 서해와 남해로 흐르는 하천의 하류에는 충적평야가 형성되어 벼농사의 중심지를 이루고 있다.

동해안과 서해안의 지세의 큰 차이와 남북의 기후차, 대지분지, 다도해의 존재 등 우리나라는 자연환경적으로 매우 다양한 특징을 지닌다. 이러한 풍토의 다양성은 두류·곡류 등 여러 식용작물의 재배를 가능하게 하였으며, 고추·낙화생·고구마·감자 같은 외래작물의 적지를 찾을 수 있게 하였다.

또한 삼면이 바다로 둘러싸여 있어 풍부한 수산자원을 지녔으며 일찍부터 원거리 지역과의 교류도 가능하였다. 우리나라 근해의 수온은 계절에 따라 변하며 서해·남해·동해가 영향을 받는 해류가 달라 한류성 및 난류성 어족이 모두 풍부하고 계절마다 수확되는 어족에 차이가 있어 지역 및 계절에 따라 특산 수산물과 수산가공품이 각각 발달하였다.

2) 한국의 식생활 역사

BC 6000년 무렵 한반도에 살던 선주민은 시베리아계 사람들이었으나 북방 유목민들이 청동기를 갖고 들어와 이들과 어울려 살면서 우리 민족의 원형인 맥족을 형성하게 되었는데, 이때 만들어진 나라가 고조선이었다. 맥족은 본래 유목민들로 그 당시의 식생활은 가축에 크게 의지하였을 것이다.

고조선 이후 설립된 부족국가의 하나인 부여의 관직명이 마가·우가·저가·구가 등 가축의 이름을 딴 것을 보면 그들의 생활에서 가축의 중요성을 짐작할 수 있다. 맥족은 가축을 이용한 육류 조리를 잘하여 오늘날 불고기의 원조인 맥적이란 요리가 중국에까지 명성을 떨쳤다. 이렇듯 육류 위주의 식생활을 한 맥족은 점차 한반도의 자연환경이 목축보다는 농경에 더 적합하다는 것을 알게 되었고, 또 농경으로 식량을 안정적으로 확보할 수 있다는 것을 깨닫게 되면서 농사에 주력하게 되었다.

우리나라의 농경은 신석기시대 중기 무렵에 시작되었다. 농경 초기에 재배하던 작물은 주로 조·기장·보리 등이었으며, 벼농사는 BC 20세기 무렵에 시작되어 BC 4세기에 이르러 철제농기구가 출현하면서 수확량이 증가되었으며 그 뒤 점차 주식으로 자리잡게 되었다. 또한 농업기술이 발전하면서 잡곡·벼·콩 등을 경작하였는데, 제각기 기후나 풍토가 적합한 곳에 보급되어 북부지역은 조·기장 같은 잡곡을, 남부의 서민층은 보리를, 귀족층은 벼를 주식으로 이용하며 농경문화가 뿌리를 내렸다.

곡류를 주식으로 하는 식문화가 자리잡히면서 대두가 함께 이용되었다. 콩은 양질의 단백질원으로 곡류식사에서 부족하기 쉬운 영양분을 보충해주는 훌륭한 식품이었다. 콩의 원산지는 옛 고구려 지역인 만주이지만 한반도 전역에서 생산되었는데, 우리 조상들은 다양한 대두 가공식품을 개발하여 효과적으로 이용해왔을 뿐 아니라 그 가공기술을 중국과 일본에 전파하기도 하였다.

부족국가들이 정리된 이후 세워진 삼국은 모두 농업을 바탕으로 하는 국가였다. 삼국시대에 전해진 불교가 살생을 금지하자 목축과 어로는 더욱 위축되고 많은 백성들이 농경에 종사하게 되었다. 벼농사 중심의 농경경제가 확립되면서 목축과 어로는 식생활의 보조역할만 하게 되었으며, 상류층에서는 쌀을 주식으로 하는 주부식의 분리가 정착되었다. 또한 국가체제가 갖추어지면서 신분제도가 확립되어 왕실과 귀족, 서민층의 식생활이 분리되었다.

신라의 삼국통일로 삼국이 각각 다르게 형성해온 음식문화가 교류되면서 한국 식문화 발달의 기틀이 마련되었고 식생활 체제가 정립되었다. 통일신라시대는 국내에서뿐만 아니라 일본, 당나라와도 식문화의 교류가 활발하여 삼국시대의 식문화가 세련되게 융합되고 다양하게 발달하였다. 외국과의 교역을 통해 들어온 차가 성행하였고 차에 곁들이는 과정류도 등장하게 되었다. 또한 이 시대에 이르러 국에 관한 기록이 처음으로 나타나며 미싯가루와 단술 같은 곡물음식과 국물김치도 개발되었다.

고려는 삼국시대에 들어온 불교를 더욱 발달시켜 이를 국교이자 정치의 지도이념으로 삼았다. 살생을 금지하는 불교의 영향으로 육식은 사라지게 되고 채식을 위주로 하는 소요리(蔬料理)가 유행하였으며 음다풍속과 함께 과정류가 널리 이용되었다. 통일신라시대부터 분화되기 시작한 상류층의 식생활은 사치가 극에 달하여 주례(酒禮)·성례(盛禮) 같은 연회를 즐겼으며, 유밀과나 우유 같은 사치스러운 음식의 유행은 국가적인 문제가 되기도 했다.

고려시대에는 새로운 조미료와 기호품이 많이 이용되었는데, 대표적인 것으로는 초·참깨·참기름과 송과의 교역으로 들어온 후추·설탕·사탕 등이 있고 몽고로부터 전해진 만두와 소주도 널리 이용되었다. 또한 소금의 전매권이 국가로 귀속되어 일반인들은 소금을 생산할 수 없게 되었다. 이렇게 소금이 널리 보급되면서 소금을 이용한 조리법·저장법이 발달하였다.

통일신라시대에 생겨난 국은 고려시대에 와서 대표적인 부식으로 자리잡게 되며 밥과 국이 우리 식생활의 기본 상차림 구조가 되었다. 조리법으로는 기름에 튀기거나 지지는 형태의 요리법이 발달하여 몽고에까지 그 방법이 전해졌다. 가공식품으로는 콩나물과 두부가 처음 등장하였고 간장과 된장은 최저생활을 위한 필수품이었다. 오랫동안 고려인들의 식생활에서 자취를 감추었던 육식은 원나라의 영향을 받았던 고려 말에 와서 다시 시작되었으며, 고려시대 후기에는 식생활상이 완전히 달라져 다양한 육류 조리법이 발달하였고 회로도 즐겨먹었다.

조선시대는 불교를 배척하고 유교를 숭상하는 정치윤리를 기초로 하였으며, 이러한 기초이념이 식생활 문화에도 큰 영향을 미쳤다. 고려시대까지 불교와 함께 성행했던 음다풍속은 사라지고 유밀과도 금지되었다. 한편 유학자들은 신분질서의 안정에 필요한 의례를 중요시하여 주자의 가례를 모범으로 한 상례식·제례식·혼례식 등 통과의례에 따른 식생활 규범이 만들어졌으며, 신분에 따른 식생활의 규제도 심해져서 서민·양반·왕 등 지위에 따라 먹을 수 있는 반찬의 수가 제한되었다. 또한 식사규범 및 예절이 엄격해졌으며 왕권중심의 정치가 이어져오면서 화려한 궁중식이 발달하였고 이 궁중식이 민간으로 전래되기도 하였다.

조선시대 후기는 오늘날의 한식(韓食)이 완성된 시대로, 오늘날 우리 식문화의 기틀이 마련된 때이자 고추를 비롯한 외국식품이 도입되고 외국의 요리법과 식사풍습이 유입되어 식생활이 다양해졌다. 특히 고추의 전래는 우리 식생활 문화에서 하나의 혁명적 사건이었다. 조선시대 전기에 도입된 고추가 후기에 와서 김치를 비롯한 여러 음식에 널리 이용함으로써 오늘날 우리 음식의 형식을 완성하게 되었으며, 또한 고추장을 만들어 양념으로도 사용하였다.

3) 우리나라 식생활 문화의 특징

우리 민족은 농경을 생활의 근본으로 삼아왔기 때문에 쌀이나 보리 등 곡물로 만든 밥을 주식으로 하며, 떡이나 죽 · 국수 같은 여러 곡물음식이 발달하였다. 곡류와 더불어 재배된 두류 역시 한국인의 식생활에서 빼놓을 수 없는 중요한 식품이었으며 다양한 두류가공품이 개발되어 전해내려오고 있다. 또한 곡물로 만든 밥을 주식으로 하고 여기에 육류나 어류 · 채소 등으로 만든 반찬을 부식으로 이용하는, 주식과 부식이 구분되는 식사형태를 갖추고 있다.

음식에 이용되는 식품의 종류가 많으며 조리법이 다양하고 복잡하여 음식의 맛도 제각각 다를 뿐만 아니라, 장류와 김치 · 젓갈 등 저장 발효식품이 발달한 것도 한국 식문화의 특징이라 할 수 있다. 유교의 영향을 받은 상차림과 식사예법이 발달하여 의례에 따라 준비하는 음식과 상차림법이 정해져 있으며, 식사의 예법이 매우 엄격하여 매달 특별한 날을 정해놓고 계절에 맞는 별미 음식을 해먹는다.

(1) 주 · 부식의 문화

우리나라 일상식에서 가장 큰 특징은 주식과 부식의 구분이 뚜렷하다는 것이다. 주식은 곡식을 주재료로 하는 여러 형태의 밥이나 죽이 있으며, 부식은 주식과 상보하여 먹는 반찬으로 서양의 사이드 디시(side dish)와는 근본적으로 의미가 다르다.

주식으로는 오곡 가운데 주로 쌀을 이용하였다. 쌀은 우리 풍토에서 재배하기에 적합하며, 다른 작물에 비해 생존에 요구되는 열량을 생산하는데 적은 면적을 필요로 한다. 또한 영양면에서도 우수할 뿐 아니라 입식에 적합한 특징을 지녔다. 따라서 쌀은 한국인의 식생활에서 빼놓을 수 없는 가장 중요한 식품이며 쌀을 빼놓고 한국인의 식생활, 한국인의 문화를 이해한다는 것은 있을 수 없는 일이다.

밥을 주로 하는 상차림을 반상차림이라 하는데 이때 준비하는 반찬의 수에 따라 3첩, 5첩, 7첩, 9첩, 12첩 반상이 있다. 반상의 첩수는 밥, 국, 김치, 조치, 간장, 초장 등을 제외한 반찬의 수를 말한다.

식사는 하루 세끼 먹는 것을 상례로 하는데 이런 식사습관은 삼국시대에 시작되었으며, 삼국이 통일된 뒤에는 1일 2식으로 하였는데 이때는 아침과 저녁식사만을 하였다. 고려시대에는 다시 1일 3식의 식사형태가 정착하였다. 우리나라에서는 서양과 다르게 하루의 식사 가운데 아침을 매우 중요하게 여겨왔으며 1일 2식을 하는 경우에도 아침이 아닌 점심을 생략하였다.

한국음식은 유난히 습성 음식이 많고 탕반문화가 발달하였다. 따라서 세계적으로 유일하게 숟가락의 사용이 보편화하였다.

(2) 김치의 문화

곡식을 주식으로 하면서 비타민 · 무기질이 풍부한 채소의 보충이 필요했으므로, 우리 조상들은 채소가 생산되지 않는 겨울철을 대비하여 일찍부터 채소 저장방법을 개발하여 왔다. 김치는 절인 채소에 양념을 첨가하여 발효시킨 저장식품으로, 채소류의 신선한 향미에 소금의 짠맛과 젖산의 신맛, 고추의 매운맛과 젓갈의 감칠맛 등이 어우러진 세계 어느 나라에서도 찾아볼 수 없는 우리나라의 걸작품이다. 김치는 우리가 주식으로 이용하는 쌀밥과 기호적으로도 잘 어울리며 서양인들의 치즈처럼 한번 그 맛에 매료되면 잊을 수 없어 다시 찾게 되는 세계적으로 잘 알려진 우리 전통식품이다.

김치에 대한 기록은 중국의 고서인 《시경》에 최초로 등장한다. 《시경》에는 김치의 전신인 저(菹)가 처음으로 나오는데, 이때 저는 채소를 소금이나 초에 절인 절임류인 듯하다. 우리나라에서는 1527년(중종 22년)에 편찬된 《훈몽자회(訓蒙字會)》에 처음으로 '딤채'란 말이 등장한다. 기록상으로는 이렇게 늦게 나타나지만 우리나라는 신라시대에 이미 배추가 재배되었으며 장 같은 발효식품이 보편적으로 이용된 것으로 보아 이미 그 당시 김치를 이용했을 것으로 추측된다. 그러나 중국의 저와 같은 형태의 김치가 우리만의 독특한 맛을 갖게 된 것은 고추가 도입된 이후이다.

현재 우리나라에서 이용되고 있는 김치는 재료나 지역에 따라 매우 다양하여 배추김치류 11종, 무김치류 21종, 나물김치류 20종, 물김치류 19종, 기타 김치류가 46종이며, 깍두기류 16종, 동치미류 10종 등 모두 143종이나 된다.

(3) 대두의 문화

전통적으로 채식 위주의 식생활 문화를 영위해온 우리 민족에게 콩은 단백질의 급원으로 매우 중요한 위치를 차지하여 왔다. 콩은 본디 유목민족이었던 우리 조상들이 곡류 위주의 식생활 형식으로 전환하면서 부족하기 쉬운 단백질을 보충해주는 중요한 식품이었다. 따라서 일찍부터 대두를 많이 이용해온 우리 조상들은 장류와 두부·콩나물 같은 다양한 대두 가공식품을 발달시켜 왔으며, 오늘날에도 우리의 식생활에 없어서는 안 될 중요한 식품들로 자리하고 있다.

대표적 대두 가공식품인 장류는 음식에 간을 맞추거나 조미하는 데 이용되어 모든 음식의 맛을 좌우하는 기본 식품이다. 그렇기 때문에 예로부터 각 가정의 음식맛은 장맛으로 결정된다고 하였으며, 장담그기와 간수하기에 온갖 정성을 기울여왔다. 언제부터 우리나라에서 장이 만들어지기 시작했는지 정확하게 알 수는 없으나, 《삼국지위지동이전》에서 고구려 사람이 장양(藏醸)을 잘한다는 기록이나 신라 신문왕 때 왕비의 폐백품목에 장(醬)과 시(豉)가 있는 것으로 보아 그 당시 이미 장류는 우리나라 사람들의 기본 식품이 아니었을까 생각된다.

지금은 장류의 종류 및 담금법이 단순화되어 그 종류가 제한되어 있으나 조선시대에는 20여 종이나 되었다. 현재 이용되는 장류로는 간장·된장·청국장·담북장·즙장·막장·고추장 등이 있다. 오늘날 장류는 맛을 제공하는 것 이외에도 항암효과가 있는 건강식품으로도 알려져 각광을 받고 있으며, 우리 식품의 우수성을 입증하고 있다.

(4) 젓갈의 문화

삼면이 바다로 둘러싸인 우리나라는 수산물이 풍부하게 생산되었으며 다양한 수산가공품을 이용해왔다. 젓갈 역시 어패류를 저장하기 위해 소금에 절여 발효시킨 것으로 소금을 이용하기 시작한 때부터 발달해온 식품으로 생각되며, 문헌상으로는 신라시대 왕비의 폐백품목으로 기록되어 있어 오래 전부터 기본 식품으로 이용되어 온 것 같다. 우리나라 수산발효식품은 식염만을 사용해 발효시킨 젓갈과 절인 생선에 삶은 곡물과 채소를 첨가하여 발효시킨 식해가 있으며, 원재료인 생선에 따라 그 종류가 다양하다.

젓갈은 김치에 첨가되는 주요 부재료로 감칠맛을 제공하는 역할을 하며, 또한 양념을 첨가하여 반찬으로도 이용한다. 식해는 내장을 제거한 생선을 뼈째 먹을 수 있도록 가공한 식품으로, 염농도가 낮아 많은 양을 먹을 수 있는 고단백의 유산균 발효식품이다.

4) 식사예절

한식 상차림은 본래 독상을 원칙으로 하였으며, 겸상을 할 경우는 한 대를 걸러서만 가능했고 동성의 같은 항렬 사이에도 겸상이 가능했다. 그러나 현대에 와서는 겸상이나 두레상이 보편화하였고 함께 식사를 하게 됨에 따라 식탁에서의 예절을 지키는 일이 더 중요하게 되었다.

- 식사 전에는 얼굴과 손을 깨끗이 하고 음식을 대해야 하며 아무리 바쁜 일이 있더라도 음식이 나오면 즉시 먹어야 한다.
- 어른과 함께 식사를 할 때는 어른이 먼저 수저를 든 후에 아랫사람이 들어야 하며, 숟가락과 젓가락을 한 손에 들거나 숟가락이나 젓가락을 그릇에 걸쳐놓아도 안 된다.
- 식사를 시작할 때는 먼저 숟가락으로 국이나 김칫국물을 떠 마시고 나서 밥이나 다른 음식을 먹어야 하며, 음식을 먹을 때는 젓가락으로 밥상을 두드리거나 수저가 그릇에 부딪혀 소리가 나지 않도록 한다. 그리고 밥그릇이나 국그릇을 손으로 들고 먹으면 안 된다.
- 밥상에서는 소리를 지르거나 수저를 상 바닥에 세게 놓아서는 안 되며 한숨을 쉬어서도 안 된다. 또 밥을 먹을 때 기침을 해서도 안 되고 다 먹고 나서 하품을 해서도 안 되며, 식사가 끝난 뒤 물을 마시고 나서 다시 반찬을 먹어서도 안 된다.
- 밥이나 국이 뜨거워도 입으로 불면 안 되고 국이나 죽을 너무 많이 마셔 꿀꺽 소리를 내거나 쩝쩝 소리를 내서도 안 된다. 다른 사람과 함께 식사할 때 음식을 자기 앞으로 옮겨서는 안 되며, 더러운 얘기를 하거나 식사가 끝나기 전에 화장실에 가서도 안 된다. 또 먹자마자 먼저 일어나서도 안 되고 재채기나 트림을 해서도 안 된다. 점잖은 자리에서는 밥을 국에 말아 먹지 않는 것이 예의이며 탁한 국이나 기름기가 있는 국에는 밥을 말지 않는다.
- 식사의 속도는 다른 사람들과 보조를 맞추어야 하며, 어른과 함께 식사

할 경우에는 어른이 수저를 내려놓은 다음에 따라서 내려놓도록 한다.

- 식사를 하면서 수저에 음식이 묻어 있지 않도록 하며, 식사가 끝나면 수저는 처음 위치에 가지런히 놓는다.

5) 세시풍속과 음식문화

부족국가시대부터 내려온 제천의식과 관련한 식생활 풍속은 명절음식이나 계절식으로 이어져 계절의 미각을 즐기는 세시풍속이 오늘날까지도 이어지고 있다.

- **1월**에는 설날과 대보름 · 입춘 등의 명절이 있다. 1년 가운데 가장 큰 명절인 설날은 세찬과 세주를 마련하는데 세찬으로는 떡국을 가장 즐겨먹는다. 정월 대보름 전날인 음력 정월 14일에는 오곡밥을 지어 묵은나물을 반찬으로 하여 먹으며 약식을 준비한다. 묵은나물을 먹으면 더위를 먹지 않는다고 하며 풍년들기를 바라는 뜻에서 참취나물 · 배춧잎 · 김 등으로 밥을 싸서 먹는데, 이를 복쌈이라고 한다.

  대보름날 이른 새벽에는 날밤 · 호두 · 은행 · 무 등의 부럼을 준비하였다가 깨물어 일년 내내 부스럼과 종기가 나지 않고 이[齒]를 단단하게 해줄 것을 기원한다. 또 대보름날 아침에는 웃어른이 데우지 않은 청주를 나누어 마시게 하는데, 이를 귀밝이술이라 한다.
- **2월**의 명절로는 중화절이 있다. 중화절은 음력 2월 초하룻날로, 노비들에게 나이 수대로 송편을 나누어 먹이고 즐겁게 놀게 하여 한해 농사일을 시작하므로 노비일이라고도 한다. 이날에는 시래기를 무쳐서 송편의 소로 넣은 시래기떡을 해먹기도 한다.
- **3월**에는 삼짇날과 한식이 있다. 삼짇날은 음력 3월 3일로 봄을 맞이하여 즐기는 날이다. 진달래가 만발하는 시절이어서 진달래꽃을 이용한 화전 · 화면 · 수면 등을 만들어 먹으며, 이 계절의 시식으로는 탕평채와 수란 · 복어국 · 과하주 · 산병 · 환병 · 증병 등이 있다. 한식은 동지로부터 105일째 되는 날로, 불을 사용하지 않으므로 찬 음식을 먹으며 한식면이라 부르는 메밀국수를 먹는다.
- **4월**의 명절은 초파일로 고기반찬이 없는 밥을 해먹는다. 이날 만들어 먹는 음식으로는 증편과 미나리강회, 느티떡, 볶은 콩, 미나리나물이 있다. 이 밖에 4월의 시식으로는 장미전 · 어채 · 어만두 등이 있다.

- **5월** 단오에는 수리취떡과 만두의 일종인 각서를 해먹었으며, 또한 5월에는 여름을 맞이하여 더위를 타지 않고 몸을 보호하기 위하여 제호탕을 마신다.
- **6월** 보름인 유두날에는 동으로 흐르는 물에 머리를 감아 불기한 것을 씻어버리고 유두연을 베풀어 음식과 술을 먹는다. 이때 준비하는 특별한 음식으로는 수단・건단 같은 화채류와 유두면・상화면・연병・수교위・밀쌈 같은 밀가루 음식이 있다. 삼복에는 더위를 이겨내기 위한 건강식으로 복죽, 개장국, 육개장국, 삼계탕, 임자수탕을 먹는다.
- **7월**의 명절로는 칠석과 백중이 있다. 칠석에는 밀전병, 증병, 육개장, 잉어구이, 잉어회를 먹는다. 백중은 중원이라 부르는 칠월 보름날로, 여염집에서는 달밤에 채소・과일・술・밥을 차려놓고 어버이 혼을 부른다.
- **8월**의 명절 추석은 곡식을 수확하는 계절이므로 가장 풍성하게 준비한다. 송편과 토란탕, 화양적, 누름적, 닭찜 등을 만들어 먹는다.
- **9월**의 명절인 중양절에는 국화를 이용한 국화전・국화주, 배・유자 등을 넣어 만든 화채를 먹으며 가을을 즐긴다.
- **10월**의 명절은 말의 날인 오일(午日)로, 이날에는 시루떡을 쪄서 외양간에 놓고 말의 건강을 기원한다.
- **동짓달**의 명절인 동지에는 팥죽을 쑤어 먹으며, 11월의 시식으로는 냉면・비빔국수가 있다.
- 1년 가운데 **마지막 명절**인 납일은 동지가 지난 뒤 세 번째 미일(未日)로 멧돼지와 산토끼를 이용하여 종묘와 사직에 제사를 지냈다.

6) 통과의례와 음식문화

통과의례란 사람이 태어나서 죽을 때까지 일생 동안 겪게 되는 과정들을 의미있게 하고자 하는 의식으로, 그에 따른 의미가 담겨 있는 의례음식이 규범화되어 왔다.

사람이 태어나서 맞이하는 첫 번째 통과의례는 출생 자체로, 아기가 태어나면 먼저 삼신상을 올리고 산모에게는 첫 국밥을 대접한다. 삼신상은 아기의 탄생과 순산을 신에게 감사드리는 것으로, 흰밥 3그릇과 미역국 또는 미역을 놓기도 한다. 첫 국밥을 지을 때 쌀은 아홉 번 씻고 미역은 장곽을 접거나 끊지 않은 것으로 준비한다.

출생 후 21일째인 삼칠일에는 흰쌀밥과 고기를 넣고 끓인 미역국, 백설기를 준비한다. 이날 준비한 음식은 집 밖으로 내보내지 않고 집안식구들끼리 나눈다.

출생 후 백일이 되면 백일 축하를 한다. 흰쌀밥과 고기를 넣고 끓인 미역국, 백설기, 붉은 팥고물을 묻힌 차수수경단, 5색송편 등이 축하음식인데, 붉은 팥고물을 묻힌 차수수경단은 액을 면하기를 기원하는 의미가 담겨 있다. 백일떡은 여러 집과 나누어 먹어야 아기에게 길하다고 생각한다.

출생 후 만 1년이 지나면 첫돌을 맞이하게 되는데 흰쌀밥, 미역국, 붉은 팥고물을 묻힌 차수수경단, 5색송편, 백설기, 과일 등을 준비한다. 공부를 시작한 후에는 책을 한 권 마칠 때마다 책례떡이라 하여 5색송편을 만들어 축하한다.

성인이 되면서 치르는 통과의례 가운데 일종의 성인식이라 할 수 있는 관례가 있다. 관례는 정월 가운데 길일을 택하여 치르며, 술과 안주·떡·조과·생과·식혜·수정과·면 등을 차린다.

일생 동안 치르는 통과의례에서 가장 큰 행사는 혼례로, 혼례의식에는 여러 가지 음식과 상차림이 필요하다. 혼례와 관계되는 음식에는 먼저 봉치떡이 있는데, 이 떡은 혼인날 전날 신랑집에서 신부집으로 보내오는 납폐함을 받기 위해 준비하는 음식으로 찹쌀 3되, 붉은팥 1되로 시루떡 두 켜를 안쳐서 찐다. 혼례를 행하는 의례상은 교배상이라 하는데, 높은 탁자에 붉은 보를 깔고 대추·밤·조과를 각각 2그릇씩 놓고 둥글게 빚은 흰 절편인 달떡을 21개씩 2그릇, 황색 대두와 붉은팥을 각각 2그릇씩 놓는다. 또한 절편에 각색 물을 들인 색편으로 암탉과 수탉 모양을 만들어, 수탉은 동쪽으로 암탉은 서쪽으로 놓는다.

결혼식이 끝나고 신부가 시댁식구들에게 인사를 드리는데, 이를 현구고례라 하고 이때 준비하는 음식을 폐백이라 한다. 폐백음식은 시부모에게는 대추와 쇠고기편포를, 시조부모님께는 대추와 닭고기를 준비하여 둥근 쟁반에 담는다. 현구고례가 끝나면 시부모가 신부에게 각각 축하의 뜻으로 큰상을 차려 대접하는데, 여기에는 여러 가지 생과·조과·떡·편육·전·포 등을 30～70cm 높이로 고이고, 찜·전·냉채·잡채·조과·약식·신선로 같은 술안주 음식과 국수장국을 내놓는다. 회갑이나 칠순에 준비하는 큰상도 역시 같은 형식으로 차린다.

통과의례의 마지막은 상례와 제례이다. 상례 중에는 술과 과일로 준비된 전(奠)을 몇 차례 올리게 된다. 또 상례 중과 치장 후 백일간 또는 만 2년의 탈상 때까지는 조석상식을 올리게 되는데, 여기에는 밥・국・김치・나물・구이・조림 등을 차린다.

제례음식은 약간씩 차이가 있으나 일반적으로는 다음과 같다. 고인이 사망한 날에 지내는 기제사에는 제주로 약주를 준비하고, 복숭아를 제외한 과일과 포・해・미식・면식, 반과 갱, 세 가지 나물, 간납(전유어), 주적, 장과, 김치, 숙수를 올린다.

7) 향토음식과 궁중음식

(1) 향토음식

우리나라는 기온의 남북 차이가 크고, 산맥의 흐름은 주로 동쪽과 북쪽에 치우쳐 있어 동북이 높고 남서가 낮은 지형으로 동해안과 서해안의 지세 차이가 크며 대지분지, 하성평야, 다도해의 존재 등 자연환경적으로 매우 다양한 특징을 지닌다. 이러한 기후・지형적인 특성에 따라 지역마다 생산되는 산물에도 차이가 있어, 식생활 문화에 영향을 미침으로써 향토음식문화가 발달하였다.

음식의 특징은 서울 음식과 경기도 음식, 충청도, 강원도, 전라도, 경상도, 제주도, 황해도, 평안도, 함경도 등 지역에 따라 차이가 있다. 서울은 자체에서 나는 특색 있는 산물은 없으나 전국 각지의 식재료가 모여 다양한 음식이 발달하였으며, 궁중음식의 영향을 받아 화려하고 사치스러운 특징을 지닌다. 또 양반계급이 많이 살던 곳이라 격식이 까다롭고, 맵시와 의례적인 것도 중요하게 여겼다.

경기도는 해산물과 농산물 등이 고르게 생산되어 식재료가 다양하고 인접한 강원・충청・황해도 지역의 영향을 받아 음식 역시 다양하나 개성음식을 제외하면 대체로 소박한 편이다. 고려시대 수도였던 개성은 우리나라에서 가장 호화롭고 다양한 음식문화를 지니고 있는 지역으로, 공과 정성이 많이 들고 다양한 재료를 사용하여 음식을 만든다.

충청도는 농업을 주업으로 하는 지역으로 곡류를 이용한 음식이 발달하였고, 해안지방은 해산물도 많이 사용하였다. 음식의 전반적인 특징은 양념을 많이 사용하지 않아 자연 그대로의 맛을 살려 담백하고 구수하며 소박한 편이다.

강원도는 태백산맥을 중심으로 영동과 영서, 산악지대와 해안지방이 다소 다른 특징을 갖는다. 논농사가 부적합한 지형으로 옥수수·메밀·감자 같은 작물이 많이 생산되어 이를 이용한 음식이 많고, 동해에서 생산되는 생태와 오징어·해초 등을 가공한 음식도 많이 이용된다.

전라도는 곡식과 해산물·산채 등이 풍부하게 생산되어 다양하고 사치스러운 음식문화가 발달하였다. 조선시대 양반풍의 식문화가 잘 전해내려오고 있으며, 해산물 음식과 젓갈이 많고 고춧가루를 많이 사용하며 간이 센 편이다.

경상도는 해산물이 풍부하며 담수어를 많이 이용한다. 음식의 맛은 맵고 간이 세며 소박하여 멋을 내거나 사치스럽지 않았다. 섬 지방인 제주도 음식의 주된 재료는 어류·해초 등으로, 된장으로 맛을 내며 양념을 적게 사용하고 짠 편이다.

황해도는 북쪽의 곡창지대로 곡식이 풍부하게 생산되며 음식은 양이 많고 구수하며 소박하다. 김치를 담글 때는 고수와 분디라는 채소를 사용하며 맵지 않고 시원하게 국물을 넉넉히 하여 겨울에 냉면이나 국수, 찬밥을 말아 먹기도 한다.

평안도는 곡식과 해산물이 풍부한 지역으로 음식은 크고 푸짐하게 하는 특징이 있다. 기름진 육류음식이 많고 음식의 간은 싱거운 편이다.

산간지대인 함경도는 잡곡이 많이 생산되며 동해에서는 다양한 해산물이 생산된다. 음식은 기교를 부리지 않으며 싱겁고 담백한 편이나 회냉면처럼 고추와 마늘을 많이 사용하기도 한다.

(2) 궁중음식

삼국시대 식생활 형태의 커다란 특징의 하나는 왕실과 귀족·서민층의 식생활이 분리되기 시작하였다는 것이다. 절대적인 권력을 행사하던 왕실은 전국 각지에서 생산되는 다양한 식품들을 이용하여 화려하고 사치스러운 식생활을 영위하였고, 이러한 왕실의 식문화는 통일신라와 고려, 조선으로 왕조가 바뀌는 동안에도 변함없이 계승 발전되어 궁중음식이라는 우리나라 음식문화의 정수로 전해내려오게 되었다. 각 지방에서 생산되는 최고의 식품을 이용하여 뛰어난 조리기술을 지닌 주방상궁과 대령 숙수들이 화려하고 정교한 궁중음식을 발전시켜 왔다. 그러나 동성동본 혼인을 금지하였기 때문에 왕족끼리 혼인하기가 어려웠으므로 왕족과 사대부 사이의 혼인을 통해 식문화의 교류가 이루어져 궁중음식과 반가음식은 서로 영향을 받으면서 발전해왔다.

궁중의 평일 식사는 다섯 차례 하였다. 이른 아침의 초조반상, 아침과 저녁의 수라상, 점심의 낮것상으로 나뉘며, 밤에는 야참을 준비한다. 이른 아침에 보약을 들지 않을 경우에는 초조반을 올리게 되는데, 초조반은 아침 7시 전에 먹는 간단한 죽상으로, 죽이나 응이 · 미음 등을 기본으로 국물이 많은 물김치류와 맑은 조치, 마른찬 두세 가지를 함께 낸다. 수라상은 아침은 10시, 오후에는 5시쯤 내는데 12첩 반상으로 반찬의 수가 많을 뿐 아니라 식사예법도 매우 까다롭다.

수라상에 사용되는 기명(그릇)은 겨울에는 은 반상기, 여름에는 사기 반상기를 사용하며 수저는 은으로 된 것을 사용한다. 상에 올리는 그릇들은 같은 재질, 같은 모양으로 하는데 토장 조치만은 예외적으로 뚝배기를 사용할 수 있다.

수라상은 세 개의 상으로 이루어지는데, 붉은색 주칠을 한 대원반 · 소원반 · 책상반을 한번에 차리며 전골을 끓이기 위한 화로와 전골 틀은 따로 준비한다. 대원반은 왕이나 왕비가 식사하는 상으로 앞줄에는 흰밥과 곽탕이 준비되며 수저는 두 벌을 놓는데, 국을 내리고 차수를 올릴 때 한 벌은 내린다. 곁상인 소원반에는 팥밥인 홍반과 곰국을 준비해두고 왕이 원할 경우에는 흰밥과 곽탕을 내리고 홍반과 곰국을 올린다. 소원반 곁에서는 기미상궁이 시중을 들고, 책상반은 찜 · 구이 · 회 · 전골 등을 준비하였다가 적절한 때 올리며 전골상궁이 시중을 든다. 늦은 아침식사 후 드는 낮것상은 면상이나 다과상으로 차린다.

궁중의 연회식 상차림은 행사의 목적과 경사의 내용에 따라 달라진다. 왕족의 경사 때 진연상, 외국사신을 접대할 때 영접진연상, 가례 때 고배상, 제례 때 제례상을 준비한다. 진연에 관한 의례절차는 《의궤(儀軌)》라는 책에 기록하여 둔다. 진연 때 임금에게 올리는 상을 어상이라 하며 진연음식은 여러 번 차례대로 올리는데, 진어찬안 · 진어미수 · 진다 · 진어

별찬안 · 진과개 등으로 나뉜다. 진연 때는 종친 · 척신과 그 부인들까지도 초대를 받았으며, 어상에 고였던 고배음식은 퇴선 후 종친과 신하들에게 하사하였는데 이를 통해 궁중음식이 반가에 전래되기도 하였다.

2 한국조리에 이용되는 양념과 고명

양 념

음식을 만들 때는 식품 자체의 맛을 살리면서도 각 음식이 지닌 특유의 맛을 강조하고 증진시키기 위해 다양한 조미료가 사용된다. 이러한 것을 양념이라고 하며 음식마다 적당한 양념을 알맞게 사용하여야 좋은 음식을 만들 수 있다. 양념의 일차적 목적은 재료의 맛을 향상시키는 데 있으나 그 밖에도 윤기 또는 향을 내거나 탄력을 조절하고 보존성을 높이는 다양한 기능을 발휘한다. 양념은 한자로 '藥念'이라고 쓰는데, 글자 그대로 '약처럼 몸에 이롭다'는 뜻이 담겨 있는 것으로 여겨진다.

양념은 그 특성에 따라 조미료와 향신료로 구분할 수 있으며, 조미료에는 소금 · 간장 · 된장 · 식초 · 설탕 등이 포함되고, 향신료에는 생강 · 겨자 · 후추 · 고추 · 참기름 · 들기름 · 깨소금 · 마늘 · 천초 등이 포함된다. 다른 나라 음식에 비하여 한국음식에는 다양한 양념이 들어가야 제 맛을 낼 수 있다. 한국음식에 사용되는 양념들은 다음과 같다.

1) 소금

소금은 음식의 맛을 내는 기본 양념이다. 소금의 성분은 주로 염화나트륨($NaCl$)이며 황산마그네슘($MgSO_4$), 염화칼륨(KCl) 등의 불순물도 섞여 있다. 종류에 따라 용도가 다르지만 어느 것이나 너무 짜지 않게 유의하여 음식의 맛을 내는 데 사용해야 한다. 1일 평균 필요량은 6g 내외이며 땀을 많이 흘릴 때는 필요량이 증가한다. 소금은 조미료로서 짠맛을 낼 뿐만 아니라 채소를 절일 때 삼투압에 의한 탈수작용, 김치에서 유해 미생물의 번식 억제, 염장법에 의한 방부효과, 어묵을 제조할 때 염용성 단백질에 대한 용해작용, 달걀을 찔 때 열응고의 촉진, 녹색채소를 데칠 때 엽록소를 안정시키는 등 여러 가지 도움을 준다.

(1) 소금의 종류

① 호렴

입자가 크고 색이 약간 검다. 염화나트륨 외에 염화마그네슘도 들어 있다. 장을 담그거나 생선과 채소를 절일 때 사용한다.

② 재염

호렴에서 불순물을 제거한 것으로 재제염보다는 거칠고 굵다. 역시 간장을 담글 때나 채소·생선을 절일 때 사용한다.

③ 재제염

가정에서 흔히 사용하는 희고 입자가 고운 소금으로, 보통 꽃소금이라고 한다. 음식의 간을 맞출 때 또는 적은 양의 생선이나 채소를 절일 때 주로 사용한다.

④ 식탁염

식탁염은 천일염이 아니라 이온교환법에 의해 만들어진 정제도가 높은 소금으로 설탕처럼 입자가 곱다.

⑤ 가공염

식탁염에 다른 맛을 내는 성분을 첨가한 것으로, 화학조미료를 1%쯤 첨가한 맛소금, 참깨를 섞은 깨소금 등이 있다.

(2) 소금의 사용 농도

음식은 간이 맞아야 맛있게 느껴지듯이 소금은 가장 기본적인 조미료이다. 그런데 소금은 분자량이 작아 음식의 재료에 침투하기 쉽고 일단 침투하면 탈수 및 단백질의 변성작용을 통해 조직을 단단하게 하여 다른 조미료가 스며들기 어렵게 하므로, 간을 할 때는 조리가 끝날 때쯤 해야 한다.

① 국

국을 끓일 때 소금의 농도는 맑은장국일 때 1%, 토장국일 때 2% 정도가 적당하다. 다시마나 가다랭이로 국물을 낼 때는 재료들이 소금을 각각 0.2~0.3%, 0.15~0.2% 정도 함유하고 있기 때문에 소금의 양을 0.4% 이하로 하는 것이 바람직하다.

② 삶기와 볶기

소금을 재료의 1% 정도 넣으면 적당하다.

③ 초절임

초절임에 사용하는 무 등은 얇게 썰어서 2% 정도의 소금을 뿌려 잠깐 재워두었다가 식초에 담가 절인다.

④ 찌개

찌개는 국보다 간을 세게 해야 하므로 소금의 농도를 2% 정도로 한다.

⑤ 생선구이

생선을 통째로 굽는 조리방법에서는 굽기 전에 2%의 소금을 뿌린다. 소금을 뿌리고 시간이 지나면 생선살이 단단해지는 것을 알 수 있다.

⑥ 찜이나 조림

2～5%의 소금 농도가 적당하다.

⑦ 오이장아찌 · 단무지절임

재료를 탈수시키고 유효한 미생물의 번식을 돕는 역할을 하는 데는 5～10% 정도의 소금 농도가 적당하다.

⑧ 김치류

8～10%의 소금 농도가 적당하다.

⑨ 젓갈류

10～15%의 염도가 적당하다.

⑩ 세척하기

생낙지 · 오징어 등을 세척하고 손질할 때 소금으로 비벼 씻는다. 해삼이나 전복도 같은 방법으로 표면의 점액질을 세척한다.

Q & A

죽염은 고혈압 등 만성질환 치료에 정말 좋을까요?

죽염이 고혈압 등 만성 성인병 치료와 예방효과를 지닌 것으로 잘못 알고 있는 경우가 많다. 소금을 대나무에서 고온처리한 것이 죽염인데, 성분을 분석해 보면 일반 소금과 크게 다를 것이 없다. 소금은 고혈압 악화에 결정적인 역할을 하므로, 죽염 역시 고혈압 환자에게는 식이요법으로 적당하지 않다. 만성질환에는 저염식을 권하고 있다.

2) 간장

간장은 우리 고유의 발효식품으로 음식의 맛을 내는 중요한 조미료이다. 간장은 메주를 소금물에 담가 발효 숙성시키므로 아미노산, 당분, 지방산, 방향물질 등이 생성된다.

(1) 간장의 종류

① 청장

담근 지 얼마 되지 않은 색이 맑은 간장을 말한다. 주로 국이나 찌개・나물무침에 이용한다.

② 진간장

간장을 숙성시키면 아미노카보닐 반응에 의해 시간이 지날수록 색이 점점 짙어지는데, 이것을 진간장이라 하고 조림・초・포 등에 사용한다.

(2) 간장의 이용

간장에 여러 가지 조미료를 넣으면 양념간장이 되는데 식품 재료와 목적에 따라 여러 형태로 만들 수 있다. 초간장은 간장에 식초를 넣어 잣가루를 뿌린 것인데, 다른 양념류는 넣지 않으며 전유어 등을 찍어 먹을 때 사용한다.

3) 된장

된장은 조미료로서의 역할과 더불어 소화되기 쉬운 단백질 급원식품이기도 하다. 따라서 쌀을 주식으로 하는 우리 국민에게 된장은 조미료로서의 역할과 더불어 영양적인 면에서도 필수적인 전통식품이다. 전통적 제조방법으로는 콩으로 메주를 쑤어서 알맞게 띄워 소금물에 담가두면 이 소금물에 콩의 여러 성분들이 우러나 간장이 되는데, 이때 간장을 떠내고 남은 건더기가 된장이 된다. 된장은 필수아미노산을 대부분 함유하는데 특히 라이신을 상당량 함유하고 있으나 메티오닌과 트립토판의 함량은 낮은 편이다. 비타민 중에는 비타민 B_1, 비타민 B_2, 니아신, 비타민 E 등이 풍부하게 들어 있다. 된장의 '된'은 되직하다는 뜻이며, 시판되고 있는 개량된장은 잠깐 끓여야 맛이 나고 재래식 된장은 오래 끓여야 제 맛이 난다.

Q & A

대두 제품 속에는 정말 질병 예방물질이 들어 있나요?

대두를 섭취하지 않는 식문화를 가진 미국을 비롯한 유럽 여러 나라에서는 대두 식문화권에 있는 아시아인에 비하여 전립선암 · 유방암 · 골다공증 등 호르몬 관련 질환과 심혈관 질환이 많이 발생한다고 밝혀졌다. 대두에 포함된 이소플라본이 이러한 질환의 발생 및 예방에 관여하는 것으로 보는 견해가 많아 대두 식품의 섭취를 권장하고 있다.

4) 고추장

고추장은 간장 · 된장과 더불어 우리 고유의 발효식품으로 매운맛이 나는 조미료이다. 찹쌀가루 풀이나 보리밥 · 밀가루에 엿기름가루와 메줏가루 · 고춧가루를 넣어 버무려 발효시킨 것으로, 탄수화물의 가수분해에 의하여 생긴 단맛과 콩단백질에서 나오는 아미노산의 감칠맛, 고춧가루의 매운맛, 소금의 짠맛이 잘 조화를 이룬 식품이다. 고추장은 토장국이나 고추장찌개의 맛을 내고 생채나 숙채 · 조림 · 구이 등의 양념으로도 쓰인다. 또한 회를 찍어 먹는 초고추장을 만드는 데 이용하거나 볶아서 쌈장으로 먹기도 하며 비빔밥의 비빔용 고추장으로 이용하는 등 그 쓰임새가 매우 다양하다.

5) 고추

한국음식의 매운맛을 대표하는 고추는 품종이나 산지에 따라 그 차이가 크다. 색이 곱고 껍질이 두꺼우며 윤기 있는 것이 좋은데, 완전히 숙성하기 전의 풋고추 또는 말리지 않은 붉은 고추도 사용한다. 말려서 가루로 하거나 채로 썰어 실고추로도 사용한다. 태양으로 말린 태양초는 증기건조법으로 말린 고추보다 붉은빛이 선명하고 비타민 함량도 높다. 깨끗이 닦아 씨와 꼭지를 제거한 뒤 말려서 가루로 만드는데, 용도에 따라 굵거나 가늘게 빻아서 사용한다.

6) 참기름 · 들기름 · 식용유

(1) 참기름

한국음식에서 가장 많이 사용하는 양념으로 참깨를 볶아서 짠다. 고소한 맛과 향을 낼 때 사용하는데, 발연점이 낮아 튀김용으로는 적당하지 않다. 나물을 무칠 때나 고기양념 등 거의 모든 음식에서 사용된다.

(2) 들기름

들깨를 볶아서 짠 것으로 독특한 향 때문에 일반적으로 모든 음식에 사용하지는 않지만 김을 잴 때나 나물을 무칠 때 많이 쓴다. 불포화지방산의 함량이 높기 때문에 산패되기 쉽다. 들깨는 기름으로 쓰일 뿐만 아니라 지역에 따라서는 그대로 갈아서 나물을 무치거나 된장국에 넣기도 한다.

(3) 식용유

대두유 · 옥수수유를 많이 사용하며 면실유 · 채종유 등도 있다. 부침이나 튀김요리 등 일반적인 요리에 많이 쓰이는데, 식용유로 사용하는 기름은 무색 · 무미 · 무취인 것이 좋다.

7) 깨소금

깨소금은 참깨를 씻은 다음 볶아 소금을 약간 넣고 반쯤 부서지게 빻은 것을 말한다. 잘 여문 참깨로 만들어야 하며 바닥이 두꺼운 냄비에 조금씩 넣고 타지 않도록 볶아야 한다. 습기가 없는 곳에 보관하며 너무 빻으면 음식이 오히려 지저분해지므로 주의한다.

8) 식초

식초는 음식에 신맛을 주는 양념이다. 신맛은 식욕을 돋우어 주고 소화액의 분비를 촉진시켜 소화 · 흡수도 돕는다. 식초에는 양조식초와 합성식초가 있는데, 양조식초는 곡물이나 과실을 원료로 하여 발효시켜 만든 것이며 합성식초는 화학적으로 합성한 것이다. 따라서 합성식초는 양조식초나 과일식초처럼 특수한 미량 성분이 포함되어 있지 않으므로 풍미가 없다. 식초는 식욕을 촉진시켜주고 살균 · 방부의 효과도 있다. 생선요리에 쓰면 비린내를 없애고 단백질을 응고시켜 생선살이 단단해진다. 식초는 대개 찬 음식에 사용하는데, 조리할 때 엽록소를 변색시키므로 푸른색 나물 등에는 먹기 직전에 첨가하며, 다른 조미료를 먼저 넣고 다 스며든 다음 사용하는 것이 바람직하다.

9) 설탕 · 꿀 · 조청

(1) 설탕

사탕수수나 사탕무의 즙을 농축시켜 만든 천연감미료로, 정제도에 따라 흑설탕 · 황설탕 · 백설탕으로 나뉜다. 감미도는 색이 희을수록 높아 백설탕이 가장 달다. 설탕은 음식에 감미를 줄 뿐만 아니라 고농도일 경우 삼투압이 높아지고 수분 활성도가 낮아져 식품의 보존성을 높인다. 잼이나 젤리, 과일 당절임 등은 이러한 설탕의 방부효과를 이용한 당장식품이다.

설탕은 가열하면 변화하는데, 130℃ 부근에서 전화되고 170℃에서 착색하기 시작하여 190～200℃에서는 수분을 거의 잃고 완전히 흑갈색이 된다. 이러한 현상을 설탕의 캐러멜화(caramelization)라고 하는데 음식의 색을 내고 독특한 풍미를 부여한다. 이 밖에도 설탕은 음식의 윤기를 내고 적당한 끈기를 내서 재료들을 서로 결합시키는 기능을 하기도 한다.

(2) 꿀

꿀벌이 꿀과 꽃가루를 모아서 만든 천연감미료로, 꿀벌과 꽃의 종류에 따라 색과 향이 다르다. 꿀은 단맛이 강하고 흡습성이 있어 음식이 마르지 않도록 하는 효과가 있다. 꿀 속의 당은 벌의 타액 속에 들어 있는 효소인 인베르타아제(invertase)에 의해 80%가 과당과 포도당으로 분해된 상태로, 몸 속에 빨리 흡수되어 피로회복에 효과가 있다. 과당이 들어 있어 실제 당도보다 더 달게 느껴지는 효과가 있고, 당분 이외에도 비타민 · 무기질 · 유기산 등이 함유되어 있다. 한국음식에서 꿀은 감미료로 사용되고 음식의 윤기를 내는 데 중요하다. 또한 과자를 만들거나 유자 · 모과 등을 차로 잴 때 사용하면 감미효과와 함께 방부효과가 있다.

(3) 조청

곡류를 엿기름으로 당화시키고 그 액을 오래 고아서 수분을 증발시켜 걸쭉하게 만든 것이다. 많이 사용되는 곡류는 찹쌀 · 멥쌀 · 수수 · 조 · 고구마 등이다. 조청을 고아 수분함량을 더 줄인 것이 강엿이다. 조청은 한과류나 밑반찬류의 조림에 많이 사용된다.

10) 파 · 마늘 · 생강

파와 마늘은 자극적인 냄새와 독특한 맛으로 한국음식에서 필수적인 양념이다. 파 · 마늘 · 생강은 그 배합에 따라 음식의 맛을 변화시키며 맛을 상승시키는 효과도 달라진다. 따라서 음식에 따른 적절한 배합비율을 찾아서 첨가하는 것이 중요하다.

(1) 파

자극적인 냄새와 독특한 맛으로 향신료 가운데 가장 많이 사용된다. 용도에 따라 굵은 파, 쪽파 등으로 나뉘며 조리할 때는 보통 다져서 사용한다. 파의 매운맛을 내는 성분은 가열하면 부드러워지고 단맛이 강해진다. 파의 이런 성질을 이용하여 양념뿐만 아니라 파강회를 만들어 먹는다.

(2) 마늘

육류요리에 필수적이며 다져서 사용하거나 통으로, 또는 편으로 썰어서 사용한다. 풋마늘은 푸른 잎 부분을 일반 채소처럼 사용하기도 한다. 마늘은 밭에서 나온 마늘이 논마늘보다 육질이 단단하여 오래 보관할 수 있으며, 육쪽 마늘이 좋은 마늘이다. 마늘에 들어 있는 알리신은 특히 비타민 B_1의 흡수를 도와주는 기능이 있다.

(3) 생강

매운맛과 쓴맛을 동시에 가지고 있으며 어패류나 육류의 누린내 · 비린내를 제거하는 데 사용한다. 일반적으로 조리를 하는 중간이나 후반에 넣는 것이 효과적이다. 또한 생강은 한과를 만들거나 전통음료에도 많이 사용되며 한약재료로도 많이 쓰인다.

11) 후추

후추는 매운맛을 내는 양념으로 주로 육류나 생선요리에 사용된다. 가루로 만들어 사용하면 풍미를 더해주며, 가정에서는 후추의 겉껍질까지 갈아서 만든 검은 후춧가루를 많이 사용하는데, 검은 후춧가루가 흰 후춧가루보다 매운 향이 더 강하다. 흰 후춧가루는 후추열매의 겉껍질을 벗기고 속만을 갈아서 만든 것으로 향미가 부드럽고 품질은 더 우수하다. 후추는 어육류의 누린내와 비린내를 없애며 음식의 맛을 돋우고 식욕을 증진시키는 기능을 한다.

12) 계피

계수나무의 얇은 껍질을 말린 것으로, 가루로 만들거나 조각을 내어 떡이나 약식·수정과 등에 사용한다. 통계피는 향미만을 얻기 위해 사용하며 보관할 때는 습기가 차지 않도록 한다.

13) 겨자

갓 씨앗으로 만든 향신료로 매운맛을 내는 양념이다. 매운맛이 우러나게 하려면 따뜻한 물에 개어야 하는데, 이는 겨자의 매운맛을 내주는 특수성분인 시니그린(sinigrine)을 분해하는 효소인 미로시나아제(myrosinase)의 활동 최적 온도가 40℃이기 때문이다.

시니그린 —미로시나아제→ 머스터드 오일(mustard oil)

겨자는 냉면·냉채류 등을 만들 때 넣으며 식초·간장·설탕과 섞어서 사용한다.

14) 맛술

조리할 때 주류를 첨가하면 식품의 불쾌취를 제거할 수 있으며 씹는 맛을 더해주고 풍미와 향기, 식품의 윤기를 내준다. 불고기·갈비를 양념하거나 생선을 조릴 때 맛술을 넣어주면 고기가 연해지고 누린내나 어취도 제거된다.

고 명

고명은 음식의 모양을 좋게 하기 위한 장식품인 동시에 새 음식임을 나타내는 표시이기도 하다. 그러므로 음식의 맛을 좋게 하는 목적보다는 모양이나 색을 보기 좋게 하기 위하여 장식하는 것이다. 한국음식의 고명은 오행설에 바탕을 두어 적색 · 황색 · 흰색 · 녹색 · 검정색의 오색을 기본으로 한다. 이런 색은 자연식품을 이용하여 내는데, 적색은 다홍고추나 실고추 · 대추를, 황색은 달걀 노른자를, 흰색은 달걀 흰자를, 녹색은 미나리 · 실파 · 호박 · 오이를, 검정색은 석이버섯을 사용한다. 이 밖에 실백 · 은행 · 호두 · 목이버섯 · 통깨 · 흑임자 등도 고명으로 이용된다.

1) 달걀지단 · 줄알

달걀을 흰자와 노른자로 나누어 소금을 조금씩 넣고 거품이 생기지 않도록 잘 저은 다음 번철에 기름을 두르고 약한 불에서 지져낸다. 지단의 농도를 맞추기 위해서 흰자에는 녹말가루나 밀가루를, 노른자에는 물을 약간(달걀 노른자 1개에 물 ½큰술 정도) 첨가하여 지져내기도 한다. 기름은 약간만 넣어야 하며 팬은 코팅된 것으로 사용하여 눌러붙지 않도록 한다. 불은 약하게 하여야 표면이 매끄럽게 조리된다. 지져낸 지단은 완전히 식혀서 용도에 따라 마름모형이나 채로 썰어 사용한다. 채썬 지단은 잡채나 나물에 사용하고 마름모형은 찜이나 국에 사용한다.

줄알은 달걀을 완전히 풀어서 약간의 소금과 후춧가루를 뿌려 끓는 장국에 넣어 부드럽게 엉기게 한 것으로, 국수나 만두 · 궁중닭찜 등에 쓰인다.

2) 미나리초대

미나리를 씻어서 줄기만 다듬은 다음 꼬챙이에 가지런히 끼워 10cm 내외의 넓은 조각을 만든 뒤 밀가루 · 달걀을 입혀 지져낸 것을 말한다. 너무 오래 지지면 열에 의해 엽록소가 파괴되어 올리브색으로 변하므로 고운 녹색이 나도록 주의한다. 식은 다음 마름모형으로 썰어 탕이나 전골 등에 사용한다.

3) 고기완자

쇠고기를 곱게 다져서 양념하여 은행알 크기로 만든 다음 밀가루에 굴려 달걀을 입혀서 지져낸다. 물기를 제거한 두부를 섞기도 하는데 모양이 잘 나게 하려면 쇠고기와 두부를 아주 곱게 다져야 하며, 지질 때 팬을 흔들어 완자를 굴려가며 익히도록 한다. 이때 모양이 동글동글하고 타지 않아야 잘 만들어진 완자라고 할 수 있다. 고기의 양념은 간장 대신 소금으로 하여도 좋고 대개 설탕이나 깨소금은 넣지 않는다. 고기완자는 면이나 신선로의 웃기로 쓰이며 완자탕의 건지로도 사용된다.

4) 고기고명

쇠고기를 곱게 다지거나 채썰어 간장・설탕・파・마늘・참기름 등을 넣고 양념한 뒤 볶아서 쓴다. 형태에 따라 곱게 다진 것은 국수장국이나 비빔국수에 얹고, 채썬 것은 비빔밥이나 떡국의 고명으로 얹는다.

5) 표고버섯

표고버섯은 주로 말린 것을 물에 불린 뒤 기둥을 떼어내고 용도에 맞게 써는데, 두꺼운 것은 얇게 저며서 사용한다. 찬물보다는 미지근한 물에 빨리 불릴 수 있으나, 너무 뜨거운 물에 불리면 오히려 향기가 좋지 않고 색도 검게 변한다. 물기를 꼭 짠 다음 양념하여 볶아서 고명으로 사용한다.

6) 석이버섯

석이버섯도 미지근한 물에 불려 양손으로 비벼서 검은 물을 빼 안쪽에 있는 이끼는 긁어낸 다음 여러 번 물로 헹구어서 깨끗하게 손질한다. 말아서 채로 썰어 이용하거나, 바싹 말려서 곱게 부수어 가루로 만든 다음 달걀 흰자에 넣어 석이지단을 부치기도 한다.

7) 실고추

말린 고추를 갈라서 씨를 제거한 다음 젖은 행주로 싸두었다가 잘 드는 칼로 채썬다. 시중에서 판매하는 것은 길이가 길므로 알맞게 잘라서 쓰도록 한다.

8) 은행

은행은 딱딱한 껍질을 벗기고 뜨거운 팬에 기름을 두르고 굴리면서 볶아 뜨거울 때 속껍질을 비벼서 벗긴다. 속껍질은 소금을 약간 넣은 끓는 물에 은행을 넣어 삶아서 벗기는 방법도 있다. 은행은 신선로나 찜 등에 사용하며 꼬챙이에 끼워 마른안주로도 사용한다.

9) 호두

알맹이가 깨지지 않도록 껍질을 벗겨내고 더운물에 잠시 담가 두었다가 꼬챙이로 속껍질도 벗긴다. 너무 오래 담가두면 오히려 호두살이 부스러져 껍질 벗기기가 어려우므로 10~15분 정도가 적당하다. 호두는 찜이나 신선로에 사용하며 기름에 튀기거나 곶감 속에 넣어 썰어 마른안주로도 이용할 수 있다.

10) 잣

잣은 고깔을 떼고 마른행주로 닦아 통잣 그대로 쓰기도 하고 길이로 반을 잘라 비늘잣으로 하거나 가루를 만들어 사용한다. 잣가루는 기름기가 많으므로 도마 위에 한지 등 종이를 깔고 칼날로 곱게 다진다. 남은 잣가루를 보관할 때는 반드시 종이에 싸서 은박지에 포장하여 냉동실에 보관해야 여분의 기름을 흡수하여 보송보송한 상태를 유지할 수 있으며, 지방의 산패를 지연시켜 이취도 나지 않고 냉동고의 잡냄새도 흡수하지 않도록 보관할 수 있다. 통잣은 화채·수정과·식혜 등에 사용되고, 잣가루는 회나 적 등의 위에 뿌려 모양을 낸다.

11) 대추

대추는 고추와 더불어 붉은색을 내는 고명으로 사용되지만, 단맛이 있어 떡이나 과자류·백김치·식혜·차 등에 많이 사용된다. 마른대추는 찬물에 씻어 마른행주로 닦고 살만 발라 채로 썰어서 고명으로 사용한다.

12) 통깨

참깨를 잘 일어 씻은 다음 볶아서 빻지 않고 그대로 나물·잡채·구이 · 적 등의 고명으로 사용한다. 한국음식에서 가장 많이 사용하는 고명이다.

13) 알쌈

쇠고기를 다져서 양념하여 콩알 크기로 둥글게 빚어 팬에 기름을 두르고 익혀낸 다음 달걀을 노른자와 흰자로 나누어 각각 풀어놓아 그 속에 담갔다가 팬에 한 순가락씩 떠놓고 달걀이 완전히 응고되기 전에 반달모양으로 반으로 접어 익힌다. 알쌈 속에 들어가는 완자의 크기가 너무 크면 모양이 나지 않으므로 작게 만들어 넣고, 달걀 흰자는 지단을 부쳤을 때 힘이 없으므로 녹말가루를 약간 넣어도 좋다. 알쌈은 신선로나 각색찜 등에 고명으로 사용한다.

제 2 장

주식의 조리과학적 특성

1 밥

우리의 주식으로 곡물이 사용된 것은 5천여 년 전으로 알려져 있다. 신석기시대에 농경이 시작되면서 곡물 가운데 조·피·수수·기장 등 잡곡을 이용하였고, 그 뒤 벼가 재배되면서 쌀을 중심으로 하는 밥이 식생활의 주가 되었다. 우리나라의 벼농사는 BC 2000여 년 무렵부터 시작된 것으로 추정된다. BC 13~7세기 것으로 보이는 탄화미가 경기도 여주 흔암리 유적지와 경상남도 합천 봉계리 유적에서 출토되었고, BC 10~9세기의 평양 남경 유적에서도 탄화미가 출토되었으며, 현재까지도 수천년 동안 쌀은 우리의 주식으로 자리매김하고 있다.

우리나라는 좁은 국토에 비해 기후대의 차이가 뚜렷하여, 각 지역의 풍토에 맞는 잡곡농사가 쌀농사와 함께 이루어졌다. 기후가 한랭한 관북지방에서는 메밀을, 강우량은 적으나 비가 고르게 내리는 평안도에서는 밀을, 황해도에서는 기장을, 기온이 비교적 높고 습기가 많은 경상도에서는 보리를 많이 재배하였다.

오래 전부터 밥은 우리의 식생활에 깊숙이 자리잡은 음식으로 매우 중요한 식량자원이며, 열량의 주된 공급원이다. 밥은 쌀을 조리의 기본 재료로 하고, 보리·수수·콩 등의 곡물과 채소 등의 다른 재료를 함께 넣어 조리함으로써 독특한 맛과 영양면에서의 보강효과를 나타낸다.

1) 밥의 종류

현재까지 알려진 밥의 종류는 90여 종으로 점차 세분화·다양화되어 가고 있다. 일반적으로 우리가 많이 접하는 밥의 종류는 표 2-1과 같다.

표 2-1. 밥의 종류

분 류	종 류	특 성
쌀밥	백미밥	잡곡을 섞지 않고 멥쌀로만 짓는다.
	현미밥	벼의 껍질만을 벗긴 현미로 짓는다. 소화율이 떨어지고 색택이 좋지 않은 단점이 있으나 영양면에서 이점이 있다.
잡곡밥	보리밥	보리를 쌀에 섞어 짓거나 보리만으로 짓는다.
	조밥	쌀과 조만으로 짓거나 팥을 넣어서 짓기도 한다.
	차조밥	차조를 넣어서 짓는다.
두류를 넣은 밥	콩밥	검정콩이나 완두콩, 강낭콩, 밤콩, 청태 등의 콩을 넣어 짓는다.
	팥밥	멥쌀에 붉은팥을 넣어 짓는 팥밥, 찹쌀로 짓는 팥찰밥이 있다. 찰밥에는 팥 이외에 밤이나 대추를 섞어 짓기도 한다.
	중등밥(홍반)	멥쌀에 팥 삶은 물을 넣고 짓는다.
서류를 넣은 밥	감자밥	감자를 넣고 짓는다.
	고구마밥	고구마나 말린 고구마를 넣고 짓는다.
견과류밥	밤밥	생밤이나 황률을 넣고 짓는다.
기타	오곡밥	다섯 가지 곡식인 쌀, 보리, 조, 콩, 기장을 넣고 짓는다(이 외에도 찹쌀, 수수, 팥 등을 쓰기도 한다).
	비빔밥	지은 밥 위에 갖은 나물과 볶은 고기를 넣어 섞어서 먹는다.
	장국밥	쇠고기의 양지머리, 사태살, 업진살, 내장 등을 푹 끓여 고깃국을 만든 다음 이 국물에 밥을 넣어 말아서 먹는다. 평안도 지방의 온반도 장국밥에 속한다.
	야채밥	무, 송이버섯, 콩나물, 죽순, 산나물 등 채소를 섞어서 짓는다.
	김치밥	북한지방에서 겨울철에 잘 익은 김장김치를 쌀과 섞어서 짓는 별미밥이다.
	육류 · 해산물밥	쇠고기나 닭고기 등의 육류와 굴 · 조개 · 홍합 등의 어패류를 넣고 짓는다.

Q & A

벼의 조상은?

쌀은 세계에서 밀 다음으로 많이 재배되는 곡식이고 재배면적도 밀 다음으로 많이 차지하고 있다. 세계 쌀 생산량의 92.4%가 아시아에서 생산되고 있으며, 아시아에서 생산되는 곡식의 70%를 쌀이 차지한다. 벼는 13℃ 이상의 온도에서 잘 자라기 때문에 온대와 열대지방에서만 쌀이 생산된다. 우리나라는 몬순 기후 지역으로 농사철인 여름에는 비가 많고 고온다습하기 때문에 벼농사가 발달하였다.

벼의 원산지에 대해서는 여러 가지 학설이 있지만 인도를 중심으로 한 동남아시아 반도를 들고 있다. 지금도 베트남의 메콩강 델타의 습지에는 야생 벼가 자라는데, 농부들이 배를 타고 이 습지를 누비면서 긴 장대 끝에 낫을 달고 벼를 거두어들이는 모습을 볼 수 있다. 이 열대지방의 습지에 야생하는 벼가 곧 벼의 조상이라고 할 수 있다.

2) 밥의 재료

(1) 쌀

쌀은 화본과 작물로 고온다습한 지역에서 재배되는 작물이다. 세계적으로 밀 다음으로 재배량과 재배면적이 많은 작물이며 생산과 소비의 대부분이 아시아 지역에서 이루어진다.

벼의 외형을 길이를 기준으로 분류하면 길이가 긴 장립종과 짧은 단립종으로 나눌 수 있다. 또한 쌀의 형태에 따라서 구형과 장방형으로 나누기도 한다. 벼는 품종별로 크게 자포니카형(Japonica type)과 인디카형(Indica type)으로 나눌 수 있다. 자포니카형은 우리나라와 일본을 중심으로 재배되는 품종으로 길이가 짧고 구형에 속하며 찰기가 있다. 인디카형은 길이가 길고 잘 부스러지며 불투명하고 점성이 낮다.

벼의 구조는 다른 곡물과 유사하게 외피・배유・배아로 구성되어 있다. 외피인 껍질은 내부의 배유와 배아를 보호하고 외부의 곰팡이나 해충의 피해를 막는 역할을 한다. 배유는 우리가 주로 식용하는 부분이고 배아는 현미에는 함유되어 있으나 백미의 도정 과정에서 제거되는 부분이다.

현미는 벼에서 외피인 껍질 부분을 제거한 것으로 배아・강층・전분층으로 구분되는데, 현미를 도정하면 씨눈인 배아와 강층은 쌀겨로 떨어져나가고 전분층인 쌀만 남게 된다.

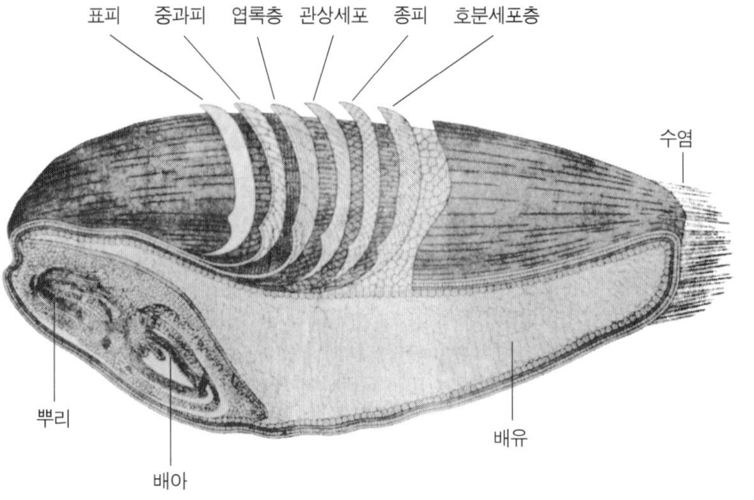

그림 2-1.
곡물의 구조

쌀은 품종, 생산지의 기후나 토질, 재배방법 등에 따라 조금씩 차이는 있으나 탄수화물 · 단백질 · 지방 · 무기질 · 비타민 등 많은 영양소를 함유하고 있으며, 다른 곡류에 비하면 아미노산 조성이 우수한 편이다. 쌀겨를 제거한 백미는 현미보다 탄수화물 함량은 높으나 단백질과 지방 함량은 적은데, 이는 지방이 주로 쌀겨층이나 배아에 분포되어 있기 때문이다.

멥쌀의 탄수화물은 약 20%의 아밀로오스(amylose)와 약 80%의 아밀로펙틴(amylopectin)으로 구성되어 있다. 아밀로펙틴이 많을수록 밥에 찰기가 있으므로 아밀로오스의 함량이 적은 것이 밥맛이 좋다. 찹쌀은 대부분 아밀로펙틴으로 이루어져 있고 아밀로오스는 거의 함유되어 있지 않다.

다음과 같은 조건을 가지면 비교적 좋은 쌀이라 할 수 있다.

- 쌀알이 통통하고 반질반질한 광택이 있으면서 분이 없는 쌀이다.
- 부서진 낱알이 없는 쌀이다. 부서진 낱알이 많으면 전분이 흘러나와 냄새가 나고 밥알의 모양이 흐트러져 질척한 밥이 된다.
- 도정한 후 15일 이내의 쌀이다. 수분 함유량이 많아 맛이 좋은 밥이 된다.
- 쌀 표면에 잔금이 없는 쌀이다. 잔금이 있는 쌀은 밥이 되면서 잔금 사이사이에서 전분이 흘러나와 영양도 떨어지고 밥맛도 떨어질 수 있다.

Q & A

흑미란?

유색미는 단백질 · 무기질 · 비타민 함량 등 영양적 가치가 흰쌀에 비해 높아 건강식으로 많이 이용되고 있다. 또 색이 특이하여 술 · 떡 · 제과 등 가공식품에도 널리 이용된다. 유색미는 쌀겨 고유의 색 외에 붉은색이나 자색을 띠고 있는 쌀이다. 현미 종피의 색이 나타나는 유전체계는 화청색소의 유전자인 A, 엽색분포 유전자인 Plw 등으로 유전자가 서로 작용하여 현미 종피를 착색시키게 된다. 이들 유전자의 조합에 따라 흑자색 · 적색 · 자색 등으로 나타나고 유전자에 따라 농담에 차이가 있다.

이들 색상은 꽃이나 과실에서 많이 볼 수 있는 안토시아닌으로, 주된 색소는 시아니딘 3-글루코시드(cyanidin 3-glucoside), 페오니딘(peonidin) 3-글루코시드로 산성에서 강한 항산화성을 나타낸다. 또한 흑미의 쌀겨에 있는 이소비텍신(isovitexin)은 항염증 작용 등의 생리작용으로 식품의 부패를 방지하고, 노화를 방지하는 DNA 손상 억제물질을 함유하고 있어 암세포 제거와 위궤양 치료 등의 효능이 있다고 한다.

(2) 보리

재배 역사가 가장 오래된 곡식류이며, 그 종류는 겉보리(barley)와 쌀보리(naked barley)가 있다. 겉보리는 껍질이 자실에 밀착되어 있으며 껍질부분이 많고 식용으로 하는 배유가 적다. 그러나 쌀보리는 껍질이 자실에 밀착되어 있지 않아 제거하기 쉬우며, 배유부분이 많다.

겉보리와 쌀보리의 구성성분은 다르나 도정한 다음에는 비슷해진다. 주로 전분으로 구성되어 있으며 보리의 단백질은 호르데인(hordein)이라고 하며 쌀에 비해 아미노산 조성이 우수한 편은 아니다. 비타민 가운데 특히 B군의 함량이 높은데 배유 부분까지 분포되어 있어 도정에 의한 손실이 적다.

겉보리는 싹을 트게 해서 엿기름을 만들어 식혜를 만들 때 주로 사용한다. 우리가 보통 밥을 지어먹거나 국수 · 빵에 이용하는 것은 쌀보리이다. 겉보리와 쌀보리는 적절한 생육환경이 다른데 우리나라에서는 주로 겉보리는 경상도 지방에서, 쌀보리는 전라도 지방을 중심으로 재배된다.

3) 밥의 조리원리

곡류는 맛을 좋게 하고 소화율을 증진시키기 위해 조리를 한다. 밥은 쌀 전분을 호화시킨 것으로, 쌀에는 전분 이외의 다른 성분도 함께 존재하므로 쌀이 밥이 되는 과정은 전분이 단독으로 호화될 때와는 다른 면을 고려해야 하나 쌀의 조리에서 가장 중요한 것은 전분의 호화현상이다.

(1) 전분의 성질과 조리

전분은 세포질에 존재하는 색소체(plastids) 내에서 형성되는 미립자로, 그 크기와 형태는 식물의 종류에 따라 다르다.

전분의 기본 결합구조 단위는 α-포도당(α-glucose)으로, 직선으로 결합된 직쇄상의 아밀로오스와 가지를 치며 결합된 분지상의 아밀로펙틴으로 구성되어 있다. 아밀로오스는 500~2,000개 정도의 포도당이 결합하여 중합된 직쇄분자이다. 아밀로펙틴은 아밀로오스와 같은 직쇄부분과 군데군데(8~9개, 15~18개마다) 분지상의 결합부분으로 된 분자 1,000개에서 수만개가 중합한 거대한 분자이다. 아밀로펙틴은 미립자(micelle) 구조로서 전체적인 형태는 구상을 이루며 이 구상의 아밀로펙틴이 방사상으로 모이고 그 사이사이에 아밀로오스가 채워져서 전분 입자를 이룬다.

전분의 종류에 따라 아밀로오스와 아밀로펙틴의 함량 비율에 차이가 있으나 일반적으로 천연전분 속에는 약 2 : 8의 비율로 들어 있다. 가열하면 아밀로오스는 식은 풀과 같이 엉기는 성질을 나타내고, 아밀로펙틴은 찰떡에서와 같이 끈기 있는 성질을 나타낸다.

① 전분의 가수분해(hydrolysis)

전분에 묽은 산을 넣고 가열하거나 전분 분해효소를 첨가하여 최적 온도를 유지시키면 쉽게 가수분해된다. 식혜·엿 등은 이러한 성질을 이용하여 만드는 음식이다. 식혜는 전분을 부분적으로 당화시킨 것이고 엿은 쌀을 완전히 당화시켜 농축시킨 것이다.

그림 2-2. 아밀로오스와 아밀로펙틴

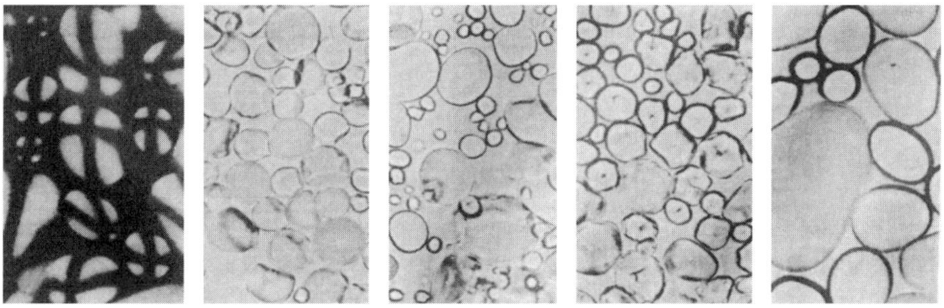

편광으로 본 감자 / 타피오카 / 밀 / 옥수수 / 감자

그림 2-3. 여러 가지 전분입자

② 전분의 호화(gelatinization)

생전분(β-starch)은 물에 불용성이므로 물을 가하면 일부는 가라앉고 일부는 물에 뜬 부유상태를 형성한다. 이 상태에서 전분을 가열하면 전분 입자는 물을 흡수한 뒤 팽창하기 시작하여 70～75℃ 정도 되면 전분 입자가 크게 팽창하여 점도와 투명도가 높은 반투명의 콜로이드(colloid) 상태가 되는데 이러한 변화를 호화라 한다. 호화가 일어나는 것은 전분 분자의 수소결합이 열에 의해 약해지기 때문인데, 호화가 일어나기 시작하면 입자 안에 분자의 재배열이 일어나 결정체로서의 구조가 깨져버린다. 이렇게 배열상태가 파괴된 것이 α-전분(α-starch)이며 X선으로 구별된다.

【호화에 영향을 미치는 요인】

- **전분의 종류** : 전분 세포의 크기에 따라 호화에 걸리는 시간이 다르다. 즉 전분 입자가 클수록 빠른 시간 안에 호화된다. 따라서 전분 입자가 작은 쌀이나 밀 등의 종실 전분은 호화온도는 높으나 점성이 안정하다. 그에 반해 감자나 고구마・타피오카 같은 괴경식물은 전분의 입자가 크고 낮은 온도에서 호화가 일어난다.
- **전분의 농도와 가열온도** : 전분의 농도가 높을수록 낮은 온도에서도 높은 점성을 나타내지만, 농도가 너무 높을 경우에는 호화에 필요한 수분 부족으로 오히려 호화되기 어렵다. 또한 가열하는 온도가 높을수록 단시간에 호화된다.
- **젓는 속도와 양** : 전분을 가열할 때 초기에 잘 저어야 하는데, 지나치게 많이 저으면 오히려 점도가 감소하게 되므로 주의해야 한다.
- **pH** : 전분을 가열할 때 산을 가하면 가수분해가 일어나 점도가 낮아

진다. 따라서 레몬 등의 과즙을 넣는 음식을 만들 때는 전분을 호화시킨 다음 넣는 것이 좋다. 그러나 반대로 알칼리 용액에서는 가열하지 않아도 전분이 호화된다.

- 설탕 : 설탕은 전분의 호화를 방해하고 점도나 젤(gel) 강도를 높이는데, 이는 친수성이 커서 전분 속의 수분을 흡수하여 전분의 농도를 높이기 때문이다. 또한 설탕은 투명도를 높이며 친수성 때문에 노화를 지연시키는 역할도 한다. 전분을 조리할 때 비교적 많은 양의 설탕을 사용하면 전분의 호화를 방해하지만, 전분을 미리 조리한 다음 나중에 설탕을 첨가하면 아무런 문제가 없다.
- 소금 : 첨가하는 양이 많을 때는 점도나 팽윤도를 저하시키나 암모니아염 등은 반대로 팽윤도를 상승시킨다.

③ 전분의 노화(retrogradation)

호화된 전분을 실온에 오래 방치해 두면 많은 양의 물과 수화해서 벌어진 상태로 있던 전분 분자들이 가까운 전분 분자와 뭉치려는 성질을 가진다. 이때 전분 분자들끼리 수소결합을 이루어 부분적으로 재결정구조를 형성하여 원래의 생전분으로 돌아가려는 현상이 일어나는데 이를 전분의 노화 또는 β화라고 한다. 노화된 전분은 투명도가 떨어지고 소화율도 떨어지는데, 재가열해주면 다시 α-전분으로 되돌아간다.

【노화에 영향을 미치는 요인】

- 전분 분자의 종류 : 아밀로오스는 선상 분자구조로 입체장애가 없기 때문에 노화하기 쉬우나, 아밀로펙틴은 분지상 분자구조여서 입체장애를 받으므로 노화하기 어렵다.
- 수분 함량 및 온도 : 전분의 노화는 일반적으로 수분 함량이 30~60%, 온도 0~4℃일 때 가장 쉽게 일어난다. 수분 함량이 16% 이하이면 노화가 일어나기 어렵고, 60℃ 이상의 온도에서는 노화가 거의 일어나지 않는다.
- pH : 노화는 수소결합에 의한 것으로 수소이온이 많으면 촉진된다. 그러므로 묽은 염산이나 황산 용액은 노화를 촉진시킨다.

【노화방지법】

호화된 전분이 노화되면 품질이 저하되므로 노화를 억제해야 하는데, 이에 대한 방지법은 표 2-2처럼 노화를 촉진하는 원인들을 제거하면 된다.

표 2-2. 노화를 억제하는 방법

방 법	특 징	식품 예
수분 함량의 조절	건조 등의 방법을 이용하여 수분 함량을 15% 이하로 조절한다.	비스킷, 라면, α화밥, 건빵 등
냉동법·냉동건조법	0℃ 이하로 얼리거나, 얼린 다음 수분을 15% 이하로 탈수시킨다.	냉동떡, 냉동건조미 등
설탕의 첨가	설탕을 다량 첨가하여 탈수작용에 의해 수분의 양을 감소시킨다.	팥양갱 등
유화제의 사용	유화제는 전분의 교질용액의 안정성을 증가시켜 전분 분자의 침전 및 부분결정의 형성을 억제시킨다.	모노·다이글리세라이드(mono·diglyceride) 등

4) 밥의 조리

(1) 메밥

① 세미

멥쌀은 일반적으로 찬물로 세 번 정도 씻으며, 첫물은 되도록 빨리 헹구는 것이 좋다. 쌀 표면에 묻어 있던 쌀겨 냄새가 씻는 동안 쌀에 배일 수 있는 시간을 단축하기 위해서이다. 이 과정에서 쌀은 10% 정도의 수분을 흡수하는 효과가 있어 맛있는 밥을 지을 수 있다.

② 불림

쌀을 씻은 다음 물에 불리는 과정은 배유층이 팽윤하는 과정이다. 즉 전분 속의 비결정성 부분에 물이 들어가고, 아밀로오스와 아밀로펙틴의 결합이 느슨해져서 쌀 전분이 부풀게 된다. 불림 과정은 온도와 매우 밀접한 관련이 있어 여름에는 30분, 겨울에는 90분쯤 지나면 수분이 20~30% 흡수되며, 이 정도면 수분흡수가 포화상태에 이른다. 장시간 쌀을 물에 불리면 오히려 가용성 물질인 단백질·무기질 성분과 전분질이 유출되어, 밥맛이 떨어지고 밥알의 모양도 흐트러져 맛이 없어 보인다.

③ 물의 양

밥을 짓는 데 필요한 물의 양은 맛·소화율에 영향을 미치는 요소이다. 쌀의 종류 및 건조상태, 가열방법, 가열용기 등에 따라 수분의 보유 정도가 다르므로, 밥을 지을 때는 반드시 첨가수의 양을 조절해야 한다. 물은 쌀 무게의 1.3배 정도가 필요한데 가열할 때 손실되는 부분을 고려하여 쌀 무게의 1.4～1.5배를 넣는다. 그러나 가열온도가 낮거나 가열용기가 밀폐된 것, 가압 가열이 가능한 경우, 햅쌀인 경우는 물의 비율을 낮게 잡고, 밥솥이 얇으면 두꺼운 것보다 더 많은 물을 부어야 한다.

④ 가열

가열시간과 가열온도는 밥의 맛과 질감에 중요한 요인이다. 가열시간은 쌀의 양, 용기, 가열온도에 따라 다르나 온도별로 3단계로 나누어 가열한다.

표 2-3. 취반시 가열단계별 내부온도 및 가열시간

가열단계	내부온도(℃)	가열시간(분)
센불 가열	30～100	10～15
불 줄이기	100	5
뜸들이기	98～100	15～20

【가열의 3단계】

- 센불 가열 : 불리는 과정에서 이미 수분 20～25%를 함유한 쌀 입자는 온도가 높아지면 더 많은 양의 수분을 흡수하면서 전분이 팽창한다. 즉 물의 대류에 따라 쌀이 상당히 부동하고, 가열이 진행될수록 전분은 투명도와 점성이 증가한다. 이러한 상태를 호화라고 한다. 전분 입자 내의 아밀로오스와 아밀로펙틴의 결합이 대단히 느슨해지고, 분자량이 적은 아밀로오스의 일부가 전분 입자 밖으로 빠져나온다. 특히 80℃ 이상이 되면 전분 입자가 파괴되는 현상이 나타난다. 따라서 이 기간이 지나치게 길면 호화된 전분의 일부가 용출되어 쌀이 부스러지는 경우가 생기므로 바람직하지 않다.
- 불 줄이기 : 쌀은 수분을 계속 흡수하고 온도가 상승하면서 전분의 호화과정이 진행된다. 쌀의 전분 입자는 호화가 진행되면서 70～75℃가 되면 전분 입자의 형태가 없어진다. 85～95℃가 되면 최고의 점도를

띠어 점성이 생기면서 쌀의 입자는 더 이상 움직이지 않는다. 이때의 내부 온도는 100℃가 된다.

- 뜸들이기 : 쌀 입자의 호화는 느리기 때문에 불을 끈 뒤 10～15분 동안 뜸을 들여야 한다. 내부까지 완전히 호화가 되는 단계이며, 쌀 입자의 표면에 있던 자유수가 흡착되어야 맛있는 밥이 된다. 그러나 뜸들이는 시간이 너무 길면 수증기가 밥알의 표면에 응축되어 밥맛이 떨어진다. 따라서 전기밥솥으로 밥을 할 때는 보온시간 중에 밥을 가볍게 뒤섞어 주면 물의 응축을 막아 고슬고슬한 밥을 지을 수 있다. 또한 가스 불로 지은 밥은 장작을 이용한 경우에 비하여 밥맛이 덜한데, 이는 열원이 쉽게 제거되는 가스 불에 비하여 장작은 타고 남은 재에 의해서 그 온기가 쉽게 제거되지 않아 밥을 적당히 보온하고 있기 때문이다.

Q & A

재치기란?

뜸들이기를 뜻하는 옛말이다. 재치기는 쌀알의 중심부에 있는 전분까지 완전히 호화되도록 하고 쌀 주위에 있는 수분이 쌀알의 내부로 스며들게 하는 과정을 말하는데, 이 기간이 밥맛을 좌우할 만큼 중요한 과정이다. 밥의 온도가 급격하게 떨어지면 밥알이 단단해지고, 밥알 사이에 있던 수증기가 물방울이 되어 밥알을 부착시키는 역할을 한다. 그 결과 밥에 물기가 돌고 밥알이 서로 붙는 현상이 나타난다.

그럼 재치기는 어떤 경우가 좋을까요?

밥의 양이 많을수록, 두께가 두꺼운 솥일수록, 장작 · 솔가리 · 숯과 같이 불을 끈 뒤에도 화기가 오래 남아 있는 것일수록 보온이 잘 되어 재치기가 잘 이루어진다. 그래서 우리나라에서 전통적으로 무쇠솥에 장작불로 한 밥이 맛이 있다고 하는 것은 무쇠솥과 장작불이 화기를 오래 간직할 수 있기 때문이다. 이에 반해 가스나 석유같이 불을 끄면 쉽게 화기가 없어지는 것은 밥맛이 떨어진다.

잠깐 솥에 대해서……

우리나라의 전통적인 솥은 무쇠로 만들고 꼭지가 달린 뚜껑이 달려 있다. 솥은 보통 부(釜)나 정(鼎), 노구로 분류된다. 부는 가마솥이라 불리며 밑이 편편한 것으로 큰 솥이고, 정은 부와 같은 모양에 다리가 세 개 달려 있으며, 노구는 자유로이 옮겨 걸어 놓고 사용할 수 있도록 만든 것을 말한다. 예로부터 밥솥의 으뜸은 곱돌솥으로 치고 그 다음은 오지탕관을 들고 널리 알려진 것으로는 무쇠솥을 꼽는다.

【취반시 쌀의 호화 정도를 결정하는 조건】

- 가열온도 : 쌀의 호화는 60~65℃에서 시작하여 80℃ 이상에서는 호화 속도가 빨라지며, 98℃에서는 20~30분에 호화가 끝난다. 온도가 높을수록 호화는 빠르게 진행된다. 이런 원리로 압력솥을 이용하면 빠른 시간에 밥을 할 수 있다.
- 수분 : 호화를 위해서는 30~40%의 수분이 필요하며, 수분 함량이 많을수록 호화는 잘 된다.
- 침수시간 : 물이 전분 입자의 내부까지 침투되려면 5분 이상의 침수시간이 필요하다.
- 도정도 : 쌀의 도정 정도가 많을수록 호화가 빠르며, 낮은 온도에서도 쉽게 호화된다.
- pH : 알칼리에 가까울수록 낮은 온도에서도 호화된다.
- 전분 입자의 크기 : 전분 입자의 크기가 작을수록 호화 온도가 낮아진다.
- 열전도율 : 가열용기의 열전도율에 따라 호화율이 달라진다. 열용량은 철이 가장 크고, 도기와 알루미늄은 거의 차이가 없다. 열전도를 고려하면 도기・철・알루미늄의 순서로 호화율을 보여 보온성이 결국 호화율과 관련된다. 돌솥으로 밥을 하면 그 온도가 오래 유지되어 밥맛이 좋은 것과 관련된다.

⑤ 식는 과정

밥을 상온에서 보관하면 질감이 서서히 단단해지면서 노화현상이 일어난다.

- 밥의 아밀로오스 함량 : 아밀로오스의 함량이 높은 멥쌀밥이 찹쌀밥에 비하여 노화가 빠르게 진행된다.
- 가열온도와 시간 : 낮은 온도에서 가열한 경우, 가열시간이 짧을수록 노화가 쉽게 진행된다.
- 저장온도 : 60℃ 이상에서 저장하거나 -10℃ 이하에서 냉동저장할 경우 노화를 억제할 수 있다.
- 수분 함량 : 수분 함량이 15% 이내일 경우에는 노화가 완전히 정지된다. α-미 같은 것은 이러한 원리를 이용한 것이다.
- pH : 산성에서 노화가 더 잘 일어나 pH 6의 경우보다 pH 2에서 노화

는 6배나 빠르게 진행된다. 초밥이 보통밥보다 더 빨리 단단해지는 것도 이 때문이다.

Q & A

전기밥솥으로 밥을 하고 시간이 지나면 왜 누렇게 변할까?

전기밥솥으로 밥을 하고 시간이 지나면 보온 열과 수분에 의해 밥맛이 떨어진다. 먼저 보온 열에 의해 밥의 당과 단백질이 반응하는 마일라드(maillard) 반응에 의해 색이 누렇게 변하고 그와 동시에 밥의 특유한 향도 날아간다. 그래서 전기밥솥으로 밥을 할 경우 밥이 다 되면 전원을 끄고, 마른 헝겊을 밥 위에 덮으면 수분증발을 어느 정도 막을 수 있다. 그리고 또 한 가지 밥솥의 뚜껑에 붙은 물기는 반드시 닦아내야 수분이 다시 밥 속으로 들어가지 않는다. 그리고 밥이 다 되면 주걱으로 밥을 훌훌 저어주는 것이 좋은데, 이렇게 하면 밥 내부에 있는 여분의 수분이 증발하여 보슬보슬한 밥을 먹을 수 있다.

Q & A

누룽지의 참 맛은 어디서 나올까!

곱돌솥이나 오지탕관 또는 무쇠솥으로 밥을 지으면 누룽지가 생긴다. 뜸을 들일 때, 누룽지가 생기면서 고소한 냄새가 솥 가득히 퍼지면 밥맛은 더욱 좋아진다. 전기나 가스가 아닌 장작불로 밥을 지으면 솥 밑바닥에는 수분이 거의 남아 있지 않고, 솥 밑바닥의 온도는 200℃ 이상이 된다. 이때 솥 밑바닥의 쌀 낱알은 아미노카보닐(amino carbonyl) 반응에 의해 갈변하고, 동시에 휘발성의 카보닐 화합물(carbonyl compound)을 생성하게 된다. 이 휘발성 물질이 밥알에 스며들어 특유의 구수한 향미를 낸다.

(2) 찰밥

① 메밥과의 구조적 차이점

찰밥은 메밥과 달리 질감면에서 점착성이 매우 강한 특성이 있다. 이는 화학적 구성성분인 아밀로오스와 아밀로펙틴의 구성비가 다르기 때문이다. 아밀로펙틴은 미립자 구조로 전체적으로는 구형의 구조를 띠며 가열하면 끈기를 나타내지만, 아밀로오스는 엉기는 성질을 나타낸다. 따라서 밥을 지을 때 호화에 의해 점성이 강해지므로 이런 특성을 고려해야 한다.

② 메밥과 조리법에서의 차이점

찹쌀을 2~4시간 침수시켜 물을 충분히 흡수하게 한 뒤 강한 불로 찌는 방법이다. 찜기의 중앙부분을 비워서 증기가 빠르게 표면층으로 전달되도록 하여야 충분히 호화가 될 수 있다. 20분 동안 찐 다음 물을 뿌려서 수분공급이 고르게 이루어지도록 하고, 10분 간격으로 한두 번 더 반복하여 30~40분 동안 찐다. 멥쌀과 같은 방법으로 밥을 지으면 점성이 너무 높아지므로 찹쌀만으로 밥을 하는 경우는 드물다. 그러므로 찹쌀을 이용하여 밥을 지을 때는 물 대신 팥 삶은 물로 점도를 떨어뜨려야 한다.

③ 노화 정도의 차이점

아밀로오스와 아밀로펙틴의 함량비에 의해서 노화의 진행 정도가 결정되는데, 아밀로오스의 함량이 높을수록 노화가 빨리 진행된다. 아밀로오스 함량이 적은 찹쌀은 노화현상이 더디게 일어난다.

(3) 보리밥

- 특성 : 보리밥은 순수하게 보리만으로 지은 밥 또는 보리를 멥쌀과 함께 섞어 지은 밥을 통칭한다. 보리는 질감이 거칠어서 개인에 따라 선호하는 정도가 다르지만, 단백질 · 지방 · 칼슘 · 철분 및 비타민 B군과 섬유소가 풍부하여 쌀에 비해 영양적으로 우수하다. 특히 수용성 식이섬유인 β-글루칸(glucan)을 함유하고 있어 당뇨병이나 다이어트 등의 식이요법에 많이 이용된다.
- 물의 양 : 통보리를 이용하여 밥을 지을 때는 통보리를 미리 씻어서 물을 넉넉히 붓고 푹 삶아야 한다. 이렇게 삶은 보리를 쌀과 함께 섞어서 밥을 지을 때는 밥물을 흰쌀밥보다 적게 잡아야 한다. 통보리에 비해 할맥이나 납작보리는 씻어서 쌀과 함께 밥을 지어도 되므로 덜 번거롭다.

Q & A

•압맥과 할맥이란?

압맥은 보리쌀을 수증기로 쪄서 한번 눌린 것을 말한다. 한번 눌러 가공하였으므로 부드러워 어린이들도 즐겨 먹을 수 있다. 따라서 통보리처럼 밥하기 전에 미리 삶거나 불릴 필요 없이 그냥 조리하면 되므로 편리하다.

할맥은 보리쌀을 둘로 쪼개어 가공한 것이다. 쪼개어진 크기가 쌀과 같아 먹기에 부담이 없고 미리 삶거나 불릴 필요도 없어 쌀과 함께 섞어서 밥을 지을 수 있다. 껄끄러운 질감도 없고, 보리의 영양소도 함께 섭취하도록 가공한 보리쌀이다.

Q & A

즉석미란?

즉석미는 밥 짓는데 걸리는 시간이 3~5분으로 간편하고 신속하게 밥을 먹을 수 있어 휴대용으로 많이 이용된다. 즉석미는 밥을 짓는 데 걸리는 시간을 단축할 목적으로 제조된 쌀로 다양한 방법이 개발되어 있다.

그 가운데 현미를 실온에서 2~3시간 침지시켜 수분 함량을 14% 되게 하고, 149~177℃에서 40분 동안 baking한 다음 다시 실온에서 2~3시간 침지시켜 용적을 2배로 팽창시켰다가 다시 149~177℃에서 baking하는 공정법이 있다. 5분 정도 가열하면 먹을 수 있다.

2 죽

죽은 초기 농경시대 최초의 음식으로 상용되다가 밥이 상용 주식이 되면서 대용주식 · 별미식 · 보양식으로 발전하였다. 우리나라도 곡물음식은 죽에서 시작하여 찐 밥, 찐 떡, 밥짓기 등의 순으로 발달해왔다.

죽은 곡식에 물을 많이 붓고 오랜 동안 뭉근하게 끓인 형태로, 곡식의 내부에 있는 전분이 완전히 호화되어 소화되기 쉬운 상태가 되게 무르게 익힌 음식이다. 따라서 환자식이나 유아식으로 많이 이용되고 있으며, 여러 가지 곡물 · 견과류와 한약재를 함께 써서 영양식으로도 만들고 있다.

1) 죽의 종류

죽은 그 오랜 역사가 말해주듯이 종류가 다양하다. 조선시대 문헌에 나오는 죽 요리는 170여 종에 이르고, 요사이 별미죽 · 보양죽에 관한 관심이 높아지면서 그 종류가 더욱 다양해지고 있다.

죽은 쌀의 형태에 따라 온 형태로 쑤면 왼죽 또는 옹근죽이라 하고, 불린 쌀을 굵게 동강나게 갈아 쑨 죽은 원미, 쌀을 갈아서 쑨 것을 무리죽이라고 한다. 암죽은 곡식을 말려 가루로 만들어 물을 넣고 끓인 죽으로 이유식 · 환자식 · 노인식에 주로 사용한다.

죽의 종류를 배합하는 재료의 특성에 따라 나누면 다음 표 2-4와 같다.

표 2-4. 재료의 특성에 따른 죽의 종류

형태별	종 류	특 성
흰죽	옹근죽	흰쌀을 그대로 볶다가 물을 붓고 끓인다.
	원미	쌀을 굵게 갈아서 쑨다.
	쌀암죽	백설기를 말렸다가 가루낸 것을 끓인다.
두태죽	콩죽	여름철 별미로, 불린 콩을 찧거나 갈아서 쌀과 같이 끓인다.
	녹두죽	녹두를 삶아 으깨어 체에 거른 것과 멥쌀을 넣고 쑨다. 봄·가을철 별미식으로 많이 이용하며, 회복기 환자식으로 좋다.
	팥죽	팥을 푹 삶아 으깨어 체에 걸러 쌀과 함께 넣고 쑨다.
	기타	강죽, 검은깨죽, 구수죽, 남매죽(오누이죽), 들깨죽, 메조죽, 보리범벅, 보리죽, 보리오곡죽, 삼미죽, 삼합죽, 소임죽, 수수죽, 양원죽, 옥수수죽, 율무죽, 율무가루죽, 적주죽, 조죽, 지마죽, 청량죽, 청모죽, 풋보리죽, 호콩죽 등
장국죽	콩나물죽	쌀에 콩나물을 섞어서 쑨다.
	아욱죽	아욱의 잎사귀와 줄기를 다듬어 고추장과 된장을 걸러 붓고, 고기나 새우를 넣어 쌀과 함께 쑨다.
	기타	가시연밥죽, 감인죽(검인죽·연자죽), 감자죽, 강분죽, 개암죽, 고구마죽, 규채죽, 근대죽, 김치죽, 박죽(포죽), 방풍죽, 버섯죽, 부추죽, 산마죽(서여죽), 상이죽, 선인죽, 소마죽, 송엽말죽, 송엽죽, 송피죽, 애호박죽, 연근죽, 차조죽, 우거지죽, 자소죽(차조기죽), 죽순죽, 죽엽죽, 진저리죽, 호박풀떼기 등
비단죽	잣죽	곱게 간 쌀과 곱게 갈아 체에 밭인 잣으로 쑨다.
	호도죽	쌀과 호도를 각각 갈아서 체에 밭인 뒤 쑨다.
	밤죽	곱게 간 쌀과 곱게 갈아 체에 밭인 밤을 섞어서 쑨다.
	행인죽	행인을 곱게 갈아 걸러낸 것과 쌀 앙금을 섞어서 쑨다.
	흑임자죽	흑임자와 쌀을 각각 갈아 섞어서 쑨다.
	기타	낙화생죽, 대추죽(조미죽), 마름열매죽, 모과죽, 백시죽, 산사죽, 삼선죽, 소행죽, 어미죽, 율자죽, 진국죽, 초미죽 등
고기죽	닭죽	닭을 고아 밭인 국물에 쌀을 넣고 쑨다.
	장국원미죽	쇠고기와 버섯류로 장국을 끓이다가 쌀을 넣고 쑨다.
	장국죽	쇠고기를 다져 맑은장국을 끓이다가 쌀을 넣고 쑨다.
어패류죽	게죽	큰 게살을 으깬 것에 쌀을 넣고 쑨다.
	대구죽	말린 대구의 살을 가루로 만든 뒤 쌀을 넣고 끓인다.
	추어죽	미꾸라지를 푹 고아 밭인 국물에 고추장과 쌀을 넣고 끓인다.
	생굴죽	생굴을 기름으로 볶다가 쌀을 넣고 끓인다.
	홍합죽	홍합과 다진 쇠고기로 끓인 맑은장국에 쌀을 넣고 쑨다.
	전복죽	다진 전복과 쌀가루를 넣고 쑨다.
	기타	가릿죽, 가자미죽, 낙지죽, 담채죽, 담치죽, 대합죽, 물고기죽, 북어죽, 붕어죽, 비웃죽(청어죽), 섭죽, 어죽, 옥돔죽, 우렁죽, 피라미죽, 피문어죽, 합자죽 등

2) 죽의 조리원리

(1) 불림

죽을 끓일 때는 쌀이 물을 충분히 흡수하도록 미리 물에 담가두어야 한다. 멥쌀은 상온에서 2시간 정도면 물을 최대로 흡수할 수 있다. 따라서 이를 고려하여 미리 쌀을 불려야 한다. 너무 오랜 시간 쌀을 물에 담가 놓으면 가용성 물질인 전분이 빠져나가 죽의 점도가 떨어지고 맛이 없어진다.

(2) 가는 과정

불린 쌀은 갈아서 끓여야 쉽게 호화되어 퍼진다. 물에 담근 쌀을 분쇄기로 갈아야 쌀 입자가 쉽게 부서지며, 마른 쌀을 갈면 쌀 입자의 구조가 파괴되어 전분이 많이 손상된다. 따라서 죽을 끓일 때는 반드시 쌀을 물에 불렸다가 갈아서 써야 한다.

(3) 물의 양

일반적인 묽기의 죽을 쑬 때는 쌀 부피의 5배에 해당하는 물이 필요하다. 즉 쌀 1컵에 물을 5컵씩 부어 끓이면 된다. 그러나 묽은 정도와 배합하고자 하는 재료에 따라 물의 양이 달라진다. 주의할 점은 죽에 물을 넣을 때는 처음부터 모든 물을 넣고 끓여야 죽 전체가 자연스럽게 어우러진다는 것이다.

(4) 가열

죽을 뭉치지 않게 잘 쑤려면 무엇보다 불조절이 가장 중요하다. 항상 중불에서 시작하고 충분히 불린 쌀을 쌀알이 퍼질 때까지 약한 불에서 오래 끓여야 완전하게 호화된다. 죽은 종류에 따라 다르지만 보통 20~30분 동안 끓이면 된다. 쌀알이 잘 퍼지면 반투명하고, 걸쭉한 농도의 전분 호화액에 퍼진 쌀알이 둥둥 떠 있게 된다. 죽이 응어리지기 시작하면 무조건 물을 더 넣지 말고 불을 줄여서 계속 저어가며 풀어주도록 한다.

(5) 젓는 과정

죽을 쑤는 동안에는 호화된 전분이 밑에 가라앉아 눌어붙기 쉬우므로 저어주면서 가열하여야 전체적으로 균일하게 된다. 그러나 지나치게 저으면 전분 입자가 팽창하면서 터져 점도가 낮아지므로 너무 젓지 않도록 한다. 또한 젓는 방향이 고르지 않으면 공기가 흡입되므로 주의해야 한다.

(6) 간하기

죽에 간을 맞출 때는 완전히 호화가 되어 부드럽게 퍼진 뒤에 해야 한다. 죽 종류에 따라, 또는 먹는 사람의 기호에 따라 소금·간장·설탕·꿀 등을 사용한다. 간을 하면 젤상이 저하되어 점도가 떨어져 더욱 빨리 삭게 되므로 먹기 직전에 하는 것이 좋다.

3) 조리할 때 주의할 점

(1) 흰죽

쌀을 갈아서 끓일 때 참기름을 넣으면 전분 입자가 잘 분리되므로 전분 풀과 같은 맛이 없어지며, 향이 나서 좋다. 죽은 두꺼운 냄비나 솥에 끓여야 온도가 일정하게 전달되어 호화가 천천히 내부까지 진행된다.

(2) 두태죽

콩이나 녹두·팥 등을 충분히 삶아 걸러서 가라앉힌 다음 웃물에 쌀을 넣고 끓여 퍼지도록 한다. 쌀 입자가 완전히 퍼지면 가라앉혔던 각각의 앙금을 넣고 같이 끓여야 눋지 않는다. 특히 팥죽은 앙금이 눌어붙기 쉬우므로 주의해서 서서히 끓여야 색이 곱게 우러난다.

콩죽을 끓일 경우 콩이 덜 삶아지면 콩 특유의 비린내가 나고 소화가 잘 안 되며, 너무 삶으면 텁텁해지기 쉬우므로 알맞게 익혀야 한다.

(3) 비단죽

잣·호도 등으로 죽을 쑬 때는 미리 심말(心末 : 일명 무리)을 만들어 두었다가 쓰면 좋다. 죽을 쑤기 조금 전에 필요한 쌀가루를 물에 담갔다가 끓인다. 심말을 만드는 방법은 세 가지가 있다. 첫째 쌀을 불려 곱게 간 것을 물에 가라앉혀 웃물을 몇 번 갈았다가 앙금을 거두어 말리는 방법, 둘째 불린 쌀을 곱게 빻아 철판에서 살짝 볶은 다음 다시 빻아 고운 체에 치는 방법, 셋째 쌀을 곱게 빻아 고운 체에 쳐서 말리는 방법이 있다.

Q & A

잣죽을 끓였는데 너무 묽어졌어요!

잣에는 아밀라아제(amylase)가 함유되어 있다. 아밀라아제는 전분을 가수분해하는 효소로, 잣죽을 끓일 때 잣과 쌀을 함께 갈면 이 효소가 작용해서 쌀 전분이 가수분해되므로 따로 갈아서 준비해 놓아야 한다. 그리고 만드는 순서가 매우 중요한데, 반드시 잣을 간 물을 먼저 끓인 다음 불린 쌀을 넣고 끓여야 한다. 그래야 잣에 들어 있는 아밀라아제가 불활성화되어 쌀을 가수분해하지 않는다.

(4) 고기 · 어패류죽

고기와 어패류의 맛성분이 완전히 우러날 때까지 먼저 끓인다. 쌀의 분량에 맞게 우려낸 육수의 양을 조절한 다음 그 국물이 끓을 때 쌀을 넣어 끓인다. 그리고 죽은 쑤어서 바로 먹지 않으면 맛이 변하기 쉽고, 국물이 마르고 노화되어 막이 생기므로 주의해야 한다.

世人個個學長年(세상 사람들은 모두 장수를 바라지만)
不知長年在目前(그것이 제 곁에 있음을 모르네)
我得宛丘平易法(간단하고 좋은 방법을 내 알고 있으니)
只將食粥致神仙(그저 죽을 먹으면 신선이 된다는 것을)

남송시대 시인 육유(陸遊, 1125~1210)의
〈식죽(食粥)〉 중에서

3 국수 • 만두 • 수제비

국 수

국수는 밀가루·메밀가루·녹말가루 등을 물 또는 소금물로 반죽하여 가늘고 길게 뽑은 식품을 총칭한다. 예로부터 우리나라에서는 혼인이나 생일·회갑 등의 잔치가 있을 때 국수를 손님에게 접대하는 음식으로 사용하였으며, 추모의 의미로서 제사상에 올리기도 하였다. 또한 평상시에는 점심 때 먹는 별식으로 즐겨 먹어왔다. 우리나라에서는 풍토상 밀보다는 메밀이 더 많이 생산되었기 때문에 국수라고 하면 전통적으로 주로 메밀국수를 의미한다. 그 밖에 당면이나 메밀국수를 반죽할 때 녹두나 감자의 녹말가루를 약간 첨가하기도 하였다.

1) 국수의 종류

국수는 분류하는 방식에 따라 그 종류가 많다. 국수를 만드는 재료에 따라 밀국수·메밀국수·녹말국수로 나뉘며, 조리하는 방법에 따라 온면·냉면 및 비빔면으로 나뉜다.

이 외에도 국수는 가공방법에 따라 분류할 수 있는데, 즉 반죽을 넓게 밀어 면대를 만든 뒤 가늘게 절단한 세절면, 반죽을 손으로 길게 늘이거나 쳐서 만드는 수인면, 반죽을 작은 구멍으로 압출시켜 만드는 압출면이 있다. 세절면으로는 칼국수·우동·소바 등이 있고, 수인면으로는 중국국수를 들 수 있으며, 압출면에 속하는 것으로는 냉면·당면 등을 들 수 있다.

중국국수를 만들 때는 간수·탄산나트륨·중조 등과 같은 알칼리액을 사용하는데, 이는 알칼리가 강도를 나타내는 글루테닌(glutenin)을 약화시키고 점성을 주는 글리아딘(gliadin)을 더 잘 늘어나게 하기 때문이다. 또한 알칼리 액은 전분의 물의 침투성을 좋게 하여 쉽게 팽윤·호화되게 함으로써 반죽에 신축성을 주어 국수의 탄력성을 높인다. 또한 밀가루의 플라본(flavone) 색소가 알칼리에 의하여 변색되어 중국국수 특유의 황색을 나타낸다.

그 밖에 조리방법에 따라 장국에 말면 국수장국 또는 온면이라 하고, 여러 가지 재료를 넣고 비빈 것은 비빔국수, 차게 해서 먹는 냉면, 콩국에 만 콩국수 등을 들 수 있다.

(1) 온면

국수를 삶은 다음 따로 준비한 끓는 장국에 만 국수이다. 온면에는 밀국수나 메밀국수 등의 가는 국수가 사용된다. 온면용으로 이용되는 국수장국은 보통의 맑은장국보다는 간이 약간 진한 것이 좋으며, 쇠고기 맑은장국 외에 닭고기 맑은장국이나 다시마 또는 멸치를 이용한 맑은장국 등이 사용되기도 한다.

(2) 제물칼국수

칼국수는 밀가루를 약간 되게 반죽한 다음 얇게 밀어 칼로 썰어 끓는 장국에 넣어 그대로 삶는 국수이다. 밀가루는 주로 강력분을 사용하며 반죽할 때 콩가루나 달걀을 넣어 반죽을 더 질게 할 수도 있다. 제물국수란 국수를 따로 삶지 않고 국수장국 국물에 직접 넣어 그대로 삶는 국수로, '제물에 그대로 삶았다'고 해서 붙여진 명칭이다. 따라서 국물이 맑지 않고 약간 걸쭉한 게 특징이다. 칼국수에 이용되는 장국으로는 쇠고기장국, 멸칫국물 외에 닭고기 국물도 사용한다.

(3) 냉면

냉면은 주로 북부지방에서 발달되었고 남부지방에서는 밀가루 국수를 주로 만들어 먹었다. 냉면은 지방에 따라서 특색이 있는데 특히 평양냉면의 명성이 높아서 이곳에서는 그냥 국수로 통한다. 평양냉면은 메밀가루에 녹말가루를 약간 섞어 만든 압착형 국수로, 삶은 국수에 고기편육·무·오이·배 등의 꾸미를 얹은 뒤 차가운 육수와 동치미 국물을 섞은 것을 붓는다. 먹을 때는 기호에 따라 겨자집 · 설탕 · 식초 등을 넣는다.

또한 회냉면은 회를 넣은 비빔냉면으로 함흥냉면으로 널리 알려져 있다. 함흥냉면은 옥수수나 고구마 전분을 많이 넣고 가늘게 뺀 국수를 매운 양념장으로 무치고 새빨갛게 양념한 홍어회를 얹어 만든다. 함흥냉면은 국수발이 매우 질기고 오들오들 씹히는 맛이 특징인데, 이는 평양냉면이나 진주냉면이 주로 메밀을 원료로 사용하는 데 비해 함경도 지방에서는 메밀 대신 이 지방에서 많이 생산되는 감자로 만든 녹말가루를 이용하기 때문이다. 요즈음에는 홍어회를 많이 사용하나 원래 함경도 지방에서는 홍어보다는 참가자미가 많이 잡히기 때문에 이를 회로 주로 이용하였다고 한다.

(4) 비빔국수

비빔국수는 국수에 쇠고기와 각종 채소를 채썰어 볶은 뒤 갖은 양념을 넣고 비빈 국수이다. '골동면'이라고도 하는데, '골동'이란 말에는 '뒤섞는다'는 의미가 담겨 있다. 예전에는 주로 간장양념을 사용하였으나 요즈음은 주로 고추장으로 비벼 먹는 국수가 더 일반적이다.

(5) 냉콩국수

흰콩을 불려 살짝 삶은 다음 곱게 갈아서 만든 콩국에 밀국수를 삶아서 말아 먹는 국수로, 여름철 별미음식이다. 이때 콩을 충분히 삶아야 비린내가 나지 않고 고소하다.

(6) 막국수

강원도 지방에서 주로 많이 먹으며, 메밀가루를 익반죽하여 만든 국수를 쇠고기장국이나 닭국물에 넣고 끓인다.

2) 국수의 재료

(1) 밀가루

① 밀가루의 종류

밀은 품종 또는 재배되는 환경에 따라 단백질의 함량과 성질이 달라지며, 밀알의 부위에 따라 단백질의 함량 분포도 차이가 난다. 일반적으로 밀알의 중심부로 갈수록 단백질 함량이 낮고 전분 함량은 높은 반면, 외부로 갈수록 단백질 함량은 높고 전분 함량은 낮아진다.

밀가루의 종류는 일반적으로 밀단백질인 글루텐(gluten)의 함량에 따라 표 2-5와 같이 강력분 · 중력분 · 박력분으로 나뉜다.

표 2-5. 밀가루의 종류 및 용도

종 류	단백질(%)	특 성	용 도
강력분	11~13	경질밀로 만들며, 단백질 함량이 높아 강한 탄력성과 점성을 지니고 있으며 수분흡착력도 크다.	식빵, 마카로니, 국수류, 만두껍질 등
중력분	10~9	'다목적 밀가루'라고도 하며, 주로 가정에서 많이 사용한다. 단백질 함량은 물론, 단백질의 탄력성과 점성, 수분흡착력도 강력분과 박력분의 중간 정도를 지닌다.	다용도
박력분	7~9	연질밀로 만들며, 단백질인 글루텐의 탄력성과 점성이 약하고 수분흡착력도 적어 섬세한 질감을 준다.	케이크, 튀김 등

② 밀가루의 글루텐 형성

밀가루에 50~60%의 물을 넣어 반죽하면 밀가루에 존재하는 단백질인 글리아딘과 글루테닌이 물과 결합하여 그림 2-4처럼 3차원의 망목구조를 지닌 글루텐이라는 단백질을 형성한다. 타원형의 긴 실 모양을 한 글리아딘은 물을 흡수하여 점성을 나타내고 실 모양으로 길게 늘어나는 성질을 지닌다. 그러나 너무 건조해지면 부서져서 가루가 되기 쉽다. 글루테닌은 글리아딘처럼 타원형으로 생겼으나 약간 둥근 모양을 하고 있으며 반죽에서 강도를 강하게 한다. 이들 단백질이 글루텐을 형성할 때는 긴 실 모양의 글루테닌이 여기저기 겹쳐 헐거운 실 모양을 하고, 약간 둥글둥글한 모양을 한 글리아딘이 사이에 끼어서 만들어진다.

그림 2-4.
글루텐의 형성

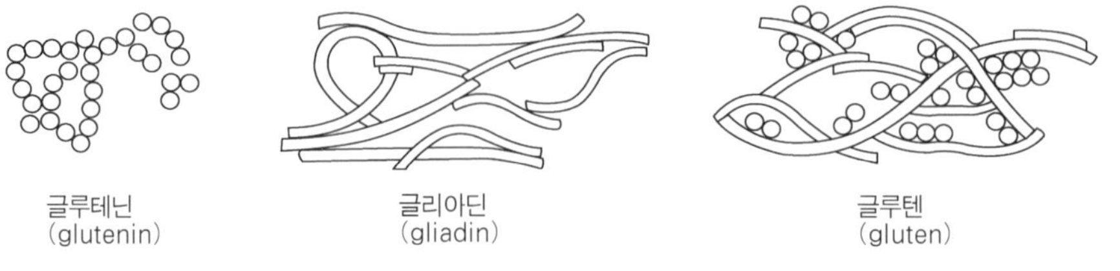

반죽은 오래하면 할수록 질기고 점성이 강한 글루텐이 형성되며 이때 형성되는 점탄성을 지닌 반죽 덩어리를 도우(dough)라 한다. 또한 첨가하는 물의 양이 많아지면 밀가루 반죽이 액상을 나타내는데 이를 배터(batter)라고 한다.

(2) 물

① 첨가 방법과 수온

밀가루 반죽에 물을 첨가하는 방법에 따라 글루텐이 형성되는 양에 차이가 생기는데, 같은 질의 밀가루에 동량의 물을 한번에 다 넣어 반죽하는 것보다 약간씩 첨가하여 반죽하는 경우 글루텐이 더 많이 형성된다. 따라서 국수나 만두껍질 등과 같이 글루텐이 많이 생겨야 좋은 질을 나타낼 수 있는 음식에서는 반죽할 때 물을 조금씩 나누어 넣는 것이 좋다.

또한 국수반죽의 단단한 정도는 물의 양 및 수온에 의해서도 차이가 있다. 물의 양은 물의 온도에 따라 조절되는데, 즉 냉수를 사용할 경우에는 밀가루의 50% 정도가 적당하며 뜨거운 물이면 80~90%가 필요하다. 그 이유는 뜨거운 물을 넣으면 밀가루의 전분이 호화되어 반죽이 단단해져서 여분의 물이 더 필요하기 때문이다. 일반적으로 반죽을 얇게 밀어 만드는 국수류나 만두껍질은 냉수로 반죽하며, 반죽이 두껍고 점탄성이 큰 음식을 만들 때는 뜨거운 물로 반죽하는 것이 좋다.

② 경수

밀가루를 반죽할 때 경수를 사용하는 경우, 여기에 함유된 Ca^{2+}, Mg^{2+}, Fe^{2+}, Mn^{2+}, Cu^{2+} 등의 금속이온들이 밀단백질과 결합하여 반죽이 늘어나는 것을 방해하고 전분과 결합하여 호화·팽윤되는 것도 방해한다. 또한 철분은 갈변작용을 일으켜 국수의 색을 검게 한다.

③ 물의 pH

국수를 삶는 물의 pH도 국수의 질에 영향을 미친다. 국수 삶는 물의 pH가 높으면 국수에서 전분이 용출되어 국수의 표면을 거칠게 하기 쉽다. 그러므로 국수를 삶는 물은 일반적으로 pH 5~6 정도가 알맞다. 왜냐하면 pH 5~6 정도인 물로 국수를 삶으면 전분 젤의 강도 및 탄력이 증가하여 국수의 질이 상승하기 때문이다.

(3) 소금

밀가루 반죽에 소금을 첨가하면 짠맛을 부여하고, 글리아딘의 점성을 증가시켜 글루텐의 망상구조를 치밀하게 하므로 국수반죽이 단단해지고 질겨진다. 건면을 만들 때는 소금을 많이 넣는데, 이는 소금에 들어 있는 염화마그네슘($MgCl_2$)의 흡습성에 의해 국수가 급격히 건조되는 것을 방지하여 건조과정에서 국수가 부러지지 않게 하기 위해서이다. 그러나 소금을 지나치게 많이 넣으면 반죽의 결합력을 저하시키고 반죽의 생성이 나빠진다.

3) 국수의 조리원리

(1) 삶기

국수 삶는 방법도 국수의 품질에 영향을 미친다. 국수를 삶을 때는 국수 무게의 6~7배 정도 되는 충분한 양의 물을 사용해야 국수가 서로 붙지 않고 단시간에 전분을 호화시킬 수 있다. 물이 끓기 시작하면 국수를 넣고, 물이 다시 끓기 시작하여 국수가 떠오르면 찬물을 넣어 물의 온도를 낮추어 준 뒤 다시 한번 끓인다. 이는 국수가 떠오른 뒤 너무 세게 가열할 경우 거품이 많이 일어 국수의 표면이 거칠어지는 것을 방지하기 위해서이다. 또한 국수의 속까지 고르게 잘 익게 하고 조직을 치밀하게 만듦으로써 쫄깃쫄깃한 느낌을 낼 수 있기 때문이다.

(2) 씻기

국수를 다 삶고 난 다음에는 될 수 있는 한 많은 양의 냉수에서 국수를 비벼 씻는다. 이러한 조작은 표면에 남아 있는 전분을 제거해 줌으로써 국수 표면이 끈적거리는 것을 방지하고 국수를 단시간에 냉각시켜 국수의 탄력을 유지해주기 위해서이다. 만일 익은 국수를 천천히 식히면 국수의 표면이 거칠어져서 식미를 떨어뜨리는 원인이 된다.

만 두

만두는 원래 중국음식으로 한나라 때 처음으로 만들어 먹었다고 한다. 우리나라에서는 고려시대부터 전해져 먹기 시작하였다. 대개 밀가루 반죽을 얇게 밀어서 소를 넣은 것을 만두라고 부르지만, 중국에서는 이를 교자(餃子)라고 하고, 만두는 밀가루 반죽을 발효시켜 지금의 호빵처럼 껍질을 두껍게 만든 것을 말한다. 특히 고기나 팥소가 들어간 것은 포자(包子)라 하고, 소를 넣지 않은 것을 만두라고 한다.

1) 만두의 종류

만두는 껍질의 재료나 모양, 삶는 방법에 따라 다양한 종류가 있다. 즉 껍질의 재료에 따라 밀만두 · 메밀만두 · 어만두 · 동아만두 · 처녑만두 등으로 나뉘고, 빚은 모양에 따라 사각진 것은 편수, 해삼 모양은 규아상, 큼직하게 빚은 대만두, 작게 빚은 소만두 및 만두껍질에 소를 싸지 않고 소를 밀가루에 여러 번 굴려서 두꺼운 껍질을 만든 굴림만두 등이 있다.

이 밖에 우리나라 만두에는 밀가루나 녹말가루 등의 가루를 쓰지 않고 생선이나 육류 · 채소 등의 재료를 넓게 펼쳐서 소를 넣은 것도 만두라고 하였는데, 생선살을 만두껍질로 사용한 어만두 등이 여기에 속한다.

① 규아상

오이와 표고를 채썰어 볶은 것과 쇠고기 볶은 것을 소로 넣어 해삼 모양처럼 빚어서 담쟁이덩굴 잎을 보자기 대신 깔고 쪄낸 만두이다. 해삼을 옛날 말로 '미'라고 하여 규아상을 '미만두'라고도 한다. 그릇에 담을 때도 접시 밑에 담쟁이덩굴 잎을 깔고 담아 시원해 보이도록 한다.

② 준치만두

준치만두는 준치가 가장 맛있는 계절인 5월 단오에 주로 먹는 절식음식으로 알려져 있다. "썩어도 준치"라는 옛말이 있듯이 준치는 아주 맛이 좋은 생선이지만 작은 가시가 많아 그냥 먹기에는 힘들다. 그러므로 준치만두는 준치를 찜통에 쪄서 뼈는 발라내고 살만 골라 채소와 섞어 완자를 빚은 다음 여기에 녹말가루를 고루 묻혀 다시 찜통에 쪄서 장국 없이 그대로 초장에 찍어 먹거나 끓는 장국에 띄워 먹는다.

③ 편수

개성 지방의 향토음식으로 《규합총서》에서는 '변씨 만두'라고도 하였다. 주로 여름철에 먹는 만두로, 소를 넣은 다음 귀를 서로 붙여 사각 모양으로 만든다. 소의 재료로는 애호박・오이・숙주・쇠고기・닭고기 등이 들어가며, 쪄서 그대로 초간장에 찍어 먹거나 차가운 장국에 띄우기도 한다. 편수를 장국에 마는 경우에는 육수의 기름이 뜨지 않도록 말끔히 걷어내야 한다. 또한 편수의 껍질은 찐 다음 속이 비치도록 반죽을 얇게 밀어서 만들어야 한다.

④ 굴림만두

평안도 지방에서 겨울철에 주로 먹었던 만두로, '굴만두'라고도 한다. 만두 속에 들어가는 재료는 다른 만두와 비슷하나 만두껍질을 따로 만들지 않는 것이 특징이다. 만두속 재료로 완자를 빚어 밀가루를 묻혀서 냉수에 담갔다가 건져내어 물기를 뺀 다음 다시 밀가루를 묻히기를 두세 번 반복하여 만든다.

⑤ 어만두

만두껍질 대신 민어나 숭어 등의 흰살생선을 크고 얇게 포를 떠서 소를 넣어 빚은 찐만두를 말한다.

⑥ 떡국

가래떡을 어슷하게 얇게 썰어 쇠고기장국에 넣어 끓이는 것으로 '병탕'이라고도 하며, 정월 초하루에 어느 가정에서나 먹는 음식이다. 개성 지방에서는 조랭이떡국이 유명한데, 이것은 가래떡을 따뜻할 때 참기름을 조금씩 바르면서 나무칼로 허리가 들어가게 비벼 짧게 끊어 누에고치 모양처럼 만든 떡국이다.

만들 때 다소 번거롭기는 하지만 작고 쫄깃쫄깃하여 보통 떡국과는 다른 특별한 맛을 준다. 떡국에 사용되는 장국은 사골이나 양지머리・사태 등을 오랫동안 고아서 만들어야 깊은 맛을 낼 수 있다. 단시간에 육수를 만들려면 쇠고기를 잘게 썬 다음 양념하여 볶다가 물을 부어 끓이면 된다.

2) 만두의 재료 및 조리원리

밀가루는 주로 강력분이 사용되며 밀가루 반죽을 많이 치댈수록 매끄럽고 탄력 있는 만두를 만들 수 있다. 만두는 껍질을 얇게 미는 것이 중요한

데, 밀가루를 반죽할 때 달걀 흰자 또는 식용유를 2큰술 정도 넣으면 탄력과 끈기가 증가되어 얇게 밀 수 있다. 또한 반죽이 다 되면 비닐봉지 등에 넣어 30분 정도 지난 다음 만두를 만드는 것이 좋은데, 이는 밀가루 반죽을 더 끈기 있고 매끄럽게 하기 위해서이다. 이때 소금을 약간 넣으면 더욱 차지고 부드러운 조직을 만들 수 있다.

밀어놓은 반죽이 말라서 오므릴 때 달라붙지 않을 경우 가장자리에 물이나 달걀 흰자를 바르면 잘 붙는다. 만두를 삶을 경우 국물이 펄펄 끓을 때 넣은 다음 만두가 위로 떠오르면 건져내야 한다. 만두를 한꺼번에 너무 많이 넣지 않도록 한다.

수제비

1) 수제비의 재료

수제비는 조선시대 중엽부터 먹기 시작하였다고 한다. 밀가루·메밀가루·보릿가루 등을 부드럽게 반죽하여 손으로 얇게 뜯어서 조개나 쇠고기로 만든 맑은장국 등에 감자·호박·양파·파 등의 채소를 함께 넣어 끓인 음식을 말한다. 여름에는 닭을 고아 끓인 미역국으로 끓이면 별미이다.

2) 수제비의 조리원리

수제비를 만들 때는 맑은장국이나 멸칫국물 등을 사용하는데, 멸칫국물을 이용하면 시원한 맛을 낼 수 있다. 수제비 반죽을 만들 때 밀가루에 녹말가루를 약간 섞으면 반죽이 한결 매끄러워지고 맛도 좋아진다. 반죽을 많이 치대어 말랑말랑하고 끈기 있게 만든 다음 맑은장국이나 멸칫국물이 펄펄 끓을 때 손에 물을 묻혀가며 떼어 넣는다. 이때 될 수 있으면 수제비를 얇게 떼어 넣을수록 맛이 있고 보기에도 좋다.

【국수·만두·수제비 등의 국물 내는 방법】

- 쇠고기국물 : 고기국물을 낼 때는 장정육·갈비·홍두깨살·사태살·업진살·쇠꼬리·도가니·사골 등의 부위가 많이 이용된다. 육

수를 만들 때는 일단 고기를 찬물에 30분 정도 담가 핏물을 빼고 끓여야 하는데, 이때 생기는 거품을 걷어내야 맑고 깨끗한 국물을 얻을 수 있다. 무 등의 향미채소를 넣을 경우 처음부터 같이 넣어 끓이면 국물이 뿌옇게 되므로 주의해야 한다. 또한 끓이는 중간에 찬물을 첨가하면 누린내가 나고 구수한 맛이 없어지므로, 국물이 더 필요할 경우에는 끓고 있는 국에 뜨거운 물을 첨가하거나 진국물을 받아놓고 찬물을 부어 처음부터 다시 끓이도록 한다.

- **멸칫국물** : 멸치로 국물을 낼 때는 굵고 은청색이 도는 것을 선택하는 것이 좋다. 머리와 꼬리가 약간 휘어지고 배에 상처가 난 것은 좋지 않다. 멸치 특유의 비린내를 제거하려면 냄비에 기름을 두르지 않고 살짝 볶으면 된다. 찬물에 멸치를 넣고 끓이면서 도중에 생기는 거품을 그때그때마다 걷어내야 깔끔한 국물맛을 낼 수 있다. 이때 멸치를 국물에 계속 담가 놓으면 비린내가 나므로 국물이 다 만들어지면 건져내도록 한다. 또한 멸칫국물을 낼 경우에는 보통 다시마를 함께 사용하는데, 이때 다시마를 약한 불에서 끓이면 맛이 우러나지 않고 센 불에서는 비린내가 난다. 따라서 멸치와 함께 넣을 경우에는 처음부터 넣지 말고 멸치를 한소끔 끓인 다음 다시마를 넣고 잠깐 끓이는 것이 좋다. 국물을 낸 다시마는 오래 담가두면 미끌거리는 점액이 나오므로 곧 건져내도록 한다.

제 3 장

부식류의 조리과학적 특성

1 국

우리의 일상식사는 밥을 주식으로 하며 국과 몇 가지의 찬으로 구성된다. 국은 반상차림에서 반드시 있어야 하는 국물음식으로, 탕(湯)·갱(羹) 또는 확(臛)이라고도 한다. BC 3세기 무렵의 중국 고서에서도 이러한 표현이 나오는데, 여기에서는 "갱은 채소가 섞인 고깃국이고 확은 채소가 섞이지 않은 고깃국"이라 하여 국의 역사를 말해준다. 《원행을묘정리의궤》(1795)에 따르면, 우리나라에서는 수라상에서 원반에 나오는 국은 한결같이 갱이라 하였고 협반에 나오는 국은 탕이라 하여 구별하고 있다. 그러나 요즘은 제사상에 놓는 국만을 가리켜 갱이라 한다.

1) 국의 종류와 조리방법

국은 맑은장국·토장국·곰국 그리고 냉국 등으로 분류되며, 사용되는 재료는 수조육류·채소류·해조류·어패류뿐만 아니라 쇠고기의 뼈·내장류·선지까지 매우 다양하다. 그러므로 국을 선택할 때는 계절과 반찬의 내용 등을 잘 고려하여 영양소의 균형 및 맛과 색채 등을 맞추는 것이 좋다.

표 3-1. 국의 종류

분 류	종 류
맑은장국	무국, 미역국, 대합탕, 콩나물국, 조기국, 준치국, 북어탕, 완자탕, 토란탕, 송이탕, 애탕
토장국	시금치국, 냉이국, 아욱국, 배추속대국, 솎음배추국
곰 국	곰탕, 설렁탕, 갈비탕, 꼬리곰탕, 육개장, 추어탕, 용봉탕, 닭곰탕, 삼계탕, 영계백숙
냉 국	오이냉국, 미역냉국, 깻국탕, 임자수탕

(1) 맑은장국

맑은장국은 대개 육수를 기본으로 하여 끓인 국으로, 국물을 만드는 방법에는 두 가지가 있다. 하나는 육류를 덩어리째 끓여 수용성 영양성분이 충분히 우러나오도록 하는 경우이고, 또 하나는 기름기 없는 우둔살이나 홍두깨살 등의 살코기를 가늘게 채썰어 조미하여 볶다가 물을 넣고 끓여 기본 국물을 만드는 방법이다.

육류를 쓰지 않는 맑은장국으로는 대합탕이나 콩나물국 등이 있으며, 이는 주재료가 지닌 맛을 충분히 우려내어 그 맛을 즐긴다.

【육수만들기】

- 많은 양의 육수만들기 : 맑은 육수에는 양지머리 · 사태살 · 업진살 등의 질긴 부위가 적당하다. 육수를 내려면 우선 고깃덩어리는 물에 깨끗이 씻고, 뼈가 붙은 것은 찬물에 담가 핏물을 뺀다. 국물을 만들 때는 일반적으로 고기를 처음부터 냉수에 넣고 끓이는 것이 좋다. 끓는 물에 고기를 넣고 끓이면 고기의 표면이 먼저 응고하므로 내부 성분이 더디게 용출된다.

  찬물에 넣고 처음에는 센불로 끓이다가 일단 끓어오르기 시작하면 작은 용솟음이 서너 군데 있을 정도로 불의 세기를 작게 조절하여 서서히 끓인다. 처음부터 불이 약하면 고기가 불그레한 색이 되므로 처음에는 반드시 센불로 끓여야 한다. 그러나 계속 센불로 끓이면 고기의 정미성분이 국물에 충분하게 우러나오지 못한 채 국물만 졸아들고 부글부글 끓으면서 아래위가 마구 뒤섞여 육수가 탁해진다. 또한 육수를 끓이는 동안에는 뚜껑을 닫지 않아야 국물이 탁하지 않다.

  육수는 장시간 끓여야 하므로 되도록이면 수분의 증발을 적게 하여야 한다. 육수를 끓일 때는 두께가 두꺼운 냄비로, 냄비의 둘레보다 높이가 있는 깊숙한 것이 증발량이 적고 온도를 일정하게 유지하기에 알맞다.
- 적은 양의 육수만들기 : 육수를 소량 만들 때는 쇠고기를 잘게 썰어서 다진 파와 마늘, 참기름, 후춧가루로 양념한 다음 냄비에 참기름을 약간 두르고 볶다가 고기가 익어 색이 변하면 물을 넣어서 끓인다. 끓는 도중에 위로 떠오르는 기름과 찌꺼기 거품은 말끔하게 걷어낸다. 고기

는 따로 건져내지 않고 그대로 넣고 국을 끓인다.

• 간하기 : 맑은국을 맑은장국이라고도 하는데, 이는 옛부터 청장을 이용하여 국을 맑게 간을 하였기 때문이다. 청장의 색이 짙은 경우에는 색을 낼 정도만 쓰고 나머지는 소금으로 간을 한다. 국에 사용되는 전통간장은 오래 전부터 우리 민족의 단백질 급원으로서, 이전에는 각 가정에서 직접 담가 먹었으나 근래에는 시판용 국간장이나 양조간장과 소금을 혼합하여 사용하거나 인공조미료로 많이 대체하고 있다.

Q & A

• 양조간장과 국간장은 어떻게 다를까요?

국간장은 대두만으로 만든 메주를 염수에 담가 만들므로 감칠맛과 짠맛을 지녀 국이나 무침에 주로 이용된다. 양조간장은 대두 이외에도 쌀 · 보리 · 밀 등의 전분질이 첨가되어 단맛이 강하여 조림이나 여러 가지 양념으로 쓰인다.

Q & A

• 인공조미료 MSG란?

'다시'는 육식의 전통이 없던 일본에서 가다랭이포 · 멸치 · 다시마 등에서 감칠맛 나는 성분을 우려낸 국물을 일컫는 일본어이다. 1700년대부터 이용해오다 1900년대에 여러 '다시' 재료 가운데 다시마에서 감칠맛 성분인 글루탐산을 발견함으로써 이를 화학적으로 합성(MSG : monosodium glutamate)해 상품화하여 보급되었다. 중국음식에 많이 첨가되므로 미국에서는 '중국음식증후군'이라 하여 MSG로 인해 두통을 일으킨다고 하나 아직까지 유해하다는 보고는 없다.

(2) 토장국

국물에 된장을 풀어 간을 맞춘 국으로, 육류를 많이 넣지 않아도 된장의 감칠맛으로 국물맛을 낼 수 있으며 멸치를 이용하여 기본 국물을 만들어 간을 하기도 한다.

토장국은 순전히 된장만으로 하기도 하나 고추장을 약간 섞어도 좋다. 대체로 된장과 고추장의 비율이 5 : 1에서 4 : 1 정도가 무난하며, 보통 물이나 속뜨물 10컵에 된장 4~5큰술, 고추장 1큰술 정도로 하는 것이 좋다.

Q & A

토장국은 왜 쌀뜨물로 끓이는 것이 좋을까요?

맹물로 끓이는 것보다 쌀뜨물을 이용하면 채소의 풋내도 덜 나고 쌀뜨물 속의 여러 효소가 채소를 부드럽게 해주며, 또한 쌀뜨물 속에 녹아 있는 많은 양의 영양소를 이용할 수 있어 좋다. 또한 된장과 고추장을 끓는 쌀뜨물에 풀어 넣음으로써 쌀뜨물과 토장에 있는 전분과 단백질이 서로 어우러져 안정한 콜로이드 체계를 이루어 온도가 유지되고 맛성분이 유리되지 않아 국물이 훨씬 맛있게 느껴진다.

【멸칫국물 만들기】

내장을 뺀 국물용 멸치를 찬물에 잠깐 불린 뒤 물이 팔팔 끓을 때 넣어 5분 정도 끓인 다음 멸치를 건져내고 국물을 밭여서 쓴다. 물이 끓을 때 멸치를 넣어야 국물맛이 깨끗하고 맑으며, 너무 오랫동안 끓이면 텁텁하고 쓴맛이 난다.

멸치육수에 다시마를 같이 넣기도 하는데 다시마는 너무 센불에서 끓이면 비린내가 나므로 멸치가 한소끔 끓은 다음 다시마를 넣고 불을 줄여 끓인다. 또한 다시마는 오래 두면 점질물이 나오므로 끓인 뒤 바로 건져낸다. 다시마는 두껍고 윤기가 나며 흰 가루가 고르게 분포되어 있어야 좋으며, 흰 가루는 감칠맛이 나는 성분이므로 물에 씻어내지 말고 깨끗한 행주로 이물질만 닦아낸다.

(3) 곰국

쇠고기의 질긴 부위나 사골 또는 닭 등을 푹 고아서 재료의 맛이 국물로 충분히 우러나게 한 국이다. 조리법이 간단하고 먹기에도 편할 뿐만 아니라 내장이나 좀 질이 낮은 하육(下肉), 뼈를 이용해도 영양과 맛이 좋은 음식이 될 수 있다. 설렁탕·곰탕 이외에도 갈비탕, 쇠꼬리를 고은 꼬리곰탕, 도가니와 사골을 고은 도가니탕, 닭을 고은 영계백숙·닭곰탕 등이 있다.

곰탕이나 설렁탕을 끓일 때 뼈를 많이 사용하면 국물이 뽀얗게 되는데, 이는 뼈에서 우러난 인지질(phospholipid)이 일종의 유화작용을 하기 때문이다. 꼬리곰탕은 쇠꼬리의 고기가 뼈에서 저절로 떼어질 때까지 오랫동안 무르게 푹 곤다.

갈비탕은 쇠갈비를 토막내어 푹 고면 갈비뼈 사이의 골수에서 여러 성분이 우러나와, 갈비 맛이 진한 우리나라 특유의 맑은 곰국이다. 뼈가 붙은 육류로 국을 끓일 때는 물에 담가서 핏물을 빼고 끓는 물에 한번 튀겨냈다가 다시 찬물을 붓고 푹 끓인 다음 향미채소를 넣고 무르도록 끓인다. 이렇게 끓이면 국물에 부유물이 적게 뜨고 누린내가 나지 않으며 맛이 고소하다.

또한 끓일 때 파와 양파 등을 크게 토막내어 넣고 소금을 넣어 끓이면, 고기가 빨리 무르고 고기의 글리시닌 성분이 물에 용해되어 국물맛이 더욱 달고 고기의 누린내도 덜 난다. 그러나 채소를 너무 많이 넣으면 국물이 탁해져서 좋지 않다. 끓는 도중에 떠오르는 거품이나 기름 등은 자주 걷어내야 맑고 깔끔한 맛의 육수가 된다.

Q & A

설렁탕과 곰탕은 어떻게 다른가요?

현재는 구분이 모호하지만 《조선요리》(손정규, 1940)에서는 "설렁탕은 육의 잡육(雜肉), 내장 등 소의 모든 부분의 잔부(殘部)를 뼈가 붙어 있는 그대로 하루쯤 곤다."고 하였고, "곰국은 사태 · 쇠꼬리 · 허파 · 곱창 등을 덩어리째 삶아 반숙(半熟)되었을 때 무 · 파를 넣고 간장을 조금 넣어 다시 삶는다."고 되어 있다. 결국 설렁탕이 곰탕에 비해 뼈가 많이 들어가 더 뽀얗게 된 것이라고 볼 수 있다.

(4) 냉국

여름철에 오이 · 미역 등을 이용하여 입맛을 돋우는 약간 신맛이 나는 차가운 음식이다. 냉국은 새콤달콤하며 차가운 맛을 잃지 않아야 한다. 국물에 대한 소금 · 식초 · 설탕의 비율이 잘 맞아야 하는데, 일반적으로 생수 4컵에 간장 2큰술, 식초 1큰술, 설탕 1큰술을 넣으며 취향에 따라 가감한다. 또한 냉국 재료는 반드시 밑간을 해서 국물맛이 잘 우러나도록 해야 한다. 특히 식초는 상에 내기 직전에 넣어야 한다.

이 밖에 여름철 보양식으로 닭을 삶아 차게 식힌 국물에 흰깨를 갈아 고기완자 · 지단 · 오이 등 건지를 많이 넣은, 영양이 풍부한 임자수탕이 있다.

2) 국에 이용되는 재료

(1) 육류

탕에는 일반적으로 양지머리와 사태살·업진살 등의 활동량이 많은 질긴 부위의 고기를 사용한다. 국물에는 젖산·아미노산·핵분해산물 등의 육 추출물이 최대한 용출되어야 제대로 맛을 낼 수 있으므로 처음부터 소금을 약간 넣고 냉수로 끓이기 시작한다. 국물이 끓기 시작하면 온도를 85℃ 정도로 낮추어 3~4시간 더 끓이면 희석된 염수가 단백질의 용해를 도우므로 질긴 콜라겐을 최대한 젤라틴화할 수 있다. 한편으로는 근육단백질 섬유가 최소한 수축하게 되므로 고기가 연하고 국물이 맛있게 된다(→ 콜라겐의 젤라틴화 : 육류찜 참고).

곰국에는 양이나 부아·곱창·곤자소니와 같은, 값이 비교적 저렴한 내장육이나 뼈 등을 적절히 이용함으로써 맛을 낼 수 있다. 이때 내장육은 소금과 밀가루를 이용하여 손질하면 냄새와 이물질을 깨끗이 제거할 수 있다.

육류의 구입은 많은 지식과 경험을 필요로 한다. 그러므로 될 수 있는 한 등급이 있는 육류로 사용용도에 맞게 필요량만을 구입하여 올바른 손질을 거쳐 조리할 때 제대로 된 국맛을 낼 수 있다.

(2) 닭고기

백숙이나 탕 등에는 질기고 성숙한 닭을 주로 이용하고, 어린 닭은 인삼과 대추 등을 넣고 끓이는 삼계탕으로 많이 이용한다. 성숙 정도는 여러 가지 방법으로 구분할 수 있다. 즉 무게 500g 전후는 병아리, 1kg 전후는 햇닭, 그 이상의 것은 성숙한 것으로 보고, 또는 부화 후 1년 전후로 구분하기도 한다. 닭곰탕은 너무 무르면 맛이 없으므로 끓이는 정도에 주의해야 한다. 햇닭이면 빨리 무르며 묵은 닭이면 무르는 시간이 오래 걸린다.

닭의 지방은 불포화지방산이 65% 이상으로 육축 가운데 가장 많이 들어 있으며, 융점이 20℃ 부근이라 실온에서 굳어지지 않아 좋은 질감을 부여한다. 닭고기는 다른 고기와 달리 지방이 피하에 있을 뿐 근육층에는 적기 때문에 맛이 담백하고 연하므로 저지방식 조리를 하기에 적합하다.

냉동되었던 닭을 조리하면 뼈 주위의 근육이 검게 변하는 것을 볼 수 있는데, 이는 냉동과 해동 과정에서 닭뼈 골수의 적혈구가 파괴된 것을 그대로 가열하면 생기는 현상이다. 맛과는 상관없으나 보기에 좋지 않으므로 해동할 때는 냉장고나 찬물에서 서서히 해야 하며, 냉동과 해동을 반복하지 않는 것이 좋다.

닭고기는 쇠고기나 돼지고기에 비해 같은 조건 아래에서 보존기간이 짧다. 살모넬라균에 감염되기 쉬워 식중독의 원인이 되기도 하므로 신선한 것은 바로 조리하도록 하며 만일 하루 이상 경과해야 할 때는 내장을 제거한 다음 냉동저장하여야 한다. 조리한 다음 바로 먹는 것이 좋고 오래 보관하지 않는 것이 좋다.

(3) 채소류

무는 맑은국뿐 아니라 생선이 재료가 되는 국이나 찌개에도 시원한 맛을 주어 많이 이용되는 채소이다. 가을철의 햇무가 수분도 많고 단맛이 많아 가장 좋으며, 무청이 싱싱하고 무의 색이 흰 것을 고른다. 맑은국을 끓일 때 납작하게 썰어 고기와 같이 볶아 짧은 시간에 국물을 내기도 하지만, 무를 큰 덩어리로 썰어 육수를 낼 때 같이 끓이면 더 맑고 시원한 국물 맛을 낼 수 있다.

콩나물은 육수를 이용하지 않고 자체의 우러난 맛만으로도 훌륭한 맛을 낼 수 있다. 아시아 다른 지역에서는 숙주를 많이 이용하는 데 비해 우리나라에서만 콩나물을 많이 이용하고 있다. 근래에는 콩나물에 있는 아스파라긴산이 숙취에 좋다고 밝혀지자 해장국의 재료로도 많이 이용되고 있다. 또한 그 밖에 콩나물에는 콩에는 전혀 함유되어 있지 않은 비타민 C가 생합성되어 영양적인 가치를 더한다. 콩나물국을 끓일 때는 효소에 의해 비

Q & A

콩에서는 왜 비린내가 날까?

라이폭시지나아제(lipoxygenase)는 콩에 존재하는 효소로, 불포화지방산을 산화시켜 비린내를 생성한다. 대두유를 가공하는 과정에서 탈취과정은 중요한 공정 가운데 하나로, 탈취한 뒤 산패가 일어나지 않아도 이전의 콩이 가지고 있던 비린내가 나는 경우가 있는데 이것도 역시 불포화지방산의 산화로 추측된다.

린내가 날 수 있으므로 한소끔 끓을 때까지 뚜껑을 열어서는 안 된다.

토장국은 시금치·배추·근대·쑥갓 같은 녹색채소가 주로 이용되며, 뭉근하게 오래 끓이면 좋은 맛이 난다. 보통 된장을 푼 국물에 채소를 넣어 끓이는데, 된장을 넣은 국물은 약산성이기 때문에 계속 끓이면 녹색채소는 시간이 지남에 따라 색이 변한다. 따라서 녹색을 유지하고자 할 때는 채소를 미리 데쳐 그릇에 담고 끓는 국물을 붓는 방법을 이용할 수 있다. 이렇게 하면 모양도 좋지만 국물의 온도가 60～70℃로 낮아지므로 녹색채소의 변색을 막을 수 있다.

특히 시금치는 다른 채소에 비해 수산(oxalic acid)이 많으므로 날것으로 끓이는 것보다 잠깐 데쳐 놓았다가 국물에 넣어 끓이는 편이 맛이 좋다. 이때 냉수에 헹구지 않고 국물에 바로 넣고 끓이는 것이 좋다. 국거리 시금치는 줄기가 길고 잎이 넓은 종을 이용한다.

냉국에 쓰는 오이는 달고 싱싱하며 가늘고 연한 재래종 백다다기가 좋다. 오이를 양념해서 너무 오래 두면 오이가 너무 절여져서 싱싱한 맛을 잃기 쉬우므로 좋지 않다. 오이는 곧은 것이 좋으며, 껍질의 색이 노랗게 된 것은 완숙한 것으로 속의 씨가 영글어 식용하기에 부적합하다.

2 찌개 및 전골류

찌개는 국과 비슷한 조리법으로 만드는데, 국보다는 건지가 더 많아 건지와 국물을 반반 정도씩 넣어 끓이므로 국물 위주의 탕보다 좀더 짠 것이 특징이다. 조치란 찌개를 가리키는 궁중용어로 찌개란 말보다 일찍부터 발달해온 용어이다.

찌개의 간은 국보다 센 편으로 간을 맞추는 주재료에 따라 찌개의 종류를 크게 대별하면, 새우젓이나 간장·소금으로 간을 한 국물이 맑은 찌개와 고추장·된장으로 간을 하여 국물이 흐린 찌개로 나뉜다. 찌개의 재료는 어떤 규정된 것이 없고, 계절에 따라 갖가지 제철 채소나 해물 등의 식품을 배합하여 만드는 경우가 많으므로 영양과 다양한 맛을 즐길 수 있다.

전골은 여러 재료를 한 그릇에 넣고 끓이는 조리법으로 여러 재료의 조화된 맛을 즐기는 음식이므로 재료에 너무 구애될 필요는 없다. 즉 곱창·안심·대합·낙지 등의 육류나 해물을 가늘게 썰어 양념을 하거나 전유어로 하고, 당근·표고버섯·미나리 등의 여러 채소를 그대로 색을 맞추어 함께 골고루 담아 담백하게 간을 한 맑은 육수로 국물을 붓고 끓인다.

찌개나 전골도 국과 마찬가지로 국물맛을 즐기는 음식이므로 국물맛을 어떻게 내느냐에 따라 음식의 맛을 좌우한다. 보통의 경우는 멸치육수나

표 3-2. 찌개류의 종류

분 류	종 류
토장찌개	두부된장찌개, 절미된장조치, 청국장찌개, 조기고추장찌개, 꽃게찌개, 병어감정, 민어찌개
맑은 찌개	애호박젓국찌개, 명란젓찌개, 굴두부조치
기 타	순두부찌개, 알찌개, 콩비지찌개

표 3-3. 전골류의 종류

분 류	종 류
전 골	쇠고기전골, 낙지전골, 송이전골, 버섯전골, 두부전골, 각색전골, 도미면
신선로	신선로

쇠고기육수를 쓰고 얼큰하고 시원한 맛을 내고자 하는 해물전골 등에는 다시마나 가다랭이를 이용하면 된다.

1) 찌개 종류별 조리법

(1) 맑은 찌개

맑은 찌개는 소금이나 젓갈로만 간하여 담백한 맛을 낸다. 국물을 잡을 때는 맹물보다 시원한 다시마 국물을 사용하는 것이 감칠맛을 낼 수 있다. 깨끗하게 끓이는 찌개인 만큼 끓이면서 생기는 거품은 수시로 걷어내고 찌개 재료 역시 비린내가 심하지 않은 대구나 생태 · 두부 · 명란젓 · 무 · 콩비지 · 달걀 · 해초 등이 어울린다.

소금간을 이용한 맑은 찌개는 주재료로 대구나 복 등의 생선을 이용하여 두부 · 채소와 함께 넣고 소금으로 맑게 끓여 초간장에 찍어 먹는 조리법으로, 보통 '지리'(일본어)라고 한다. 채소로는 미나리와 콩나물을 함께 끓이면 국물맛이 더 시원한데, 이때 콩나물은 반드시 거두절미해야 비린 맛이 나지 않는다. 콩나물의 머리에는 라이폭시지나아제라는 효소가 많아 가열과정 중 활성화되면서 비린내를 많이 생성시키므로 미리 떼어내야 맑은 국물맛을 느낄 수 있다. 냉동대구나 동태를 이용해도 좋은데, 이때에는

Q & A

복어조리사 자격증이 따로 있다는데?

복어는 테트로도톡신이라는 맹독성 물질이 난소 · 간 · 피 · 피부 등에 퍼져 있어 육질부만 식용하도록 되어 있으며 중독되면 그 증상의 진행이 매우 빠르다. 따라서 복어는 자격증을 가진 전문조리사만 조리할 수 있다.

Q & A

된장과 청국장은 어떻게 다른가요?

된장은 간장을 만들고 난 다음 걸러진 고형분에 소금을 더하여 숙성시켜 만든다. 간장을 거르지 않고 메주로 직접 만든 된장은 막장이라 하고, 여기에 마늘이나 고추 등의 양념을 넣은 것은 담북장이라 한다.

청국장은 햇콩을 불려 40~43℃ 정도의 고온에서 3~4일 동안 발효시킨 발효기간이 아주 짧은 된장이다. 이와 비슷한 형태로 일본에서는 '낫토', 인도네시아에서는 '템페'라 하는 콩 발효식품이 있다.

잘 포장된 상태에서 서서히 찬물에서 해동시켜야 끓인 뒤 살이 물러지는 것을 방지할 수 있다.

젓국간 찌개도 국물이 깨끗해야 하므로 찌개 재료 역시 색이 깨끗하고 맛이 진하지 않은 무・두부・버섯・명란젓 등이 어울린다. 명란젓찌개, 두부새우젓찌개, 달걀찌개 등을 들 수 있다.

(2) 흐린 찌개

① 된장찌개

된장찌개는 대개 오래 끓여야 제 맛이 나므로 국물이 졸아 짜지기 쉽다. 그러므로 처음에는 심심하게 간을 하도록 한다. 멸치나 조갯국물을 사용하면 맛을 더욱 살릴 수 있다. 또는 된장과 맛이 잘 어울리는 표고버섯을 이용해도 좋은데, 표고버섯 기둥도 버리지 말고 적당한 크기로 찢어 넣거나 표고버섯 불린 물을 국물로 이용하면 한층 더 맛있다. 그러나 버섯의 향기는 열에 약하므로 버섯을 넣은 된장찌개는 끓여서 바로 먹어야 맛이 있고 끓일 때도 잠깐 동안 끓여야 그 풍미를 느낄 수 있다.

② 고추장찌개

고추장찌개를 좀더 얼큰하게 끓이려면 고춧가루와 다진 마늘・파 등을 섞어 잠깐 삭혀 두었다가 넣으면 맛이 한층 깊어진다. 고추장을 너무 많이 넣으면 재료의 맛을 그대로 살리기가 힘들고 텁텁한 맛이 나므로 처음에 어느 정도 넣은 다음 고춧가루와 소금으로 간을 해야 개운한 맛을 낼 수 있다.

2) 찌개와 전골의 재료와 조리방법

찌개와 전골의 맛을 제대로 내려면 재료가 가진 맛을 최대한 살려야 한다. 이를 위해서는 우선 신선한 재료를 준비해야 한다. 특히 생선이나 조개류는 신선도가 높은 것을 골라야 담백하고 시원한 국물맛을 낼 수 있다.

또한 건더기의 재료와 국물의 맛을 내는 재료를 잘 선택하는 것이 중요하다. 된장찌개에는 달래・냉이・시래기・느타리버섯・조갯살 등이 잘 어울리고, 고추장찌개에는 무・애호박・양파・두부・명태・민어・대구・복어 등이 잘 어울린다. 한편 젓국찌개에는 무, 애호박, 열무, 달걀, 대구, 조기, 명란젓, 생굴, 새우가 잘 어울린다.

건지 재료를 넣을 때는 그 재료의 특성이나 크기를 고려해야 한다. 예를 들어 돼지고기・쇠고기 등의 육류나 감자・무 등의 뿌리채소류는 더디게 익으므로 다른 재료보다 먼저 넣어야 한다. 반면에 양파나 쑥갓과 같이 쉽게 물러지는 채소류는 먼저 넣으면 그 재료 특유의 맛이 떨어지므로 반드시 나중에 넣어야 한다. 파와 마늘에는 황화합물이 들어 있어서 맵고 향긋한 냄새를 풍긴다. 그러나 이 성분은 휘발성이 있어서 5분 이내에 날아가 버리고, 또한 미리 넣으면 국물 속에 우러나와 국물맛을 좋지 않게 하므로 다 끓으면 넣는다. 불조절은 센불에서 끓이기 시작하여 한소끔 끓은 다음 불을 약간 약하게 하여 20분쯤 더 푹 끓인다.

(1) 어패류

조림이나 구이에는 모든 생선을 이용할 수 있으나 찌개에는 살이 단단하고 비린내가 나지 않는 흰살생선이 적합하다. 그러므로 대구, 병어, 민어, 생태, 우럭, 조기 등이 많이 이용된다. 생선은 무엇보다 신선해야 하고 지나치게 오래 조리해서는 안 된다. 생선을 손질한 뒤 소금을 조금 뿌려두어도 살이 단단해지고 간이 배어 맛을 좋게 할 수 있다.

생선 외에도 꽃게, 소라, 조개류, 낙지, 오징어 등의 해물류도 찌개나 전골의 좋은 재료이다.

① 선택과 손질법

- 생선 : 생선의 비늘을 제거하고 내장을 빼낸 뒤 씻어 토막을 낸다. 먼저 토막을 내고 씻으면 영양소나 맛을 내는 성분이 빠져나가기 쉽다.

- 꽃게 : 묵직하다는 느낌이 들어야 하며 다리가 잘 붙어 있고 배의 삼각껍데기가 단단하게 닫혀 있는 것이 좋다. 삼각껍데기가 좁은 것이 수놈이고 넓은 것이 암놈이다. 껍질은 솔로 문질러 씻고 삼각껍데기는 떼어내고 뾰족한 부분은 가위로 잘라낸다.
- 조개 : 껍데기의 색은 신선도와 상관없으며 처음부터 열려져 있거나 익혔을 때 열리지 않는 것은 신선하지 않은 것이다. 조개껍데기는 솔로 비벼서 씻은 다음 소금을 연하게 타서 그 물에 담가 해감을 시킨다.
- 오징어 : 육안으로 보았을 때 검붉은색이 많이 나거나 다리가 떨어져 나가 있으면 좋지 않다. 다리와 몸통을 잡아당겨 내장을 제거하거나 칼로 먹물이 터지지 않도록 몸통을 가른 뒤 제거한다. 손에 소금을 묻히면 껍질을 쉽게 벗길 수 있다.
- 낙지 : 오징어와 같이 내장을 제거하고 굵은 소금을 뿌려 주무르듯이 씻는다. 이때 거품이 생기는데 거품이 나지 않고 살이 단단해질 때까지 주무른 다음 찬물에 씻는다.
- 새우 : 몸이 투명하고 단단하며 머리와 껍질이 몸통에 붙어 있어야 신선한 것이다. 날카로운 꼬챙이나 이쑤시개로 등쪽의 검은 내장부분을 제거한다.

3) 찌개의 조리원리

(1) 생선 근육의 특성과 조리할 때 주의할 점

생선의 근육은 근섬유가 모인 다발로 구성되어 있으며 식용으로 이용되는 것은 몸통에서 꼬리에 이르는 측근이다. 측근은 근절이 겹쳐 만들어지는데, 근절은 얇은 격막에 의해 연결되어 있으며 근절과 격막을 구성하고 있는 단백질은 각각 다르다. 이 격막은 바로 콜라겐으로 구성되어 있는데, 가열에 의해 수용성인 젤라틴으로 변형되므로 생선을 조리하면 생선살이 잘 부스러지는 것도 이 때문이다.

그러므로 생선찌개를 끓일 때는 반드시 국물이 끓을 때 생선을 넣어 약 5~10분 동안 끓여야 국물이 맑고 생선살이 단단하게 익으며, 수용성 단백질과 지미성분의 용출을 방지할 수 있다. 그리고 너무 오래 끓이면 생선살이 풀어지므로 주의해야 한다.

(2) 맛성분

어패류의 살 부위는 독특한 맛난맛을 지닌다. 이 맛의 주된 성분은 글루탐산과 뉴클레오티드이며 여기에 몇 가지 아미노산과 트리메틸아민옥사이드(trimethylamineoxide : TMAO), 베타인(betaine), 글리코겐도 함께 함유되어 있다. 베타인은 오징어나 새우, 문어 등에 많이 함유되어 있는 단맛을 내는 물질이다.

(3) 이취성분

생선의 비린내는 염기성 아미노산류에 의하여 생기며 특히 트리메틸아민(trimethylamine : TMA)이 주가 된다. 바다생선에 많이 함유되어 있는 트리메틸아민옥사이드가 세균이나 글루타티온(glutathione)에 의해 쉽게 환원되어 생성되는 물질로 비린내를 생성하게 된다. 따라서 해수어는 신선할 때는 비린내가 약하지만 시간이 지나면 점점 심해진다.

메기나 잉어 같은 담수어는 신선할 때도 피페리딘(piperidin)과 아세트알데히드(acetaldehyde)가 축합된 냄새로 비린내를 내므로, 민물생선으로 찌개를 끓일 때는 비린내를 억제하기 위해 해수어보다 채소를 많이 쓰는 것이 좋다.

이 외에 생선찌개를 끓일 때 비린내를 적게 하기 위해서는 처음에는 뚜껑을 열고 끓여 비린내를 휘발시킨 후 뚜껑을 닫는 것이 좋다. 또한 끓는 물에 생선을 넣을 때 내용물이 많으면 온도가 갑자기 떨어져 다시 끓을 때까지 시간이 많이 걸리면서 비린내가 심해질 수 있으므로 이런 경우에는 조금씩 넣어주어야 한다.

(4) 두부

두부를 가열 조리할 때는 두부 특유의 부드러운 질감을 유지시켜야 한다. 두부는 80℃ 이상의 온도에서 급격히 조리하면 경도가 높아지고 90℃에서 30분 동안 가열하면 기공이 생긴다. 두부에 1% 정도의 소금간을 해주거나 미리 간을 한 국물에서 조리하면 부드럽게 된다.

된장찌개는 약한 불에서 오래 끓여야 맛이 좋으므로 된장찌개에 두부를 넣을 때는 마지막에 넣고 센불에서 잠깐 끓이는 편이 좋다. 특히 순두부는 오래 끓이지 말고 양념을 넣고 잠깐 끓인다.

Q & A

두부만들기

콩의 주된 단백질인 글리시닌(glycinin)은 열에는 안정하나 금속염과 산에는 불안정하여 곧 응고 침전한다. 두부는 이 성질을 이용하여 제조한 것이다. 콩을 불렸다가 갈아 두유를 만든 다음 여기에 응고제(간수)를 넣어 응고시키면 된다.

3 찜 · 선

찜

대표적인 습열조리 음식의 하나인 찜은 다양한 재료에 적당량의 국물을 붓고 은근한 불로 장시간 끓여서 양념의 맛이 주재료에 충분히 스며들도록 하는 한편, 각 재료의 맛이 잘 우러나도록 하는 조리법이다.

이때 찜에 사용하는 국물은 양념으로 쓰이는 액체재료와 물, 주재료 자체에 함유되어 있던 수분이다. 우리나라의 전통찜은 재료에 따라 쇠갈비찜을 비롯하여 사태찜 · 돼지갈비찜 · 닭찜 · 전복찜 · 북어찜 · 대하찜 · 알찜 · 떡찜 그리고 일부 채소찜 등이 있으며, 이 밖에도 이용하는 주재료에 따라 매우 다양한 찜을 만들 수 있다.

표 3-4. 주재료에 따른 다양한 찜의 종류

분 류	종 류
육류찜	쇠갈비찜, 사태찜, 꼬리찜, 우설찜, 곤자소니찜, 돼지갈비찜, 닭찜
어패류찜	도미찜, 대하찜, 전복찜, 북어찜, 꽃게찜, 대합찜
채소찜	가지찜, 애호박찜, 송이찜, 죽순찜
기 타	떡찜, 알찜

1) 찜의 재료

찜은 주재료에 버섯과 지단 등의 부재료와 양념을 첨가하여 조리하는데, 이때 들어가는 주재료는 육류 · 어패류 · 채소류 및 기타의 네 종류로 분류할 수 있다.

(1) 육류찜의 재료

주로 쇠고기의 여러 부위들이 찜의 재료로 이용된다. 가장 대표적인 부위는 역시 갈비를 들 수 있으며, 이 밖에도 사태 · 우설 · 곤자소니 등이 찜의 재료로 사용된다. 돼지갈비와 닭고기 역시 찜으로 이용된다.

① 찜의 재료로 이용되는 쇠고기의 부위

가장 흔한 그리고 대표적인 찜의 재료인 쇠갈비는 그림 3-1에서 알 수 있듯이 옆구리 늑골을 감싸고 있는 부위로, 근육조직과 지방조직이 3중으로 형성되어 지방이 다소 많으나 육질이 부드럽고 맛이 매우 좋다. 찜 이외에도 구이, 탕 등에도 적당하다.

사태는 앞다리와 뒷다리 상박 부위로 근막이 발달해 있다. 운동을 많이 하는 부위로 갈비에 비해 결합조직이 상대적으로 질기지만 고기의 결이 곱고 풍미가 좋다. 사태 부위에서 가장 큰 근육을 아롱사태라 한다. 사태는 찜 외에 탕이나 편육으로도 많이 쓰인다.

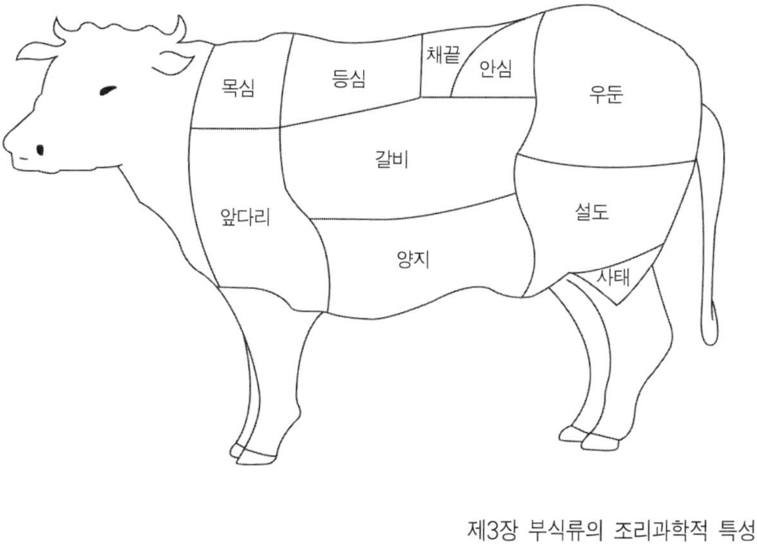

그림 3-1.
쇠고기 부위별 명칭

우설은 소의 혀 부분으로 껍질이 매우 질겨 조리시간이 긴 것이 단점이나 푹 익히면 깊고 진한 맛이 난다. 껍질은 오래 삶아서 뜨거울 때 벗기거나 날것일 때 칼을 사용해서 벗겨도 된다.

곤자소니는 소의 내장 가운에 한 부위를 일컫는 명칭이다. 즉 소의 창자 끝에 달린 기름기가 많은 부분으로 쫄깃한 질감을 가지고 있으며 고급음식에 많이 사용된다.

【쇠고기를 선택할 때 주의할 점】

찜을 하는 데 쓰이는 육류는 물론 부위마다 틀리지만 찜 자체가 장시간의 조리과정을 통해 비교적 질긴 부위의 육류가 연해지는 조리법이므로 육류의 선택에서 연도의 영향에 크게 좌우될 필요는 없다. 단 갈비 같은 부위는 지방이 너무 많이 붙어 있으면 나중에 먹을 부분이 적어지므로 그런 점을 고려해서 선택하는 것이 좋다. 나머지 사항은 좋은 고기를 고르는 일반적인 조건에 맞추어서 선택하면 된다.

다음은 좋은 쇠고기를 고르는 일반적인 요령인데, 반드시 찜에 이용할 고기가 아니더라도 다음 네 가지 사항을 주의하면 실패하지 않고 좋은 고기를 선택할 수 있다.

- 첫째, 고기의 색을 잘 관찰하여 선택한다. 좋은 쇠고기는 선홍색이나 밝고 붉은 빛을 띠는데, 소의 연령이나 신선도에 따라서 같은 적색이라 하더라도 그 밝기에서 차이가 난다. 일반적으로 선홍색일수록 연령이 어린 소라고 볼 수 있으며, 신선한 쇠고기이다. 어린 소일수록 더 연하다.

  한편 쇠고기가 육질의 향상을 위해 냉장상태에서 장시간 숙성을 거치다보면 고기 표면의 색이 약간 암적색을 띠게 되는데, 이런 경우에는 새로 절단된 면이 밝고 윤기가 나면 선택을 주저할 필요가 없다. 그리고 냉동상태의 쇠고기는 색이 더 붉고 진해지지만 녹으면 본래의 밝은 빛으로 돌아온다. 그러나 냉동육의 경우 종종 표면이 갈색으로 변한 경우가 있는데 이런 것은 이미 품질이 저하된 것이다.
- 둘째, 지방의 색을 꼼꼼히 살펴보고 선택한다. 고기에 포함된 지방의 색이 흰색이나 연노란색을 띠고 있는 것이 바람직하며 흰색일수록 더 좋다. 그런데 종종 지방의 색이 미황색이나 황색인 경우가 있는데 이

Q & A

육류의 색은 왜 변할까?

식육의 붉은색은 미오글로빈(myoglobin)과 헤모글로빈(hemoglobin) 때문에 생긴다. 특히 근육 부위는 미오글로빈이 주된 색소 물질인데, 이 미오글로빈은 근육이 절단되었을 때 검은 적색을 나타내지만 공기에 접촉하면 점차 선명한 적색으로 변한다. 이는 미오글로빈이 공기 중의 산소와 결합하여 옥시미오글로빈(oxy-myoglobin)을 형성하기 때문이다.

이 옥시미오글로빈은 시간이 지남에 따라 서서히 산화하여 회갈색의 메트미오글로빈(metmyoglobin)으로 변하는데, 이것은 미오글로빈 내의 제1철의 화학반응에 의해 제2철로 더욱 산화되기 때문이다.

는 늙은 소나 여름철 청초를 먹고 자란 소에서 생산된 고기일 가능성이 많다. 그럴 경우 육질이 질기거나 풋내가 나는 경우가 있다.

- 셋째, 지방의 교잡(근내지방) 정도를 고려하여 선택한다. 쇠고기의 등심이나 갈비, 양지머리 등의 살코기 속에 지방이 곱게 박혀 있는 경우가 있는데, 이처럼 살코기 속에 지방이 박혀 있는 것을 지방교잡(marbling)이라 한다. 이러한 고기는 연령이 적당히 성숙하고 비육이 잘된 소에서 생산된 것으로서 일반적으로 연하고 입에 닿는 촉감과 맛이 우수하다.
- 넷째, 고기의 결을 잘 살펴보고 선택한다. 결이 곱고 윤기가 나는 고기는 육질이 대체로 우수하다고 믿어도 좋다. 고기의 결이 가늘고 섬세한 고기는 그만큼 부드럽고 맛도 좋으나 결이 거친 고기는 운동량이 많아 질기고 맛도 덜하기 때문이다. 고기의 결은 수소보다는 암소가, 늙은 소보다는 어린 소가 고운 편이므로 간접적으로 소의 연령·성별을 식별하는 기준이 될 수 있으며, 윤기가 있고 탄력이 있는 것은 좋은 고기라고 판단해도 좋다.

그리고 냉동저장한 뒤 해동한 고기는 윤기와 탄력이 떨어지는 것이 일반적인 현상이다.

② 찜의 재료로 이용되는 돼지고기의 부위

돼지고기의 여러 부위에서 찜에 이용되는 부위는 유일하게 갈비를 들 수

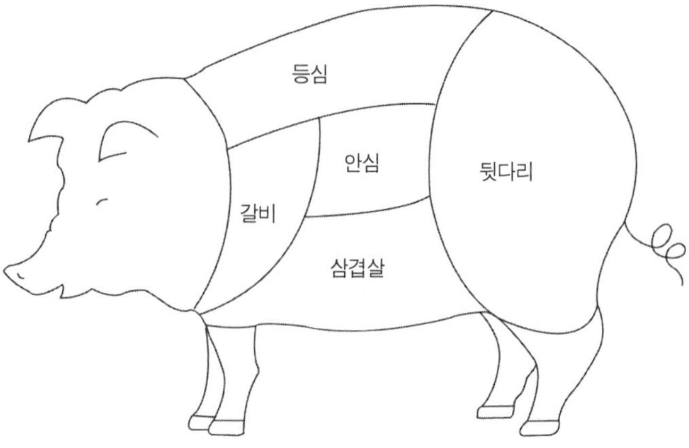

그림 3-2.
돼지고기 부위별 명칭

있다. 총 13대의 갈비 가운데 첫 번째부터 다섯 번째 늑골 부위를 돼지갈비로 이용하는데, 육질이 연하고 근육 내 지방이 잘 박혀 있어 풍미가 좋다. 돼지갈비는 찜 외에 구이로도 이용된다. 돼지갈비찜을 하기 위해서는 갈비살이 선홍색을 띠고 고기의 결이 매끈하며 탄력이 있고 지방이 적은 돼지갈비를 선택해야 갈비찜이 연하고 맛있게 된다.

반드시 돼지갈비가 아니더라도 일반적으로 좋은 돼지고기를 고르는 요령을 소개하면 다음과 같다.

- 첫째, 쇠고기와 마찬가지로 고기 자체의 색을 유심히 관찰해야 한다. 쇠고기의 색과 달리 돼지고기는 분홍색에 가까우며 색깔이 지나치게 창백하면 조리감량이 크고 퍽퍽한 맛이 나며, 너무 진한 암적색을 띤 것은 늙은 돼지에서 생산된 고기이거나 오래 보관된 고기일 수 있다.
- 둘째, 지방의 색과 더불어 굳기를 자세히 살펴보아야 한다. 지방의 색이 희고 굳은 것이 잘 비육시킨 돼지고기인 경우가 많으며 그런 돼지고기들이 대부분 연하고 냄새가 없다. 따라서 돼지고기를 선택할 때는 지방이 희고 단단한 것을 선택한다.
- 셋째, 고기의 결을 보아야 한다. 결이 곱고 탄력이 있는 고기일수록 신선하고 어린 돼지의 고기로 더 연하고 맛이 있다.

(2) 어패류찜의 재료

어패류는 도미 · 숭어 · 조기 · 북어 같은 생선이나 대합 · 전복 같은 패류, 대하, 꽃게 등이 주로 전통적인 찜의 재료로 이용된다. 요즈음에는 아구찜도 널리 즐기고 있으며 전문음식점도 많이 생기고 있다.

맛있는 어패류찜을 만들기 위한 첫째 조건은 무엇보다도 신선한 재료를 선택하는 것이다. 또한 싱싱한 생선의 신선도를 유지하기 위해서는 구입 즉시 찬물에 씻어 내장과 지느러미를 제거하고 신속하게 조리를 하는 것이 좋다.

【신선한 생선 고르기】

우선 신선한 생선을 고르기 위해서는 생선의 외관을 육안으로 잘 관찰하여 선택해야 한다. 신선한 생선은 전체적으로 색이 선명하고 탄력이 있다. 육안선별 요령은 다음과 같다.

- 첫째, 생선의 안구를 본다. 안구가 외부로 돌출하고 투명한 생선은 신선하지만, 생선의 눈알이 뭔가 막이 덮인 듯이 뿌옇고 탁하면 신선도가 떨어진 생선이다.
- 둘째, 아가미를 살펴보아 선홍색이면 신선한 생선이고 어두운 적갈색이면 신선도가 떨어진 것이다.
- 셋째, 내장이 들어 있는 배 부분이 팽팽하게 탄력이 있고 눌렀을 때 단단한 느낌이 들면 신선한 것이고 물렁물렁하면 신선도가 떨어지기 시작했다는 증거이다.
- 넷째, 신선한 생선의 피부는 광택이 있으며 생선마다 특유한 색채가 있다. 그러나 선도가 저하되면 광택이 점점 사라지고 점질액의 분비가 증가하여 생선 특유의 악취가 심하게 난다.
- 다섯째, 신선한 생선의 근육은 탄력성이 강하며 색도 투명감이 있으나 선도가 저하될수록 탄력성과 투명감도 떨어지게 된다.
- 여섯째, 생선에서 냄새가 나는 것은 당연하다고 생각하지 말자. 같은 비린내라 하더라도 오래된 생선일수록 냄새가 심하고 역겹다. 따라서 냄새는 생선의 선도를 판단하는 아주 좋은 지표가 될 수 있다.
- 마지막으로 생선의 모양새를 살펴보아 머리부터 꼬리까지 모양이 반듯한 것이 좋다. 지느러미나 비늘이 제대로 붙어 있고 몸에 탄력과 윤기가 있는 것을 선택하는 것이 좋다.

【게 · 새우 · 조개류 고르는 방법】

게나 새우는 단단한 껍질에 싸여 있지만 껍질 속의 조직이 약해 쉽게 상한다. 따라서 되도록이면 살아 있는 것을 사는 것이 좋다. 어쩔 수 없이 냉동된 것을 살 때는 껍질을 먼저 살펴보아야 하는데, 껍질이 단단하고 관절 부분을 구부려보아 탄력이 있고 머리나 다리가 제대로 다 붙어 있으면 신선한 것이다. 게는 우선 냄새가 어떤지 맡아보고 비린내가 심하면 피한다.

새우는 다리와 머리가 제대로 붙어 있어 모양이 반듯하고 껍질이 깨진 곳이 없으며 광택이 도는 것이 신선하다. 새우나 게 같은 것들은 살아 있는 채로 톱밥 등을 가득 채운 케이스에 넣어 팔기도 하는데, 케이스가 너무 더운 곳에 방치되어 있지 않는지 살피도록 한다.

조개와 같은 패류는 껍질 사이의 벌어진 틈을 건드려서 곧 입을 다물면 신선한 것이다. 껍질을 까서 물에 담가 파는 것을 살 때는 물이 흐리지 않고 비린내가 없는 것을 고른다.

Q & A

포장해서 파는 생선은 기울여보고 구입한다?

토막을 내어 포장해서 파는 생선은 통째로 살 때보다 신선도를 가늠하기 어렵다. 비닐랩으로 싸놓았기 때문에 광택을 살피기 어렵고 상점 내부 조명 때문에 색을 관찰하기도 쉽지 않다. 이럴 때 손쉽게 알아보는 방법은 용기를 기울여보는 것! 오래된 생선은 생선살에 배어 있는 즙이 흘러나와 용기에 고여 있게 되므로 용기를 기울였을 때 물이 흐르게 된다. 포장된 비닐랩의 안쪽에 김이 서려 있으면 물이 생긴 생선을 다시 냉동한 것일 수도 있으니 주의해서 사도록 한다.

(3) 채소류찜의 재료

찜을 하는 채소로는 주로 송이버섯, 죽순, 가지, 호박 등을 들 수 있다.

- 우선 송이버섯은 맛과 향이 매우 뛰어나며 단백질과 비타민이 풍부하여 건강식품으로도 각광받고 있다. 그러나 20년에서 60년 된 적송에서만 자라며 온도 · 습도 · 토양 및 환경에 아주 민감한 버섯으로 한번 난 자리에서는 다시 자라지 않는 생태학적 특성을 지녀 귀하고 값비싼 식품이기도 하다. 귀한 재료인 만큼 잘 선택하는 것이 중요한데 좋은 송이버섯은 갓이 피지 않고 두꺼우며 단단하고 향이 진해야 하며 자루보다 갓이 약간 두껍고 은백색의 선명한 것일수록 좋은 것이다.

자루는 색이 희고 통통하며 길이가 길고 밑 부분이 굵을수록 좋다.

- 죽순은 봄철에서 초여름까지만 향기가 좋은 신선한 것을 이용할 수 있고, 그 외의 계절에는 대부분 통조림으로 판매되는 것을 사용한다. 통조림 죽순에는 하얀 앙금 같은 물질이 있는데 이는 죽순의 수산염과 전분, 단백질, 아미노산, 티로신(tyrosine) 등이 결합되어 생긴 것으로 깨끗이 닦은 뒤 조리해야 한다.
- 가지는 표면에 흠집이 없고 광택이 나며 짙은 암자주색으로 살이 단단하고 무거우며 가시돌기가 아플 정도로 뾰쪽한 것이 신선하고 좋은 것이다. 가을에 수확하는 가지가 특히 씨도 적고 육질도 치밀해서 맛이 좋다.
- 찜에 이용되는 애호박은 너무 크지 않고 작은 것이 좋다. 색깔은 황록색으로 윤기가 있어야 하며 상처가 없고 꼭지가 마르지 않은 것이 신선한 것이다.

(4) 기타 찜의 재료

그 밖에 떡찜을 만드는 데 사용되는 흰떡가래와 알찜에 필요한 달걀을 주재료로 들 수 있다. 떡찜에 사용되는 떡가래는 요즈음 흔히 보는 가느다란 떡볶기용 밀가루떡이 아니라 멥쌀로 만든 떡가래를 적당히 굳힌 것을 4～5cm 정도 길이로 잘라 4쪽을 내어 사용한다.

달걀은 균일하고 길이와 폭이 4 : 3의 난원형이 좋다. 난각은 너무 얇거나 두껍지 않게 알맞은 두께로 되어 있고 깔깔하고 광택이 없는 것이 좋으며 표면이 깨끗하고 금이 간 곳이 없는 것을 선택한다.

【달걀의 선도 판정법】

① 외관상 판정법

- **비중법** : 신선한 달걀은 껍질을 포함한 비중이 1.08～1.09이며, 저장하는 동안 점차 감소하여 10일 후에는 1.07, 20일 후에는 1.05 정도로 저하된다. 이런 성질을 이용하여 소금물에 달걀을 띄워봄으로써 신선한 정도를 알아볼 수 있다.
- **투시법** : 기실은 산란 후 외기 온도가 낮아서 수축할 때 난각의 수축보다 알 내부의 수축이 크기 때문에 생기는 것으로, 저장 중에 수분이

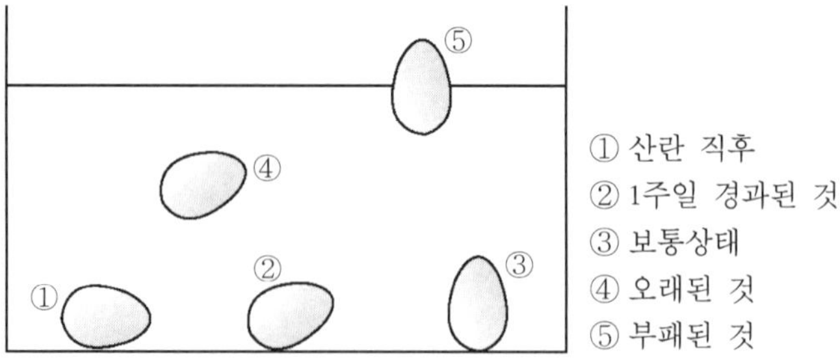

그림 3-3.
10% 식염수를 이용한 달걀의 선도 판정법

증발하면서 점차 커진다. 따라서 투시에 의한 기실의 크기 관찰은 신선도를 평가하는 척도가 될 수 있다. 투시에 의해서 기실의 크기뿐만 아니라 혈란, 이물의 유무, 곰팡이의 유무, 기형란, 난황의 위치, 이중란, 기공의 크기 등도 알 수 있다.

- 진음법 : 진음법이란 흔들어보는 것이다. 신선한 달걀은 그 내용이 치밀하므로 흔들어도 이동성이 없다. 따라서 귀에 가까이 흔들어 진동음이 들리는 것은 신선한 달걀이라 볼 수 없다.

② 할란에 의한 방법

- 난백계수(albumin index) : 평판 위에 할란하여 난백의 최대높이를 번진 난백의 평균지름으로 나눈 값이다. 신선한 달걀의 난백계수는 0.14～0.17이다.

$$\text{난백계수} = \frac{\text{난백의 최대높이}}{\text{번진 난백의 평균지름}}$$

- 난황계수(yolk index) : 평판 위에 할란하여 난황의 최대높이를 난황의 평균지름으로 나눈 값이다. 신선한 달걀의 난황계수는 0.36～0.44이다.

$$\text{난황계수} = \frac{\text{난황의 최대높이}}{\text{난황의 평균지름}}$$

- 호 단위(haugh unit) : 난백의 높이를 H, 달걀의 무게를 W로 하였을 때 100log(H−1.7 +7.6)로 계산된 값을 haugh 단위라 한다. 미국에서 할란의 질을 판정하는 데 가장 보편적으로 이용하는 방법으로, 신선한 달걀의 haugh 단위는 86～90이다.

2) 일반적 조리법 및 조리원리

찜은 물의 기화열을 이용하여 식품을 익히는 것이다. 물은 100℃에서 끓어 수증기가 되고 수증기는 차가운 것에 닿으면 식어서 다시 물이 되는데, 이때 1g 당 540kcal를 내며 이 에너지에 의해 음식을 익히는 것이 찜이다.

찌는 방법에도 여러 가지가 있는데 우선 압력의 차이에 따라 구분할 수 있다. 상압의 증기를 이용하는 방법은 일반적으로 사용하는 보통 냄비나 솥 등을 이용하여 찜을 하는 것을 말한다. 또한 압력을 가하여 물이 끓는 온도 이상에서 단시간에 조리하는 방법, 즉 가정에서는 압력냄비나 솥으로 압력을 가해 찜을 하는 방법이 있다. 이 방법은 조리시간을 단축시키므로 색, 영양소, 맛성분을 최대한 보유시키며 또한 연료도 절약되는 이점이 있다. 그러나 엽채 등의 조리에는 부적합하다. 그 가열방법 자체로도 구분할 수 있는데, 쇠갈비찜이나 사태찜처럼 국물을 붓고 끓이는 찜이 있는 반면 생선찜이나 대하찜 등은 증기로 익히는 방법도 있다.

(1) 육류찜

① 육류찜의 일반적 조리법

육류찜에는 쇠갈비찜, 사태찜, 우설찜, 곤자소니찜, 돼지갈비찜, 궁중닭찜 등이 있다.

- 쇠갈비찜 : 먼저 소량의 액체로 익힌 다음 부재료와 양념장을 첨가하여 끓여내는 식으로 조리한다. 사태찜, 우설찜, 곤자소니찜도 쇠갈비찜처럼 조리한다.
- 돼지갈비찜 : 같은 갈비찜이라 하더라도 돼지갈비찜은 먼저 데쳐내는 과정 없이 참기름으로 마른고추를 볶아낸 것으로 돼지갈비를 볶아서 익혀 매운맛이 배게 한 다음 물을 붓고 끓어오르면 양념장을 첨가하여 은근히 끓이는 식으로 조리한다.
- 궁중닭찜 : 궁중에서 즐겨먹던 음식이다. 통째로 닭을 푹 고아서 살만 발라내고 버섯과 녹말풀을 넣어 걸쭉하고 담백하게 끓인다.

② 육류를 찌는 과정에서 일어나는 이화학적 변화와 조리할 때 주의할 점

- 근육의 질감 변화 : 육류찜은 육류의 질긴 부위에 물을 가하여 장시간 서서히 가열함으로 콜라겐을 가수분해하여 젤라틴화함으로써 질긴 고

기를 연화시키는 것이다. 그러나 이때 콜라겐의 가수분해에 의한 연화 작용만 일어나는 것이 아니라 고기의 근육을 구성하는 근원섬유 단백질이 열에 의해 변성, 응고하면서 질겨진다. 따라서 과도하게 장시간 고온가열하면 근원섬유 단백질이 지나치게 변성, 응고하여 오히려 고기의 질감이 거칠고 질겨진다.

그러므로 육류찜을 할 때 적절한 연도를 얻기 위해서는 콜라겐의 젤라틴화와 근원섬유의 응고가 적절하게 이루어지는 온도와 시간을 찾는 것이 중요하다. 이런 문제점을 해결하기 위해서는 수분을 첨가한 55～60℃의 낮은 온도에서 서서히 오랫동안 익히는 조리방법을 택해야 한다(→ 콜라겐 : 족편 참고).

- 풍미의 변화 : 고기는 가열조리에 의해 고기 내부에 존재하던 휘발성 물질이 휘발되고 당의 캐러멜화가 일어나며, 지방의 용해 및 분해와 단백질의 분해 및 변성이 일어나면서 풍미의 변화가 일어난다.
- 색의 변화 : 장시간 가열하여 찜을 하는 동안 붉은색이었던 고기의 색은 갈색으로 변하며, 여기에 양념으로 첨가되는 간장 색의 영향을 받아 짙은 갈색으로 변화된다.

【육류찜 조리과정에서 주의할 점】

- 육류찜을 하는 과정을 살펴보면 반드시 먼저 소량의 물 또는 액체에 일단 고기를 삶아낸 다음 양념과 갖은 고명, 채소 등을 넣고 다시 끓여 맛을 낸다. 만약 고기를 삶지 않고 양념을 먼저 하게 되면 간장의 염분이 삼투압에 의해 고기의 세포 속에 침투되어 탈수현상이 일어나 결과적으로 고기의 표면이 마르고 부드럽지 못하게 된다. 그렇기 때문에 찜을 할 때는 처음부터 생고기에 양념장을 붓고 가열을 하는 것이 아니라 먼저 고기를 끓는 물에 데쳐낸 다음 양념과 나머지 부재료를 넣고 다시 끓여야 한다.
- 찜을 할 때는 약간 싱겁게 간을 맞추는 것이 좋다. 처음부터 짜게 양념을 하면 식어서 다시 데울 때 육류찜의 조직이 부드러움을 잃게 된다. 따라서 찜을 할 때 양념장은 처음부터 다 넣지 말고 반쯤만 부은 뒤 찜이 어느 정도 익으면 그때 나머지 양념장을 부어 끓이도록 한다.

(2) 어패류찜

① 어패류찜의 일반적 조리법

어패류찜은 어류찜, 패류 및 갑각류찜 등으로 나눌 수 있다.

- 어류찜 : 어류찜은 보통 비늘과 내장을 제거하여 생선 양면에 칼집을 넣어 찐 다음 쇠고기와 버섯, 달걀지단, 미나리 등의 고명을 준비하여 얹는다. 북어찜은 예외적으로 말린 북어를 물에 불린 뒤 간장양념으로 서서히 끓여낸다.
- 패류 및 갑각류찜 : 패류 및 갑각류찜에는 전복찜, 대하찜, 대합찜, 꽃게찜 등이 있다. 전복찜은 쇠갈비찜처럼 전복을 쇠고기·버섯 등과 함께 양념장·육수를 넣고 끓여내는 식으로 조리하며, 대하찜은 어류찜과 같은 방법으로 조리한다. 대합찜과 꽃게찜은 각각 대합과 꽃게의 내용물을 발라낸 다음 다시 쇠고기, 두부, 기타 양념과 함께 조미하여 조개껍데기나 게껍데기에 채워 넣고 쪄내는 방법으로 조리한다.

② 어패류를 찌는 과정에서 일어나는 이화학적 변화와 조리할 때 주의할 점

- 결합조직 단백질의 변화 : 생선의 껍질과 근육섬유를 둘러싸고 있는 단백질은 육류와 마찬가지로 콜라겐이다. 불용성 단백질인 콜라겐이 물속에서의 가열에 의해 어느 온도에 도달하면 갑자기 길이가 ⅓~¼로 수축하고, 더 계속 가열하면 물을 흡수 팽윤하여 젤라틴으로 용해된다. 이 온도는 포유동물보다 낮으며 생선에 따라서도 차이가 난다.
- 근육섬유 단백질의 변성 : 근육단백질을 가열하면 응고 수축하여 살이 단단해지고 탈수에 의해 무게는 감소한다.
- 수용성 단백질의 용출 : 찜을 할 때는 수용성 단백질과 지미성분이 용출되므로, 전복찜과 같이 재료 자체의 맛이 좋아야 하는 음식을 만들 때는 육수나 국물을 반드시 뜨겁게 한 상태에서 주재료를 넣어 익혀야 한다. 그렇게 해야 주재료 내부의 맛성분이나 수용성 단백질이 국물로 용출되지 않는다.
- 껍질의 수축 : 생선을 찔 때 껍질이 수축되거나 찢어지거나 살이 구부러지는 경우가 있는데, 이것은 생선의 진피층을 구성하는 콜라겐이 가열에 의해 수축하기 때문이다. 물오징어가 둥굴게 말리는 것도 콜라겐의 수축 때문이다. 따라서 생선을 모양 좋게 찌려면 군데군데 칼집을 넣어 주어야 한다.

- 지방의 용출 : 생선은 진피층 밑에 지방층이 있는데 가열에 의해 껍질이 수축하면서 지방조직이 흩어지고 열에 의해 지방이 용해되어 외부로 스며나오게 된다. 이 지방은 생선을 조리할 때 생선의 맛을 돋우어 주는 역할을 한다.
- 색의 변화 : 새우나 게의 색소인 아스타크산틴(astaxanthin)은 날것일 때는 단백질과 결합하여 청록색이지만, 가열하면 단백질 부분이 변성하여 색소 부분과의 결합이 떨어져 나가 아스타산틴 본래의 적색 아스타신(astacin)이 나타난다.

【어패류찜의 조리과정에서 주의할 점】

첫째, 생선찜의 경우 양념이 잘 스며들지 않으므로 밑간을 하든지, 찜통에 넣어 증기로 찌는 방법보다는 육수를 부어 직접 찌는 방법이 나을 수도 있다. 찜통에서 증기로 찌는 경우에는 국물이 용출되므로 받침접시를 놓아 그 국물을 다시 이용한다.

둘째, 찜그릇 내부의 온도가 일정해야 한다. 재료는 물이 끓을 때 넣는다. 처음부터 재료를 넣으면 수증기가 재료의 표면에서 식어 물방울이 되므로 습기가 차서 음식이 질퍽해진다.

셋째, 물을 많이 넣지 않는다. 찜을 할 때는 물의 분량은 찜 틀 아래쪽 물을 넣는 부분의 70～80% 가량이 적당하다.

(3) 채소류찜

① 채소류찜의 일반적 조리법

송이찜이나 죽순찜 같은 경우에는 주재료인 송이버섯과 죽순에 쇠고기・버섯・미나리・새우・전복・해삼 등의 부재료와 양념・달걀지단 등의 고명을 얹은 다음 육수를 붓고 끓여낸다. 가지찜이나 호박찜은 주재료에 칼집을 넣고 양념한 쇠고기를 넣어 끓이거나 쪄낸다.

② 채소류를 찌는 과정에서 일어나는 이화학적 변화와 조리할 때 주의할 점

- 질감의 변화

㉠ 펙틴의 변화 : 채소의 독특한 질감을 변화시키는 주된 역할을 하는 물질이 펙틴이다. 가열에 의해 프로토펙틴이 작은 펙틴 분자로 분해되며 질감이 부드러워지는 것이다.

Q & A

펙틴(pectin)이란?

세포와 세포 사이의 얇은 층에 존재하며 이 얇은 층을 메워주는 동시에 세포 사이를 결착시켜 주는 물질이다. 세포 사이에서 일종의 시멘트와 같은 역할을 하며 채소나 과일의 질감에 영향을 미친다.

펙틴은 분자 내 카르복실(carboxyl)기($COOH^-$)의 일부가 메틸에스테르 또는 염의 형태로 되어 있는 친수성 폴리갈락투론산(polygalacturonic acid)으로 교질성을 갖고 있으며, 적당량의 당과 산이 존재할 때 젤을 형성할 수 있는 물질들에 대한 일반명이다.

펙틴 물질에는 프로토펙틴(protopectin), 펙틴(pectin), 펙틴산(pectic acid) 등이 있다. 이 가운데 프로토펙틴은 성숙하지 않은 식물조직에 들어 있는 성분으로, 분자량이 가장 크고 물에도 녹지 않는 성질을 지녔으며 젤도 형성할 수 없다. 펙틴은 프로토펙틴이 가수분해된 물질로, 분자량도 적고 가용성이며 당과 산이 존재하면 젤을 만들 수 있는 성질을 지닌다.

펙틴산은 펙틴이 가수분해되어 분자량이 더욱 적어지고 메틸에스테르기(CH_4^-)가 전혀 존재하지 않게 된 것으로, 시멘트로서의 능력도 떨어지고 젤도 형성할 수 없게 된다.

Q & A

교질상(colloid)이란?

화학에서 어떤 물질 즉 용질이 용매에 녹아 있는 것을 용액이라고 한다. 그러나 식품에서는 소금물이나 꿀, 설탕시럽 등 몇몇 경우를 제외하고는 어떤 물질이 다른 물질에 용해되었을 때 균질상태를 형성하기가 어렵다.

실제로 대부분의 식품은 진용액을 형성하기에는 물질의 입자가 크나, 분산매 중에 분산되어 침전하지 않고 분산계를 잘 형성하고 있는 것들이 많은데 이를 교질상 용액이라고 한다.

교질상 용액의 안정성을 유지해주는 힘은 다음과 같다.

- 브라운(brown) 운동 : 분산매 분자들에 의해 산포물질이 앞뒤로 활발히 움직이는 불규칙 운동이다.
- 콜로이드의 전하 : 입자 표면에 전하를 띠고 있어서 반발력에 의해 안전한 분산상태를 유지할 수 있다.
- 수화 : 콜로이드 입자가 물분자를 흡착하여 수분층을 만들어 이 수분층이 보호막 역할을 한다.

Q & A

졸(sol)과 젤(gel)이란?

콜로이드는 분산매와 분산상의 종류에 따라 매우 다양한 분산계가 존재할 수 있는데 다음 표가 바로 그 예이다. 졸은 콜로이드 입자가 액체 분산매에 분산되어 있는 상태를 말하며, 졸이 어떤 요인에 의해 굳어진 상태를 젤이라고 한다. 젤 상태의 식품은 묵·두부·풀·소스·푸딩·커스터드·알찜·양갱 등을 들 수 있다. 분산계에서 분산상의 농도, 온도, 수소이온 농도 또는 전해질의 변화 등에 의해 졸에서 젤이 되며 일부 젤은 가역적이다.

콜로이드 상태의 보기

분산상	분산매	교질상태	보 기
기체	액체	포말질	달걀 흰자의 거품, 거품 낸 생크림, 맥주 및 탄산음료의 거품
기체	고체	고체포말질	마시멜로, 식빵
액체	액체	유탁질	마요네즈, 밀크, 샐러드 드레싱
고체	액체	졸	달걀 흰자, 밀크
액체	고체	젤	젤리, 젤라틴, 치즈, 버터
고체	고체	고체교질	사탕과자, 과자

졸과 젤 상태의 콜로이드 입자

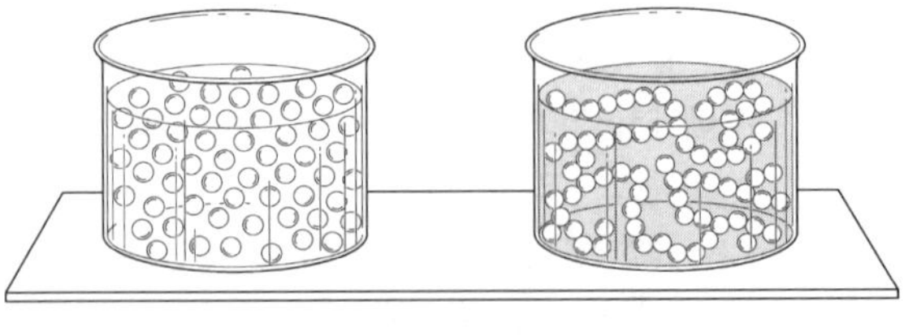

(a) 졸　　(b) 젤

(a) 졸 상태의 콜로이드 입자가 하나하나 자유롭게 떨어져 활동성을 보인다.
(b) 젤 상태의 콜로이드 입자가 서로 연결 교차되어 있다. 젤은 스폰지와 같은 질감을 주며, 부드럽고 후들후들한 형태를 유지한다.

㉡ 섬유소의 변화 : 가열에 의해 섬유소는 연화되고 세포막은 변성되어 투과성은 잃게 된다. 생세포 내외로 움직이는 수분은 주로 삼투압에 의해 이동되는데, 가열에 의해 세포막이 변성되면 확산에 의해 수분이 이동하게 되면서 세포 내의 용질은 조리수로 침출되어 채소는 생기를 잃게 된다. 또한 세포 공간에 차 있던 가스도 제거되어 물로 대치되며 질감에 변화가 온다.

• 색의 변화 : 찜을 하는 과정에서 색의 변화가 특히 심하게 일어나는 채소는 가지이다. 가지의 표피색은 안토시아닌(anthocyanin)계 색소인데 불행하게도 식품에서는 보기 드문 이 아름다운 농자색 색소는 열에 불안정하여 100℃ 이상으로 가열하면 변색 또는 퇴색된다. 따라서 찜을 할 때 가열 온도와 시간이 너무 길어지면 변색 또는 퇴색되는 정도가 더 심해질 수 있다.

그리고 가지의 내부 색은 절단에 의해 쉽게 갈변이 일어난다. 그 이유는 가지의 조직 내에 페롤라아제(phenolase)와 페놀(phenol) 화합물인 탄닌의 함량이 높기 때문이며, 이런 갈변은 철로 된 칼로 절단하면 더 빨리 일어난다(→ 색소 : 생채 · 숙채 참고 ; 갈변 : 조림의 채소조림 참고).

• 향미의 변화 : 찜에 이용되는 채소 가운데 가지 · 호박 등은 맛이 매우 부드럽고 약간의 단맛이 있어, 너무 장시간 찌면 수용성 맛성분이 용출되어 채소 자체의 맛을 잃기 쉽다.

• 휘발성 산의 생성 : 모든 녹색채소는 휘발성 산을 함유하고 있는데, 이 산들은 조리하는 동안에 일부가 휘발하여 채소의 색과 맛에 영향을 주므로 주의해야 한다. 특히 조리시간이 길어질 경우 올리브색으로 변하기 때문에 뚜껑을 열어 휘발성 산을 날려버리고 조리시간은 짧게 해주어야 한다.

【채소찜 조리과정에서 주의할 점】

채소 고유의 맛을 보유하기 위해서는 소량의 물에 조리시간은 가능하면 짧게 하는 것이 좋다. 송이찜을 할 경우에는 송이버섯 자체의 향을 즐기기 위한 것이므로 화학조미료를 사용하거나 오래 끓여서는 안 된다.

(4) 기타 찜

① 떡찜과 알찜의 일반적 조리법

기타 찜에는 알찜과 전통적인 가래떡으로 만든 떡찜이 있다. 알찜은 달걀을 곱게 풀어 2배 가량의 물과 섞어 중탕으로 서서히 익힌다. 떡찜은 흰가래떡을 주재료로 하여 쇠고기・채소를 넣고 양념장과 육수를 부어 끓여낸다.

② 알찜을 하는 과정에서 일어나는 이화학적 변화와 조리할 때 주의할 점

달걀의 구조는 크게 난백과 난황으로 나눌 수 있는데, 이들을 구성하는 주요성분을 살펴보면 난백은 약 88%의 수분, 10.6%의 단백질 그리고 소량의 기타 물질들로 구성되어 있으며 난황은 약 49%의 수분과 33%의 지방, 약 17%의 단백질, 소량의 기타 물질들로 구성된다.

달걀의 고형분의 많은 부분을 차지하는 단백질은 열에 의해 변성된 후 응고되는 성질을 갖고 있다. 이런 성질이 있기 때문에 달걀을 단순히 삶아 먹는 것은 물론 알찜, 수란, 커스터드, 푸딩, 전 등 다양한 음식으로 조리할 수 있다.

Q & A

달걀 단백질의 변성과 응고(coagulation)란?

생달걀의 단백질 분자는 폴리펩티드(polypeptide)의 연쇄사슬로 구성되어 있는데, 이 사슬은 중간에 -s-s-결합, 수소결합, 이온결합 같은 여러 2차 결합을 형성하여 전체적으로는 분자모양이 구형이다. 그런데 달걀 단백질을 가열하면 이 2차 결합들이 열에너지에 의해 끊어지게 되는데 이것이 바로 단백질의 변성이다.

그러나 다음 단계로 실 모양으로 풀어진 한 분자와 또 다른 분자 사이에 교차결합이 생기면서 고체로 응고되는데, 이런 응고현상은 오래 가열하거나 높은 온도로 가열하면 사슬끼리의 교차결합이 증가하여 더욱 단단하게 응고한다.

【달걀의 응고성에 영향을 미치는 요인】

- 달걀의 부위와 농도 : 난백과 난황은 응고온도가 서로 다르다. 난백은 60℃ 근처에서 반투명하게 되면서 유백색의 젤리상을 형성하며, 온도가 상승함에 따라 차차 유동성을 잃고 응고되어 65℃에서 완전히 응고하지만 이때는 매우 하늘하늘한 질감을 가지며 80℃ 이상이 되면 딱딱하게 응고한다.

  난황 역시 60℃ 정도에서 걸쭉하게 응고되기 시작하며 완전히 응고

되는 온도는 난백보다 약간 높은 70℃이다. 달걀단백질의 응고온도는 달걀단백질의 농도에 따라 영향을 받는데, 단백질의 농도가 낮을수록 응고온도는 높아진다. 알찜을 할 때 대개 2배 가량의 물을 첨가하여 달걀을 희석시키는 것은 달걀의 응고온도를 높여 부드러운 질감을 지닌 알찜을 만들기 위해서이다.

- **달걀의 응고상태와 가열시간 및 온도** : 달걀의 가열속도는 고온일수록 증가하지만 고온에서 가열한 달걀은 단단하고 질긴 특징을 갖는다. 따라서 달걀은 낮은 온도에서 서서히 가열하는 것이 좋다. 달걀을 물에 넣고 조리할 때는 물을 끓이지 말고 약 85℃로 유지해주는 것이 달걀의 질감을 부드럽게 하는 방법이다.
- **첨가물의 영향** : 일부 첨가물은 달걀의 응고성에 영향을 미쳐 같은 응고온도라 하더라도 더 단단하게 또는 더 부드럽게 하기도 한다. 이런 성질을 달걀의 조리에 이용할 수 있는데 대표적인 예가 설탕을 알찜에 이용하는 것이다. 알찜을 만들 때 설탕을 약간 첨가하면 달걀단백질의 응고온도를 높여 부드러운 알찜을 만들 수 있다.

그리고 찜과는 관계없지만 신선도가 떨어진 달걀로 수란을 할 경우 난백이 수양화되어 수란을 뜨기 힘들다. 이런 경우에는 0.8~1%의 식염이나 3%의 식초를 첨가한 물에 불을 약하게 하여 달걀을 떨어뜨리면 난백이 신속히 응고되어 수란이 잘 만들어진다.

【알찜 조리과정에서 주의할 점】

알찜은 달걀단백질의 응고성을 이용하여 만드는 음식으로, 가열온도와 가열시간・가열방법・첨가물 등에 따라서 매우 다른 품질을 얻을 수 있다. 달걀의 응고성에 영향을 미치는 요인에서 설명한 바와 같이 부드럽고 좋은 질감의 알찜을 만들기 위해서는 중탕이나 찌는 방법을 선택하는 것이 바람직하며, 이때 온도는 너무 높게 할 필요가 없다. 그리고 설탕 같은 응고 방해물질을 첨가해 주면 더욱 부드러운 질감의 알찜이 되지만 소금은 응고를 촉진시키는 효과가 있다.

선

선(膳)이란 좋은 음식을 뜻하는 궁중조리용어로 특별한 의미는 없으며, 조리법 자체는 찜과 비슷하다. 선은 식물성 재료에 쇠고기와 버섯 등의 부재료를 소로 채우고 장국을 부어서 끓이듯이 쪄내는 방법으로 조리하거나, 또는 녹말가루를 뿌려서 찌기도 하고, 볶아서 초장을 찍어 먹는 것도 있다.

오늘날까지 이용되는 선에는 오이선 · 가지선 · 호박선 · 어선 · 두부선 등이 있는데, 선은 맛이 산뜻하여 전채음식이나 술안주 등으로 주로 이용된다.

1) 선의 재료

선은 주로 식물성 재료를 이용하여 만들며, 선을 만드는 데 이용되는 주재료 가운데 대표적인 채소로는 가지 · 오이 · 호박 등을 들 수 있다. 두류로 만든 두부 역시 많이 사용된다.

그러나 반드시 가지 · 호박 같은 식물성 재료만 사용하는 것이 아니라 흰살생선을 이용한 어선도 있으며, 옛 조리서에는 소의 양이나 청어 같은 등푸른 생선도 이용된 것으로 기록되어 있다.

【재료를 선택할 때 주의할 점】

채소선에 쓰이는 재료들 가운데 가지나 호박에 대한 것은 이미 찜에서 설명한 바 있으므로 여기에서는 생략한다. 선을 만들기 위한 가지나 호박을 선택할 경우에도 찜과 같은 기준으로 선택하면 되는데, 거기에 덧붙여 가늘고 연한 것들로 고른다.

오이는 굵기가 전체적으로 일정한 것이 좋으며 똑바로 곧은 것이 좋다. 상처가 없고 꽃이 붙어 있으면 더욱 좋으며 만져보아 단단한 것이어야 신선하다. 오이선에 이용되는 오이 역시 가지나 호박과 마찬가지로 가늘고 연한 것으로 선택한다.

어선은 민어나 광어 같은 흰살생선을 이용하는데 6~7월의 민어로 만드는 것이 특히 맛이 있다. 어선을 만들 때는 생선포에 쇠고기, 채소 등의 소를 넣어 쪄내는 것이므로 생선살을 되도록 얄팍하고 넓적하게 포를 잘 뜨는 것이 중요하다.

생선은 찜과 마찬가지로 우선 신선한 것을 구입하는 것이 중요하다. 생선은 구입 즉시 손질해서 포를 뜨는 것이 선도 유지를 위해 좋은데, 이때 아가미와 내장을 제거한 생선은 선도가 떨어지기 전에 재빨리 묽게 탄 소금물로 씻도록 한다.

Q & A

포를 뜨는 요령

포를 뜨기 위해서는 먼저 채반 같은데 밭여 충분히 물기를 뺀 다음 생선의 꼬리 쪽을 손으로 잡고 칼을 생선뼈가 있는 바로 위쪽에 대고 머리에서부터 꼬리까지 생선살에 평행이 되게 잘라 나간다. 뼈가 붙은 몸판을 뒤집고 위와 같은 방법으로 다시 한번 자른다. 이렇게 하면 뼈가 붙은 조각 하나와 살만 붙은 포 2조각이 나온다. 두껍게 떠진 포는 어선을 하기 적당하도록 얇고 넓게 다시 저민다.

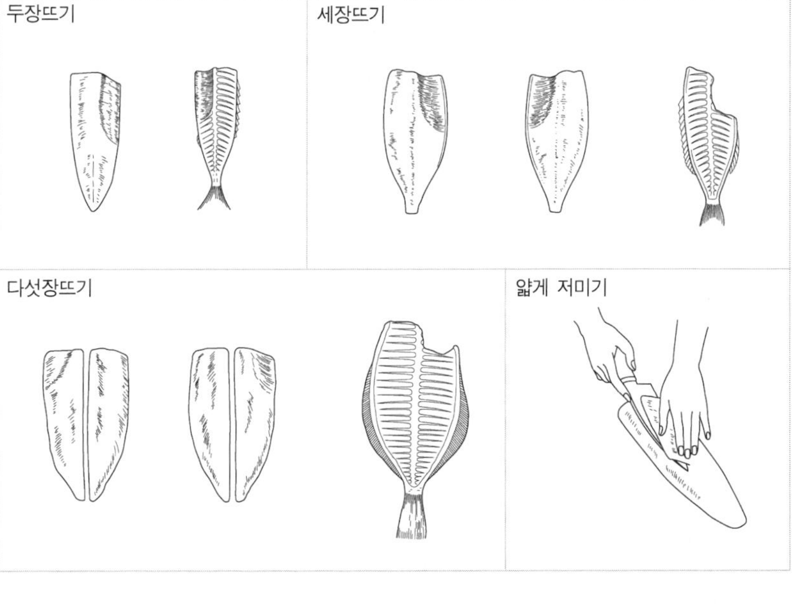

2) 일반적 조리법 및 조리원리

(1) 채소선

① 채소선의 일반적 조리법

현재 일반적으로 이용되고 있는 채소선으로는 가지선과 오이선, 호박선을 들 수 있다. 같은 채소선이지만 가지선, 호박선과 오이선은 조리하는 방법에 차이가 있다. 가지선과 호박선은 각각 가지나 호박을 반으로 갈라 토막을 내고 어슷하게 칼집을 내어 소금에 절인 다음 양념한 소를 넣어 육수를 넣은 냄비에 담아 끓여낸다. 그러나 오이선은 절이는 과정까지는 같지만 오이를 찌는 것이 아니라 번철에 볶아낸 다음 식혀서 소를 넣고 단촛물을 끼얹어 먹는다.

② 채소선의 조리과정에서 일어나는 이화학적 변화와 조리할 때 주의할 점

채소선의 조리과정에서 일어나는 이화학적 변화는 가열에 의한 질감 및 색의 변화, 향미의 변화, 휘발성 산의 생성을 들 수 있다. 특히 오이선의 경우 pH 변화가 질감이나 색에 영향을 미친다. 가지선과 호박선에서 일어나는 가열에 의한 변화는 이미 찜에서 언급했던 것과 동일한 변화이므로 선에서는 생략하기로 하고, 여기에서는 오이선의 조리과정에서 일어나는 이화학적인 변화에 대해서만 검토해보기로 하자.

- 질감의 변화 : 오이선을 만드는 과정에서는 두 가지 원인으로 질감의 변화가 일어난다. 첫째는 소금으로 오이를 절이고 물에 헹구어 짜는 과정에서 일어나는 탈수현상으로, 오이선 특유의 아삭하고 탄력 있는 질감을 갖게 된다. 그리고 두 번째 이유는 나중에 첨가되는 식초가 섬유소의 질감을 단단하게 하는 성질을 가지고 있다. 따라서 이 두 가지 이유 때문에 오이선은 조리과정에서 생오이 상태보다 더 아삭하며 탄력 있는 질감을 갖게 된다.
- 색의 변화 : 오이의 초록색은 엽록소인 클로로필(chlorophyll)에 의한 색이다. 이 클로로필은 산과 열에는 매우 약하며 알칼리에는 강한 특징을 갖고 있다. 그런데 오이선을 조리하는 과정을 살펴보면 번철에 볶아내는 과정이 있다. 이때 센불에 재빨리 볶아내야 하며, 그렇지 않으면 올리브색으로 변색하게 된다. 그리고 오이선을 낼 때 단촛물은

상에 내기 직전에 끼얹는 것이 좋다. 왜냐하면 촛물은 산성이므로 오이의 초록색이 산의 영향을 받아 올리브색으로 변색될 수 있기 때문이다(→ 클로로필 : 생채 · 숙채 참고)

(2) 기타 선

① 기타 선의 일반적 조리법

채소선을 제외한 선에는 어선과 두부선이 있다. 어선은 민어나 광어 같은 흰살생선을 넓게 포로 떠서 쇠고기와 버섯을 소로 넣고 말아서 쪄낸 다음 겨자장을 찍어 먹는다.

두부선은 두부를 곱게 으깨어 닭살 다진 것, 버섯, 양념을 함께 섞은 다음 판판하게 만들어 쪄내고 먹을 때는 초장에 겨자를 곁들인다.

② 기타 선의 조리과정에서 일어나는 이화학적 변화와 조리할 때 주의할 점

- 어선을 조리할 때 일어나는 생선 근육섬유 단백질의 변성 : 이미 설명하였듯이 생선의 근육단백질은 가열하면 수축하여 단단해지고 무게는 감소한다. 무게의 감소는 30～40℃에서 한번 일어나고 50～60℃에서 다시 한번 일어나며 70～90℃에서 세 번째 감소가 일어난다. 가열함에 따라 어육의 무게가 감소하는 까닭은 가열에 의해 근육의 수축이 일어나고 이때 탈수가 일어나기 때문이다. 그런데 이렇게 단계적으로 무게가 감소하는 까닭은 어육단백질에 서로 다른 단백질(미오신, 액틴, 미오겐, 액토미오신, 트로포미오신 등)이 섞여 있기 때문이다.
- 조리할 때 주의할 점 : 어선을 조리할 때는 가열에 의해 어포의 수축과 무게 감소현상이 일어난다. 따라서 생선포를 뜰 때는 가열에 의해 수축되어 두꺼워질 것을 고려하여 넓고 얇게 뜬다.

4 초 · 조림

1) 초

초를 이용한 음식에는 홍합초, 전복초, 삼합초가 있다. 선이 찜과 비슷하면서도 다른 조리법이라면 초는 조림과 비슷하면서도 다른 조리법을 가진 음식이다.

초(炒)라는 단어 자체는 한자로 볶는다는 뜻인데, 실제로 볶아서 만드는 것이 아니라 간을 약간 달게 하여 조림처럼 끓이다가 국물이 조금 남았을 때 물녹말을 풀어 넣어 국물을 걸쭉하고 전체적으로 윤이 나도록 한다.

2) 조림

조림은 주로 간장을 이용하여 간을 다소 강하게 조리하여 반찬으로 먹는 음식이다. 육류, 어패류, 채소류 등 다양한 재료가 조림에 이용되지만 특히 생선이 많이 이용된다. 생선은 그 종류에 따라 다르게 조리하는데, 담백한 흰살생선일 때는 간장 · 설탕 · 생강 등으로 조미하고, 붉은살생선이나 비린내가 많이 나는 생선은 고춧가루나 고추장을 넣어 맵게 하는 편이 좋다. 또한 오래 저장하면서 먹고자 할 때는 간을 강하게 하는데 장조림을 예로 들 수 있다.

3) 초와 조림의 재료

(1) 초의 재료

이미 앞에서 살펴보았듯이 초에는 전복초, 홍합초, 삼합초가 있다. 따라서 초의 주재료는 전복과 홍합 그리고 삼합초의 재료로 이용되는 해삼을 들 수 있다.

전복초에 사용되는 전복은 예전에는 말린 전복을 불려서 사용했으나 요즈음에는 귀하기 때문에 날전복을 주로 이용하고, 홍합과 해삼은 말린 것을 불려서 다듬어 사용한다.

우리나라에서 나는 전복은 대부분 참전복이나 까막전복으로 패각의 가로 세로의 비가 2 : 3으로 타원형을 이룬다. 패각 바깥쪽으로 족부가 약간 빠져나와 있는 것이 좋으며 통통하게 살이 찐 전복이 좋다. 전복의 패각이나 연체부(살)에는 상처가 없어야 하며 전복의 색깔은 먹이에 따라 달라지므로 별로 중요하지 않다. 품질이 좋은 홍합은 껍데기가 파손되지 않고 흑자색 광택이 나는 것이 좋다.

【마른해삼 불리는 방법】

마른해삼은 처음의 약 2～3배 크기로 불리는데 충분히 불리려면 5일 정도가 걸린다. 첫째날에는 나무토막처럼 단단한 마른해삼을 물에 푹 담가두고 둘째날에는 물에 담가둔 해삼을 한번 끓인 다음 불을 끄고 식힌다. 식으면 다시 끓이는 방법을 아침, 점심, 저녁으로 세 번 반복한다. 셋째날에는 불린 해삼을 건져서 굵은 소금으로 비벼가며 닦아 해삼 표면의 이물질을 없애 말끔해졌으면 가위로 배를 가르고 내장을 깨끗이 빼낸 다음 맑은 물에 헹군다. 내장을 뺀 해삼에 다시 물을 붓고 끓어오르면 불 끄기를 아침, 점심, 저녁으로 세 번 반복한다. 이것을 이틀 정도 더 반복한다.

(2) 조림의 재료

① 육류조림

조림의 재료는 육류 · 어패류 · 채소류 등으로 구분하여 설명할 수 있으며, 육류에는 쇠고기 · 돼지고기 · 닭고기가 있다. 조림을 하기 위한 쇠고기나 돼지고기의 부위는 기름기가 없는 곳을 선택하는 것이 좋은데, 쇠고기는 대접살이나 우둔살 · 홍두깨살 · 사태살 · 쇠악지 등이 적합하며 돼지고기는 뒷다리살이 적당하다.

닭고기는 중간 크기의 것을 고르는 것이 질기지도 않고 양도 적당하다. 또한 닭고기를 고를 때는 껍질이 크림색이어야 신선한 것이며, 손으로 만져보았을 때 고기가 촉촉한 정도의 수분을 느낄 수 있는 것이 좋다. 모이주머니가 제거되고 항문은 완전히 절개된 것을 고른다.

살은 두툼하면서 푹신한 느낌을 주는 것이 좋다. 껍질이 윤기가 있고 털구멍이 울퉁불퉁 튀어나와 있어야 좋은 것이며 껍질에 주름이 지거나 축 늘어진 것, 까칠하게 마른 것은 살이 찌지 못한 것이다.

② 생선조림

생선조림에는 조기, 민어, 도미, 동태 같은 흰살생선이나 고등어, 꽁치, 전갱이, 갈치 등도 많이 이용된다. 생선은 신선한 것일수록 맛이 있고 부스러지지도 않으므로 반드시 신선한 것으로 선택한다.

③ 채소 및 기타 조림

채소 및 기타 조림의 재료는 풋고추, 감자, 두부 등을 들 수 있다. 풋고추는 꼭지 부분이 마르지 않은 것이 신선한 것이며 모양새와 색이 녹색으로 균일한 것이 좋다. 만져보아 단단하면 보통 매운 고추이며 유연한 것은 일반적으로 맵지 않다.

감자는 상처가 없고 발아하거나 파랗게 되지 않은 것으로 골라야 한다. 우엉은 초여름에 나오는 봄우엉이 향과 맛이 뛰어나며 굵은 것보다는 굵기가 2cm 이하로 가는 것을 고른다. 뿌리의 머리부분이 검거나 돌출된 것은 좋지 않고 갈라지거나 형태가 반듯하지 않은 것은 바람이 들어 있을 경우가 많다.

연근은 다갈색으로 변색되지 않고 본래의 담황색인 것이 좋으며, 마디가 적고 마디 사이가 완전하고 짧고 흠이 없으며 겉 표면이 깨끗하고 광택이 나는 것을 고른다. 표면이 깨끗하고 굵으며 곧은 것이 좋다. 마디 사이가 길고 가는 것은 대개 질긴 편이므로 좋지 않다. 두부는 수분이 적고 단단한 것으로 고른다.

Q & A

감자와 솔라닌(sloanine)

감자가 햇빛을 받으면 솔라닌이라는 독소를 생성하는데, 보통의 함유량으로는 별 문제가 없으나 발아할 때 파랗게 된 껍질부분의 솔라닌의 양은 보통량의 10배 정도가 되며 그대로 먹으면 중독을 일으킬 수 있다. 따라서 싹이 난 부분과 파란 부분은 잘라버리고 조리해야 한다.

4) 일반적 조리법 및 조리원리

(1) 초와 조림의 일반적 조리법

① 초의 조리법

각각 주재료인 전복이나, 홍합, 해삼 등을 적절히 손질한 후 쇠고기와 함께 끓는 양념장에 넣어 서서히 조리다가 국물이 자작해지면 물녹말을 끼얹어 잘 섞어 주고 국물이 걸죽해지면 참기름을 넣는다.

② 조림의 조리법

- 육류조림 : 쇠고기장조림은 쇠고기를 덩어리째로 물에 씻어 핏물을 빼고 적당한 크기로 토막낸 다음 끓는 물에 넣어 고기가 무르고 물이 반으로 줄어들 때까지 삶아 양념장을 넣어 조린다. 제육조림은 같은 육류조림이지만 끓는 물에 삶는 과정이 없이 살코기 결의 반대방향으로 썰어 끓인 양념장에 넣어 조린다.

  장조림과 비슷한 음식으로 장똑똑이가 있는데, 장똑똑이는 제육조림과 마찬가지로 쇠고기를 고기결 반대방향으로 썬 다음 설탕과 진간장을 많이 넣은 양념장에 넣고 국물이 거의 없어질 때까지 바짝 조린 것이다. 닭조림은 신선한 닭을 토막내어 번철에 대충 익힌 뒤 양념장을 넣어 조린다.
- 생선조림 : 생선조림 재료 가운데 조기, 민어, 도미 같은 흰살생선은 간장으로 양념장을 만들어 조림을 한다. 먼저 깨끗이 손질하여 두세 토막을 낸 다음 냄비에 고르게 깔고 양념장을 끼얹어 센불에 올리고 장물이 끓어오르면 불을 줄인다. 고등어나 갈치, 꽁치처럼 기름진 생선은 같은 방법으로 조림을 하되 양념장에 고춧가루를 첨가하고 냄비 바닥에 무를 깔아 놓고 조리면 좋다.

  북어조림은 물에 충분히 불려서 부드러워지면 물기와 뼈를 제거하고 적당히 토막내어 냄비에 얹고 양념장을 끼얹어 조린다.
- 채소 및 기타 조림 : 풋고추조림은 풋고추의 꼭지를 떼고 씨를 발라 끓는 물에 살짝 데쳐내고 찬물에 헹군 다음 양념한 쇠고기를 풋고추에 채우고 양념장을 부어서 조린다. 감자조림은 껍질 벗긴 감자를 풋고추, 멸치와 함께 양념장을 부어 감자가 약간 무를 때까지 끓인다.

연근조림은 연근 껍질을 먼저 벗기고 3mm 두께로 썰어서 식촛물에 데쳐 놓은 다음 양념장을 넣고 약한 불에 은은히 졸여 윤기가 나도록 한다. 우엉조림은 우엉 껍질을 벗겨 먼저 식촛물(물 5컵, 식초 1큰술)에 데친 다음 채로 썰어 냄비에 담고 분량의 조미료를 넣어 조린다 두부조림은 두부를 적당히 썰어 소금을 뿌려 물기를 제거하고 두부의 양면을 노릇하게 지져낸 후 냄비에 양념장을 끼얹어 조린다.

(2) 초와 조림의 조리과정에서 일어나는 이화학적 변화와 조리할 때 주의할 점

① 육류조림

육류를 조릴 때는 찜할 경우와 마찬가지로 근육의 질감 변화로 인한 연도의 변화, 새로운 맛성분의 생성 및 휘발성 맛성분의 상실 등 풍미의 변화, 가열에 의한 색의 변화 등의 이화학적인 변화가 일어난다.

연도의 변화로 장조림을 할 때는 찜의 경우와 마찬가지로 처음부터 간장을 넣고 조리면 아무리 오랫동안 끓여도 고기는 연해지지 않고 더욱 단단해진다. 이것은 간장 속의 염분이 가열시간이 길어지면서 농축됨으로써 삼투압이 높아져 육세포 내의 수분을 탈수시키는 동시에 염분이 스며들어가 육 중의 단백질은 더욱 단단해져 고기가 수축되기 때문이다. 따라서 장조림을 할 때는 먼저 고기를 끓는 물에 익혀 연하게 한 다음 간장으로 조미하여 조리를 완성하여야 한다.

② 어패류의 조림

어패류를 조릴 때 일어나는 변화 역시 어패류찜의 이화학적 변화와 같다. 즉 첫째는 결합조직 단백질인 콜라겐의 변화, 둘째는 근육섬유단백질의 변성으로 인한 무게의 감소, 셋째는 수용성 단백질과 지미성분의 용출, 넷째는 껍질의 수축, 다섯째는 지방의 용출이며, 여섯째는 색의 변화이다.

【생선조림을 할 때 주의할 점】

첫째, 어취는 휘발성이므로 처음에는 뚜껑을 열고 가열한다.

둘째, 선도가 떨어진 생선은 설탕, 술 등을 넣어 간을 짙게 하여 조린다.

셋째, 생선을 조릴 때 먼저 국물을 끓인 다음 생선을 넣어야 생선 표면의 단백질이 응고되어 모양도 부스러지지 않고 생선의 지미성분도 용출되지 않는다.

넷째, 생선의 종류가 다양하므로 일률적으로 조리할 것이 아니라 담수어, 해수어, 흰살생선, 붉은살생선, 생선의 선도 등에 따라 조미의 농도, 부재료의 선택, 불의 가감 등을 고려해야 한다.

- 담수어조림 : 해수어보다 특이한 어취가 있으므로 양념을 강하게 하며, 국물과 양념을 먼저 끓이고 생선을 넣어 국물이 거의 졸아들 정도로 센불로 조린다. 이렇게 양념한 끓는 국물에 넣어 조리면 생선 표면의 단백질이 먼저 응고하여 모양도 흐트러지지 않고 내부 국물의 유출도 막을 수 있다.
- 해수어조림 : 해수어 가운데 흰살생선은 지방함량이 적고 맛이 담백하기 때문에 양념을 적게 하고 가열을 최소한으로 하여 생선 자체의 맛을 음미할 수 있도록 한다. 반면 붉은살생선은 근육이 단단하고 지방함량이 높고 강한 어취를 내므로 간을 세게 해야 하고 가열시간도 생선의 양에 따라 적절히 조절하면서 조리해야 한다. 단 너무 오래 가열하면 단백질의 응고가 지나쳐 근육의 수축이 강하게 일어난다. 또한 양념간장의 염분에 의한 삼투압으로 어육에서 탈수작용이 일어나 굳어져 살이 푸석푸석해지고 맛도 저하되므로 가열시간은 10~15분 정도로 조절한다.
- 선도에 따른 생선조림 : 신선할수록 조미료를 많이 사용할 필요가 없고 간도 약하게 하여 생선 자체의 맛을 살리도록 하며 가열시간도 짧게 한다.

【어취 제거하기】

- 물로 씻기 : 어취의 주성분인 트리메틸아민류는 수용성이며, 암모니아취도 물에 쉽게 용해되므로 물로 씻어주면 어느 정도 어취를 제거할 수 있다.
- 파 · 마늘 · 양파 · 생강 등을 사용 : 파 · 마늘 · 양파 등의 채소에 들어있는 황화아릴(allyl)류가 어취를 약화시키는 기능을 하며, 생강의 매운맛 성분인 결정성의 진제론(zingeron)과 유상의 쇼가올(shogaol)은 혀의 미뢰감각을 둔화시키고 어취물질을 변성시키기도 한다. 그러나 생강의 경우 어육단백질이 생강의 탈취작용을 저해하므로 먼저 어육단백질을 가열 변성시킨 다음 생강을 넣는 것이 효과적이다.

- 식초 · 레몬즙 및 기타 산류의 사용 : 어육의 아민(amine)류는 알칼리이기 때문에 산과 결합하면 어취가 약화된다. 특히 암모니아(ammonia) 취는 산류와 결합하면 소멸된다. 식초나 레몬을 생선조림에 첨가하는 것은 어취제거 효과뿐 아니라 준치와 같이 가시가 많은 생선의 가시를 연하게 해준다.
- 술 · 미링을 사용 : 알코올 음료에는 호박산(succinic acid)이 함유되어 있으므로 이 산이 어취를 억제할 뿐 아니라 생선의 맛도 향상시키는 효과가 있다. 미링은 설탕보다 효과적인 감미료로, 조림할 때 사용하면 어육단백질과 미링 사이에 아미노카보닐(aminocarbonyl) 반응을 일으켜 적절한 갈색과 향미를 형성하게 된다.
- 고추냉이 및 겨자 : 고추냉이나 겨자분말에 냉수를 넣고 교반하면 자극성 물질이 형성되는데, 이 자극성 향기물질이 바로 머스터드 오일(mustard oil, allyl isothiocyanate)이다. 머스터드 오일의 자극성은 미뢰를 둔하게 하여 어취를 약화시키는 기능을 한다.
- 무 · 셀러리 · 홍당무 : 이런 채소들은 강한 향기가 나며 생선을 조리할 때 약간만 사용해도 채소 속에 들어 있는 함황물질로 어취를 약화시키는 효과가 있다. 특히 무는 메틸 메르캅탄(methyl mercaptan)과 머스터드 오일이 들어 있어 어취 억제효과가 크다.
- 고추와 후추 : 고추의 캅사이신(capsaicin)과 후추의 차비신(chavicine)도 자극성 있는 매운 성분으로 어취를 약화시키는 데 효과가 있다.
- 된장 · 고추장 · 간장 : 된장이나 고추장은 특유의 향미와 흡착성이 있어서 어취를 제거하는 효과가 있다. 그러나 된장과 고추장은 흡착력과 점성이 강하므로 다른 조미료와 같이 사용하면 그 침투를 저해하므로 다른 조미료를 첨가하여 침투시킨 다음에 넣는다. 또한 간장은 생선을 조리할 때 가장 흔히 사용하는 조미료로, 간장의 염분은 단백질의 응고를 촉진시켜 살을 단단하게 할 뿐 아니라 날생선을 간장에 담가두면 단백질 중 글로불린(globulin)을 용출시키는 동시에 비린내도 함께 용출된다.
- 우유의 사용 : 생선을 조리하기 전에 우유에 담가두면 어취가 약해진다. 이는 첫째로 우유의 콜로이드 입자의 흡착력이 어취를 제거하기 때문이며, 둘째로 우유를 저온으로 가열할 때 코코넛과 같은 냄새를

내는 물질이 δ-데카락톤(decalactone)인데 이 물질이 어취제거 효과가 있기 때문이다. 따라서 우유로 생선을 처리하는 것은 효과적이며 서양조리법에 많이 이용된다.

③ 채소 및 기타 조림

채소조림의 경우 찜과 마찬가지로 질감과 색, 향의 변화가 일어난다.

풋고추조림의 경우 조리한 뒤 빛깔이 칙칙해지고 누렇게 퇴색되는 것은 엽록소가 열에 의해 파괴되었기 때문이다. 그리고 간장은 약산성인데 엽록소는 산에 의해 퇴색되는 성질이 있으므로 간장으로 간을 하여 조리하면 변색이 더욱 촉진된다.

우엉과 연근, 감자를 깎아 공기 중에 두면 곧 갈변된다. 이것은 이들 채소 안에 갈변을 일으키는 물질, 즉 기질과 효소가 존재하기 때문이다. 우엉과 연근에는 기질로 페놀화합물인 탄닌이, 감자에는 티로신이 들어 있다. 효소로는 각각 페놀라아제(phenolase)와 티로시나아제(tyrosinase)가 함유되어 있다가 절단에 의해 공기에 노출되면 퀴논(quinone) 화합물을 형성하게 되고, 퀴논 화합물은 계속 산화·축합되어 멜라닌(melanin) 색소를 생성하게 된다. 이런 갈변현상은 우엉이나 연근뿐 아니라 사과나 배, 복숭아 같은 과일에서도 일어난다.

【풋고추조림에서 주의할 점】

푸른색 채소조림의 색깔을 유지시키려면 단시간에 뚜껑을 열고 조리하도록 한다.

【우엉조림 및 연근조림에서 주의할 점】

우엉, 연근조림의 경우 갈변에 의해 흑갈색으로 변하고 간장 때문에 또 색이 진해지는데, 우엉과 연근을 조리할 때 식초를 이용하면 맑고 깨끗하게 할 수 있다. 우엉이나 연근 속에는 플라보노이드(flavonoid) 색소가 들어 있는데, 이것은 산성과 만나면 희게 되는 성질이 있으므로 신맛이 느껴지지 않을 정도로 식초를 약간 첨가하면 우엉이나 연근을 더 희게 만들 수 있다. 또한 식초는 연근의 끈적거리는 성분을 약화시키는 작용을 한다.

5 전 • 적

전

재료를 얇게 저며 옷을 입혀서 기름을 두른 번철에 지져낸 것을 통틀어 전 또는 전유어라고 한다.

1) 역사와 유래

《시의전서》〈제물부〉의 육어각색간랍, 일명 전유어란 항목에는 "정육을 얇게 저미고, 양은 튀하여 삶아 건져서 얇게 저미고, 처녑은 잎은 찢고 줄기는 칼로 자근자근 두드려 놓고, 각색 생선은 다 얇게 저며서 가루를 묻혀 달걀을 씌워 지진다. 간납 부치는 달걀은 깨뜨려서 휘젓되 소금을 조금 넣어야 한다."고 자세히 설명되어 있다.

전은 고기 · 생선 · 채소 등의 재료를 다지거나 얇게 저며서 꼬챙이에 꿰지 않고 밀가루 · 달걀로 옷을 입혀서 번철에 기름을 두르고 납작하게 양면을 지져내는 것인데, 납작하게 하는 것은 열을 잘 통하게 하기 위해서이다. 그러면 양면이 눌어서 착색이 되는데 이것을 일반적으로 지진다고 하는 이른바 건열지짐이다.

궁중에서는 '煎油花(전유화)'라고 적고 '전유어'라고 읽으며 일반 대중사이에서는 '저냐' 또는 그냥 '전(煎)'이라 한다. 또는 이것을 지짐개라고도 한다. 중국요리에서 전은 우리의 전유화와 비슷하면서 옷을 입히지 않고 오히려 빈대떡과 같은 부침개 종류로 볼 수 있다.

《시의전서》 육어각색간랍에서는 간을 얇게 저며서 맨으로 지져 깨소금을 안팎으로 묻힌 것, 고기를 양념하여 화전같이 부친 것, 쇠고기나 조개를 통째로 부친 것 등도 간납에 소속시키고 있으며 빈자떡이나 화전 같은 부침개도 간납에 소속되어 있음을 알 수 있다.

《조선요리법》에서는 당시의 요리서 가운데 유일하게 '간납류'를 독립시키고 있다. 그 내용을 보면 족편, 양전유어, 간전유어, 생선전유어, 조개전유어, 고추전유어, 알쌈, 밀쌈, 게전유어, 두릅전유어, 묵전유어, 잡느러미, 동아느러미, 박느러미, 향느러미, 누름적, 수란, 소금수란, 숙란 등을 들고 있다. 즙을 친 느르미・적・전유어・빈자떡 같은 부침개, 수란, 순대, 편육 등의 요리용어를 제시하고 있다.

빈대떡(빈자떡)은 문헌상 최초로 《음식디미방》에서 나타났는데, 여기에는 '빈자법'이라고 씌어 있고 《규합총서》에는 '빙쟈'라고 표시되어 있다. 이는 오늘날의 '국화전'과 같은 것으로 이것을 빈자 또는 빙자라고 하여 그 뒤 소를 넣지 않고 지져내어 이름은 그대로 빈자로 이어진 것 같다. 이것은 보통 부친다고 하여 부치개, 부침개로도 불린다. 그러나 평안도에서는 지짐개, 지짐이라고 하고 황해도에서는 막부치라고 하는 등 이름도 다양하다. 일본에서는 '오코노미야키'라 하는 유사한 형태의 음식이 있다. 평안도의 빈자떡은 지금 서울의 빈자떡에 비하여 크기가 3배나 되고 두께도 2배가 된다. 이전의 빈자떡은 제사상이나 교자상에 기름에 지진 고기를 괼 때 밑받침용으로 썼던 것이다.

2) 전의 종류

전유어는 반상은 물론 면상, 주안상, 교자상 등에 고루 놓이고 우리나라 찬물 조리법에는 기름에 튀기는 음식이 거의 없으므로 전유어가 기름섭취를 가장 많이 할 수 있는 찬물이었다. 전유어의 종류는 재료의 특성에 따라 육류전, 여패류전, 채소류전, 기타 전으로 분류한다.

(1) 육류전

쇠고기를 비롯하여 처녑, 간, 양, 부아 등 내장육을 고루 이용하였다. 쇠고기는 얇게 포를 떠서 그대로 육전을 부치기도 하고 곱게 다져서 두부와 합하여 동글납작한 완자를 빚어서 지지기도 한다. 처녑, 간, 양, 부아는 깨끗이 손질하여 냄새를 없애고 각기 특성에 맞게 처리하여 지진다.

(2) 어패류전

전감에 쓰이는 생선은 흰살생선으로 민어, 광어, 대구, 동태 등을 쓴다. 새우 · 패주는 잘 손질하여 잔 칼집을 넣고, 굴은 소금물에 씻어 건져서 물기를 없앤 다음 밀가루 · 달걀의 순으로 옷을 입혀서 지진다. 해삼전은 불린 해삼에 고기양념한 것을 채워서 지진다.

(3) 채소류전

애호박이나 연근은 둥글고 얇게 썰고, 풋고추 · 표고버섯은 소를 채워 넣어 부친다.

(4) 기타 전

그 밖의 전과 비슷하게 지지는 음식에는 녹두빈대떡, 파전, 달래전 등이 있다. 녹두빈대떡은 녹두를 불려서 갈아 고기 · 김치 · 나물 등을 넣어 둥글게 부치는데, 녹두전 · 녹두부침 · 녹두지짐 등으로도 부른다. 파전은 실파, 미나리와 해물을 가루 즙에 섞어서 지져낸다. 달래, 파, 미나리 등의 밀적은 묽게 푼 밀가루 반죽을 섞어 얇게 지져서 반상에 낸다.

3) 일반적 조리법 및 조리할 때 주의할 점

- 전유어를 부칠 때는 재료들을 신선한 것으로 밑손질을 하여 일정한 두께로 얇게 썰거나 생선 등은 저며서 포로 뜬다. 전에 사용되는 생선은 일반적으로 흰살생선을 사용하고 세장뜨기를 한 다음 얇은 편으로 만들어 이용한다.
- 준비한 재료에 소금, 후춧가루로 밑간을 한다. 일반적으로 소금간은 전을 부치기 직전에 하며 간을 하고 부치는 시간의 간격이 길면 삼투압 현상에 의해 생선에서 육즙이 흘러나오게 되기 때문에 소금의 농도도 희석이 되고 탈수현상에 의해 생선의 질감도 건조한 느낌을 받게 된다.
- 밑간을 한 재료에 밀가루를 얇게 묻힌 다음 달걀 푼 것에 차례로 담갔다가 달군 번철에 기름을 두르고 지진다. 어육의 경우 가열에 의하여 기물에 부착하는 성질이 있는데, 토막친 생선을 석쇠에 굽거나 생선조림을 할 때 조리기구 밑에 달라붙는 것을 말한다. 이러한 응착성

은 50℃ 부근에서 나타나 온도가 높아질수록 강하게 된다. 이러한 어육의 응착성에 영향을 미치는 것은 미오겐(myogen) 단백질의 성질 때문이다. 미오겐 단백질은 펩티드(peptide) 사슬이 구부러진 구상단백이나 가열에 의해 안정되어 있던 분자 내 결합이 끊겨 펩티드 결합이 떨어지며 유리활성기를 갖게 되고 이렇게 나타난 유리활성기가 금속에 붙는 것이다.

그러므로 생선을 굽거나 프라이팬에서 익힐 때는 기름을 두르고 금속표면에 기름막을 형성하여 단백활성기와 금속의 직접적인 반응을 막도록 하는 것이 바람직하다. 또한 이에 이용되는 프라이팬도 수지가공 처리한 것을 사용하는 것이 좋다.

- 재료에 밀가루와 달걀을 묻힐 때 한꺼번에 미리 묻혀 놓지 않도록 한다. 밀가루를 묻혀서 겹쳐 놓으면 수분이 나와 밀가루가 한편에 몰려서 묻는다.
- 전유어를 지질 때 달구어진 번철에 기름을 두르고 중불보다 약하게 하여 양면을 고루 지진다.
- 지져낸 전유어는 채반에 꺼내어 한 김을 식힌 다음 접시에 담는다. 더운 전을 겹쳐 담으면 달걀옷이 쉽게 벗겨진다. 전은 대개 한 가지만 하지 않고 세 가지 이상을 만들어 어울려서 한 그릇에 담는다.

【달걀의 이용】

달걀은 다양한 색, 향기, 점성, 유화성, 응고성, 기포성 등의 식품학적 성질을 지니고 있으므로 식품을 조리할 때 널리 이용된다. 특히 열이나 산, 알칼리, 기계적 교반 등 달걀을 응고시키는 요인은 농후제 · 청정제로 달걀을 이용할 수 있도록 하며, 전이나 만두속에서 여러 재료들을 결합시켜 주는 결합제로서의 역할도 한다.

표 3-5. 달걀의 이용

이용범위	음 식
응고성의 이용 · 농후제(thickening agent) · 결합제(coating or binding agent) · 청정제(clarifying agent)	 알찜 만두속, 전 맑은장국
기포성의 이용 · 팽창제(leavening agent) · 간섭제(interfering agent)	 angel food cake, meringue candy, sherbert
유화성의 이용 · 난황의(lipoproteins) 유화제(emulsifying agent)	 마요네즈
색	알지단
향기	각종 음식

【지단부치기】

지단을 얇게 부치려고 할 때 뜨거운 번철에 난액을 부으면 온도는 갑자기 내려가지만 그때의 온도가 100℃ 이상인 경우는 온도가 높을수록 자유수의 대부분이 순간적으로 증발하여 동시에 단백질이 응고되므로 표면이 곱게 된다. 100℃ 이하인 경우는 수분이 재빠르게 증발하지 못하므로 단백질이 응집하여 표면이 거칠게 되거나 전체가 젤리상이 된 다음 응고하므로 유연한 상태가 된다. 또한 기름을 두른 그대로 난액을 부으면 기름이 균질한 상태의 유막을 만들지 않으므로 난액이 떠올라와 구어지므로 곰보같이 우툴두툴한 면이 생성된다.

난액에 전분을 넣어 구으면 자유수와 결합하여 호화하므로 수분의 증발이 적기 때문에 지단의 수분은 비교적 많이 보유되고 굽기 쉬워진다. 그러나 전분을 3% 정도 넣으면 구어진 것이 허옇게 되어 색이 나빠지므로 2% 정도가 적당하다. 난액에 설탕을 5～10% 넣으면 자유수에 설탕이 녹아서 이것이 단백질의 준결합수를 빼앗기 때문에 자유수의 양이 많아진다. 자유수는 가열에 의해 증발하기 쉬우므로 수분이 적어서 타기 쉬운 원인이 된다.

Q & A

유지에 대해 알고갑시다.

유지는 일반적으로 식물성과 동물성으로 나뉘는데, 액상을 유(oil)라 하고 고체 상태를 지방(fat)이라고 부른다. 유지는 지방산과 글리세롤(glycerol)로 구성되는데 지방산의 종류에 따라 여러 가지 지방 또는 기름이 형성된다. 식용유지에 가장 흔히 함유되어 있는 지방산은 스테아르산(stearic acid), 팔미트산(palmitic acid), 올레산(oleic acid)이며 리놀레산(linoleic acid)은 식물성 기름에 주로 함유되어 있다.

식용유의 융점은 낮은 것이 좋은데 체온보다 융점이 높으면 입안에서 녹지 않아 맛이 나쁘기 때문이다. 돼지고기의 융점은 체온보다 낮으므로 찬 편육의 형태로 먹을 수 있고 쇠고기의 경우는 융점이 높기 때문에 차갑게 식힌 상태에서 고깃국을 먹으면 입안에 기름이 끼는 느낌을 받는다.

적

적은 육류에 채소, 버섯 등을 양념하여 꼬챙이에 꿰어 구운 것으로 산적, 누름적, 기타 등 크게 세 가지로 나눌 수 있다. 산적은 익히지 않은 날 재료를 양념하여 꼬챙이에 꿰어서 직접 불에 굽거나 번철에 굽는다. 누름적은 재료를 양념하여 익힌 다음 꼬챙이에 꿴 것이고, 재료를 양념하여 꼬챙이에 꿰어서 전을 부치듯이 밀가루와 푼 달걀을 입혀서 지지는 방법도 있다. 누름적은 누르미라고도 한다.

1) 역사와 유래

《옹희잡지》에서는 산적을 만들 때는 살진 쇠고기를 2~3치[寸] 길이로 잘라서 유장에 담갔다가 참깨를 뿌리고 대꼬챙이에 꿰어 양쪽을 고르게 자르고 숯불 위에 굽는다고 했다. 염통·간·밥통·처녑 등의 고기를 서로 섞어서 대꼬챙이에 꿰어 구운 것을 잡산적이라 하고, 구운 다음 장을 묻힌 것을 장산적이라 한다. 산적은 양념하여 대나무 꼬챙이에 꿰어 옷을 입히지 않고 석쇠에 얹어 숯불에 쬐어 굽는 것이다. 그러나 번철에 지지는 경우도 있는데 이렇게 지지는 것을 전이라 하지 않고 적이라고 한다. 우리나라도 지지미와 적이 혼동되어 사용되기 시작하였다.

《규합총서》에는 무릇 고기를 구울 제 참깨꽃을 말리어 가루내어 그 위에 약간 뿌리면 기름이 흘러내리지 않는데 산적도 이 방법으로 구워야 좋다고 씌어 있다. 《증보산림경제(增補山林經濟)》에는 적에 대하여 다음과 같이 수록되어있다.

- 잡산적 : 안심살, 염통, 간, 양, 처녑 등을 섞어서 꼬챙이에 꿰어 구운 것이다.
- 장산적 : 잡산적과 같이 한 다음 바싹 말렸다가 다시 단간장, 막장, 고추, 천초 등을 섞어 포도즙 색이 되게끔 발라가며 굽는다.
- 수계적 : 통닭의 배 속에 간장, 기름을 바르고 봉하여 물에 적신 짚으로 몇 겹 동여매거나 진흙을 발라 모닥불에 파묻어 굽는다. 이때 닭을 쌀뜨물에 담그면서 굽다가 기름, 간장, 후춧가루를 발라 마감 구이를 하였다.
- 아저적 : 아저를 적으로 한 요리이며, 양념을 하되 구울 때는 특히 돼지의 지고를 바르면서 굽도록 한다.
- 동아증견법 : 개고기를 기름, 소금, 간장, 술로 조미하여 큼직한 동아 속에 가득 채워 뚜껑을 한 다음 소금과 진흙 갠 것을 동아 주위에 두껍게 발라 모닥불에 묻어 굽는다.
- 마작적 : 참새의 뼈를 빼고 등을 붙여 갈라 타평하고 꼬챙이에 꿰어 기름, 소금을 묻혀 굽는다.
- 붕어적 : 붕어는 비늘 채로 구워야 맛이 있으므로 비늘이 떨어지지 않도록 냉수를 바르면서 굽다가 기름, 장을 바른다.
- 해적 : 게의 살과 장을 모두 꺼내어 녹말가루나 밀가루를 섞어서 대나무통을 쪼개어 그 속에 담아 동여매어 봉하고 찐 다음 꺼내서 꼬챙이에 꿰어 산적으로 한다.

채소류의 방법에 대해서는 《음식디미방》에 누르미라고 표현한 음식이 있다.

- 동아 누르미 : 동아 저민 것에 다진 고기, 채소류를 후춧가루에 무쳐서 넣고 둥글게 말아 꼬챙이에 꿰어 중탕으로 찌거나 기름에 지져서 즙

액을 걸쭉하게 만들어 붓는다.

• 가지 누르미 : 가지에 단간장, 기름, 밀가루를 얹어서 굽고, 간장국에 기름, 파, 밀가루를 넣어 만든 즙액에 썰어 담는다.

• 대구껍질 누르미 : 대구껍질에 고기 · 채소를 후춧가루 · 천초로 무쳐서 넣어 둥글게 말아 밀가루 갠 것으로 가장자리를 붙여 기름에 지지거나 삶은 다음 생치즙에 밀가루를 풀어 만든 즙액을 얹는다.

• 개장꽂이 누르미 : 살짝 삶은 개고기를 저며 기름 · 간장 · 후춧가루로 조미한 다음 꼬챙이에 꿰어 굽고, 여기에 생치즙 · 막장 · 후추 · 천초 · 생강 · 밀가루를 끓여 즙액을 만들어 얹어서 대접한다.

1700년대까지의 조선시대 조리서에서 누르미는 재료를 찌거나 구워서 익힌 다음 밀가루 등을 풀어서 익혀 걸쭉하게 끼얹는 음식으로 오늘날 중국요리의 유(溜, lhiou)채의 조리법에 해당하였다. 그러나 그 뒤에는 이러한 누르미 · 누름적 등으로 옷을 입혀서 지지는 방법으로 바뀌었다.

《증보산림경제》에는 들놀이에서 즉석에서 굽는 음식이 소개되어 있다.

• 유산적이 : 송이버섯을 역 엽(굴참나무잎)이나 박 잎으로 여러 겹 싸거나 진흙을 발라 모닥불에 묻어 구워서 소금이나 간장을 찍어 먹는다.

• 유산적궐 : 고비를 자치(암꿩)의 뱃속에 가득 채워 담아서 진흙으로 봉하여 장작불로 1～2시간 구운 다음 꺼내서 초장에 찍어 먹는다. 이때 닭으로 대신해서는 안 된다.

2) 적의 종류

(1) 산적

육류나 생선, 채소 등을 길게 썰어서 양념하여 꼬챙이에 번갈아 꿰어서 직화나 번철에 굽는 방법이다. 바로 구우면 간이 충분히 배지 않으므로 잠시 두었다가 굽는다. 굳은 떡이나 당근 등 익는 데 시간이 걸리는 딱딱한 재료는 미리 살짝 익혀서 다른 재료와 합하여 꿰도록 한다. 산적은 꼬챙이의 한쪽 끝에서 1cm 정도 떼고 꿰어야 뒤집을 때 편리하다. 그리고 육류와 채소를 번갈아 끼울 때 가장자리에 육류가 오도록 하여야 굽는 동안에 빠지지 않는다.

① 파산적

실파와 쇠고기를 꼬챙이에 꿰어서 굽는 산적으로, 겨울철에 노란색 움파를 이용하여 만든다. 쇠고기를 많이 끼우면 쇠고기산적이 되고 버섯을 많이 끼우면 버섯산적이라 한다.

② 송이산적

가을철의 별미인 송이버섯과 쇠고기를 번갈아 꼬챙이에 꿰어서 만든 산적이다. 표고버섯, 느타리버섯 등도 같은 방법으로 만든다.

③ 떡산적

겨울철에 흰떡, 쇠고기, 실파 등을 꼬챙이에 꿰어서 굽는 산적이다.

④ 사슬적

흰살생선을 막대 모양으로 썰어 다진 고기를 붙여서 굽는 산적이다.

(2) 누름적

누름적은 화양적처럼 일단 익힌 재료를 꿴 것과 김치적처럼 날재료를 양념하여 꼬챙이에 꿰어서 옷을 입힌 경우가 있다. 익힌 재료는 가운데 부분에 꿰도록 하고 지짐 누름적은 익힌 다음 그릇에 담을 때 꼬챙이를 빼고 먹기 쉽게 두세 조각으로 썰어서 가지런히 담는다.

① 잡누름적

쇠고기와 불린 해삼, 전복과 채소를 양념하여 익혀서 꼬챙이에 꿰어낸 누름적이다.

② 화양적

쇠고기와 도라지, 표고버섯, 달걀지단 등을 익혀서 꼬챙이에 꿴 누름적이다.

③ 두릅적

두릅은 봄철에 두릅나무에 돋는 연한 순으로 향이 매우 강하고 향기롭다. 데친 두릅과 쇠고기를 번갈아 꼬챙이에 꿰어 밀가루와 푼 달걀을 입혀서 지진 누름적이다.

④ 김치적

겨울에 배추김치와 쇠고기, 표고버섯, 도라지 등을 대꼬챙이에 꿰어서 전을 부치듯이 밀가루와 푼 달걀을 입혀서 지진 누름적이다.

(3) 기타

이 밖에 꼬챙이에는 꿰지 않으나 다진 쇠고기와 두부를 합하여 얇게 펴서 반대기를 한 장으로 만들어서 굽는 섭산적과 이를 다시 간장에 넣고 졸여낸 장산적이 있다.

① 장산적

다진 쇠고기와 곱게 으깬 두부를 양념하여 넓게 펴고 구워낸 다음 조림간장을 넣고 끓여서 졸인다.

② 섭산적

과거에는 섭산적을 할 때 석쇠에 그대로 굽지 않고 창호지를 물에 적셔서 펴놓고 그 위에 고기를 구웠는데, 고기가 타지 않고 탄 냄새가 덜 나게 하려는 것이다.

3) 조리과정에서 일어나는 이화학적 변화와 조리할 때 주의할 점

적의 조리방식은 고온의 금속판에서 전도열, 방사열, 대류열을 이용하여 음식을 익히는 방식이다. 식품을 그대로 양념하고 밀가루, 푼 달걀을 이용하여 표면을 씌운 다음 석쇠나 프라이팬 등에 굽는다. 이렇게 하면 식품의 휘발성분이나 즙액은 내부에 남으므로 식품 특유의 향기가 발산되지 않도록 막을 수 있다.

단백질 요소가 꼬챙이에 꿰어져서 이용되는데 육단백질의 경우 공존하고 있는 지방, 당, 염류 등의 영향을 받으므로 단독 단백질일 때의 응고점보다 높은 65℃ 부근에서 응고한다. 또한 결합조직의 대부분을 구성하는 콜라겐은 60～65℃에서 가열하면 정상 길이의 ⅓～¼로 수축하여 고무상으로 변화하게 된다.

고기를 60℃ 이상으로 가열하면 응고가 시작되고 수축이 일어나는데 길이와 너비는 수축되고 두께는 충분히 가열될 때까지 증가하게 된다. 따라서 꼬챙이에 꿰어서 적을 만들 때는 길이가 줄어들므로 채소 길이보다 1～1.5cm 정도 길게 잘라야 조리한 다음 길이가 비교적 일정해진다.

6 구 이

구이는 인류가 불과 기구를 이용한 이래 가장 오래 이용되어 온 조리방법으로, 식품 재료를 직화에 얹어서 조리하는 방법이다.

1) 역사와 유래

구이는 기본적 조리법으로 우라나라에서는 적(炙)이라고 하여 조리방법이 일찍부터 발전하여 왔다. 우리나라에는 예로부터 맥적(貊炙)이라는 고기구이가 명물이었는데 《조선상식문답》을 보면 맥(貊)은 동북의 부여계 민족을 가리키고 적(炙)은 고기 직화구이를 일컫는 말이었다. 구이란 꼬챙이에 꿰거나 석쇠, 적쇠로 직접 불에 굽는 방법과 철판이나 돌 위에서 굽는[燔] 전도의 방식을 이용한 방법으로 나뉜다.

고려시대에 접어들면서 불교의 영향을 받아 소의 도살법이나 요리법이 잊혀졌으나, 고려 말 몽고의 지배에 들어가기 시작하면서 다시 맥적을 되찾게 되었고, 이러한 맥적이 발달하여 설야적(雪夜炙)의 방법으로 연결되었으며, 다시 오늘날의 불고기로 이어졌다.

《증보산림경제》에서는 〈서원방〉을 인용하여, 쇠고기를 썰어서 편을 만들고 이것을 칼등으로 두들겨서 연하게 한 것을 대나무 꼬챙이에 꽂아서 유장으로 조미한 다음 간이 충분히 스며들면 숯불에 굽는다고 하였는데 이는 지금의 불고기이다. 이것이 더욱 발전되어 구운 것을 급히 물에 한번 담갔다가 꺼내어 굽고 또 물에 담그는 일을 세 번 되풀이하여 기름을 바른 후에 또 굽는다고 하였다.

〈해동죽지〉에서는, 설야적은 개성지역에서 예로부터 내려오는 명물로 쇠갈비나 염통을 조미하여 굽다가 반쯤 익으면 냉수에 잠깐 담갔다가 센 숯불에 다시 구워 익히는 것이라고 하였다. 눈 오는 겨울밤에 술안주에 좋고 고기가 몹시 연하여 맛이 좋다고 하였다. 얇은 고기를 계속 굽기만 하면 타버릴 것이므로 굽는 도중에 찬물에 넣었다가 건져서 구우면 속까지 연하게 잘 구워진다.

19세기 말엽의 《시의전서》에는 갈비・염통 등을 양념하여 물에 담그지 않고 그대로 직화에 구워낸다고 하고, 또한 정육을 저며 잘게 칼질하여 양념한 다음 직화에 쬐어 구이하는 것을 너비아니라고 하였다. 그 뒤 너비아니는 불고기의 궁중용어로 쓰였으며 오늘날의 불고기를 뜻하는 것이다.

2) 구이의 종류

일반적으로 구이에 사용되는 재료는 쇠고기・돼지고기・양고기 등이고 토끼・개 등의 육류를 식용으로 많이 사용하였으며, 가금류로는 닭을 많이 이용하였다. 또한 채소 중에서도 구워서 사용하는 것이 있었는데, 감자나 고구마 등의 서류가 이에 해당된다.

육류 가운데 한우의 종류도 다양하여 표 3-6처럼 그에 따른 특성을 지니고 있다. 특히 각 부위별 사용방법이 분류되어 있어 한식의 경우 각 부위에 따른 사용법을 제시하고 있다.

표 3-6. 한우의 종류 및 특징

종 류	특 징
개군 한우 (양평 초우)	・수소는 모두 거세 : 육질을 부드럽게 해줌. ・사육기간 23~24개월, 평균 출하무게 600kg 내외.
언양 한우	・조사료의 급여를 최대로 늘리며, 기별사양이 맞는 농후사료 급여. ・말기에는 조사료 집중 급여, 농후사료는 양 줄여 급여.
안동 초우	・생후 22~24개월 동안 장기 비유하여 완숙(600kg) 소 출하. ・육질 개선 위해 출하 2개월 전부터 한약제 첨가 사육. ・소를 매일 맛사지함. 냉장육 상태에서 유통. ・적당히 질기고, 껌을 씹는 것 같은 촉감, 고소한 향, 맛이 있음.
대구 팔공 상강우	・고기 속에 지방이 서리가 내린 것처럼 곱게 박혀 있음. ・24개월 정도 비육, 도축한 뒤 냉장고에서 일정 기간 숙성.
제천 박달 한우	・송아지 때부터 참나무잎 사료 급여, 육질 고급.

표 3-7. 각 부위별 용도 및 특징

부 위	용 도	특 징
등심	불고기, 로스구이, 샤브샤브, 스테이크	꽃등심이 가장 맛있으며 구이용으로 적합하다.
안심	스테이크, 볶음요리	가장 연하고 지방이 적어 담백하다. 양념은 굽기 바로 전에 한다.
채끝	찜, 국, 찌개, 전골	고깃결이 연하고 지방이 적다. 하얀색의 젤라틴 조직이 있다.
사태	찜, 편육, 맑은장국, 스튜	운동량이 많은 부위로, 힘줄이 있고 아교질이 많아 오랫동안 조리해야 한다.
양지	편육, 육개장, 장조림, 스튜	국물을 낼 때 사용한다. 기름기가 적고 질긴 편이다. 고깃결대로 찢어진다.
우둔	육회, 육포, 조림, 맑은장국	기름기가 전혀 없는 순살코기로 얇게 썰어 육회에 사용한다. 참기름을 사용한다.
갈비	구이, 찜, 탕	육질이 거칠고 단단하지만 지방이 끼어 있어서 맛이 진한 편이다.
선지	국	소의 피로 갓 잡아 싱싱한 것으로 끓는 물에 데쳐서 사용한다.
잡뼈	국, 찌개국물, 육수	갈비나 사골보다 값이 싸서 경제적이다. 국이나 찌개국물로 사용한다.
사골	곰국	도가니와 같이 곰국 재료로 사용한다. 국물이 진하다.
곱창	구이, 전골, 곰국	연보라빛을 띠면서 선명하고 윤기가 있는 것이 좋다.
양	곰국, 구이, 부침	소의 위로, 두꺼울수록 연하고 소화도 잘되며 길머리를 최고로 친다.
처녑	회, 전	소의 세 번째 위로, 오돌오돌 씹히는 맛이 있다.
우설	소금구이, 편육	육질이 단단하여 익히는 시간이 길지만 감칠맛이 있다.

표 3-8. 각 부위별 명칭 및 사용범위

대분할	소분할
안심	안심살
등심	윗등심살, 아랫등심살, 꽃등심살, 살치살
채끝	채끝살
목심	목심살
앞다리	꾸리살, 갈비덧살, 부채살, 앞다리살
우둔	우둔살, 홍두깨살
설도	보섭살, 설깃살, 도가니살
양지	양지머리, 업진살, 차돌백이, 치마살
사태	아롱사태, 뭉치사태, 앞사태, 뒷사태
갈비	갈비, 마구리, 토시살, 안창살, 제비추리

(1) 구이를 이용한 조리방법

① 쇠고기를 이용한 경우

- 너비아니 : 안심, 등심을 주로 이용하여 센불에서 구워낸다. 불고기를 할 때 양념에 지나치게 오랫동안 담가 놓으면 삼투압 현상에 의하여 근육 내의 수분이 유출되어 질기고 맛도 좋지 않게 된다. 설탕에 먼저 버무려 두었다가 양념하면 효소작용이 활발하여 고기가 연해진다.

② 돼지고기를 이용한 경우

- 돼지고기구이 : 돼지고기를 얇게 저며 고추장으로 맵게 양념하여 구운 것이다.

③ 닭고기를 이용한 경우

- 닭구이 : 닭다리살은 갈라 펴서 잔칼질을 하고, 날개는 꺾어진 부분을 잘라 손질해서 양념을 해 30분 동안 재워두었다가 굽는다.

④ 어패류를 이용한 경우

- 소금구이 : 어패류 고유의 맛을 가장 잘 느낄 수 있는 방법이다.
- 단간장구이 : 지방이 많은 생선으로 살이 두꺼운 생선, 선도나 지미가 덜한 생선에 간장 · 술 등의 조미료를 써서 맛을 보충하는 구이법이

다. 생선을 조미료에 담갔다 굽기도 한다.

- 양념구이 : 간장, 고추장에 파, 마늘, 기름, 깨소금, 설탕으로 양념을 해서 굽는 구이법이다.
- 다래구이 : 재료에 양념구이와 같은 조리법을 사용하고 윤기를 내면서 굽는 방법이다. 생선을 조미액에 담갔다가 굽든지 구우면서 솔로 조미액을 발라가면서 타지 않게 말리듯 윤기를 낸다.
- 기름구이 : 프라이팬이나 철판 등에 기름을 두르고 타지 않게 굽는 방법이다.

3) 구이의 조리원리

(1) 육류의 근육 구조와 구성성분

우리가 식용으로 하는 육(肉)은 근섬유·지방조직·결체조직 등으로 구성되어 있는데, 근육 즉 순살코기 부분은 근섬유로 이루어지며 근섬유 안에는 점도가 높은 액체가 들어 있어 이 액체를 근장이라 부른다. 이러한 근섬유의 묶음은 더욱 더 큰 섬유가 되어 1, 2차 근속이 되고 이러한 근속이 모여 근육을 형성한다.

일반적으로 근속의 크기가 클수록 섬유의 거친 질감을 나타내고, 근속의 크기가 작은 경우에 부드럽고 매끈한 질감을 갖는 동시에 연한 정도와 연관성을 지니고 있다. 근육섬유의 길이와 결체조직의 양은 동물의 연령, 종류, 성, 노동의 양 및 사료의 종류에 따라 다르다.

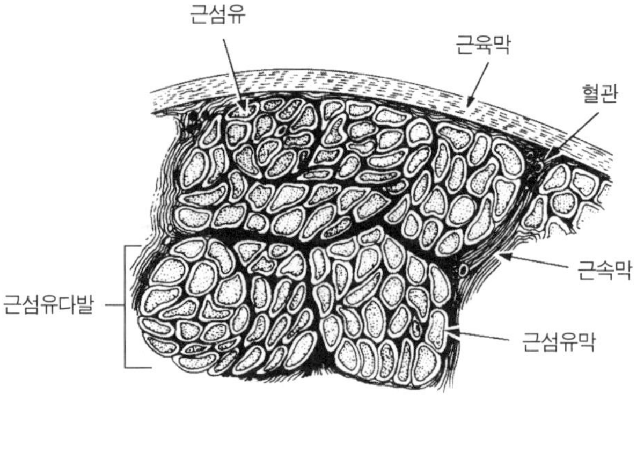

그림 3-4.
근섬유의 형태

지방조직은 근육 사이에 작은 백색의 반점같이 산재되어 있으며 이를 마블링이라고 한다. 이는 연한 고기의 질감을 형성할 뿐 아니라 입에 닿는 촉감, 풍미 등이 우수한 육질을 형성한다.

(2) 육류의 사후경직과 자가숙성

① 사후경직

동물은 도살 직후의 효소작용, 미생물의 작용, 이화학적 작용에 의해서 육질이 단단해지는 현상이 발생하는데 이를 육류의 사후경직이라 한다.

사후경직은 도살 후 방혈을 하게 되면 근육조직 내에 산소가 부족하기 때문에 혐기적인 상태에서 해당작용이 일어난다. 그 결과 젖산이 생성되며 따라서 근육 내의 pH가 떨어지는 현상이 일어난다.

이때부터 다음과 같은 세 가지 이유 때문에 경직현상이 일어나게 된다.

- 첫째, pH가 6.5 정도로 떨어지면 크레아틴인산과 ATP에서 무기인산을 생성하는 효소 포스포타아제(phosphotase)가 활성화되어 ATP와 크레아틴인산이 분해된다. 이렇게 되면 ATP와 결합하고 있던 미오신(myosin)이 떨어져 나와 액틴(actin)과 결합함으로써 액토미오신(actomyosin)을 형성하여 경직된다.
- 둘째, 젖산 생성에 의한 pH의 저하로 경직된다.
- 셋째, ATP의 분해로 단백질의 수화를 방해하는 Ca^{++}의 작용을 억제하는 ATP의 손실로 인한 단백질의 탈수 때문에 경직이 일어난다.

② 자가숙성

이러한 경직의 상태는 시간이 경과하면 다시 풀려 근육은 연화되는데 이를 해경이라고 한다. 해경한 후 계속 0~4℃의 온도에 저장하면 근육 자체에 존재하는 효소에 의한 자가분해로 육은 더욱 연해지고 풍미 있게 된다.

고기의 숙성에는 pH가 영향을 주는데, 적정한 pH는 산성(pH 4.0 이하)과 염기성(pH 8~10)이 자가소화하기에 가장 알맞다. 이 과정에서 특유의 좋은 맛과 향기가 생기는데 주로 IMP(이노신산)가 생겨나기 때문이다.

고기의 숙성은 육류의 종류에 따라 다른데, 일반적으로 0℃에서는 10~14일이 필요하지만 쇠고기의 경우는 5℃에서 7~8일, 10℃에서 4~5일, 15℃에서 2~3일이 필요하다. 온도가 높으면 빨리 숙성하나 미생물 번식에 좋은 조건이 되므로 적당하지 않다.

4) 조리과정에서 일어나는 변화

일반적으로 구이를 하기 위해 재료를 양념에 무쳐놓았다 굽게 되는데, 양념하는 순서에 따라 맛과 질감의 차이가 나타난다. 설탕, 배즙, 생강즙 등은 근육 내의 효소작용을 활발하게 하여 연화작용을 한다. 따라서 이러한 양념에 무쳐두었다가 잠시 뒤 참기름을 제외한 다른 양념을 넣고 간이 배도록 한다. 그러나 간장에 오래 재워두면 삼투압에 의해서 근육 속에 즙액이 용출되어 고기의 질감에 나쁜 영향을 미치게 된다. 따라서 가능하면 양념한 다음 30분 이내에 굽는 것이 좋다. 참기름은 굽기 직전에 첨가하는 것이 바람직한데, 이를 먼저 넣게 되면 양념이 근육 속으로 침투하는 것을 방해하여 내부까지 양념 맛이 배지 못하게 된다.

구이는 가열 중에 타는 일이 발생하는데, 적당히 구울 때 나는 탄맛(캐러멜화)은 식품 특유의 풍미를 준다. 별로 좋지 않은 냄새를 가진 수조육류는 구이의 방법으로 가열을 하면 캐러멜 반응으로 더 좋은 풍미로 개선된다.

육즙과 조미액이 조리과정에 유출되어 불 위에서 타게 되면 좀더 복잡한 맛을 내게 되는데 그 연기에 그을리면 더욱 더 풍미가 다양해지며, 숯 특유의 냄새가 더하여져 식욕을 촉진하는 역할도 한다.

육류의 경우 식욕을 촉진하는 붉은색에서 갈색이나 회색의 독특한 색으로 변하게 된다. 육류의 종류에 따라 차이가 있지만, 붉은색을 나타내는 색소는 육색소인 미오글로빈과 혈색소인 헤모글로빈의 색소단백질이 포함되어 있다. 고기가 절단되어 표면에 공기가 접촉되면 산소와 결합하여 선명한 적색의 옥시미오글로빈이 형성된다. 익힌 고기의 경우 냉장고에 2~3일

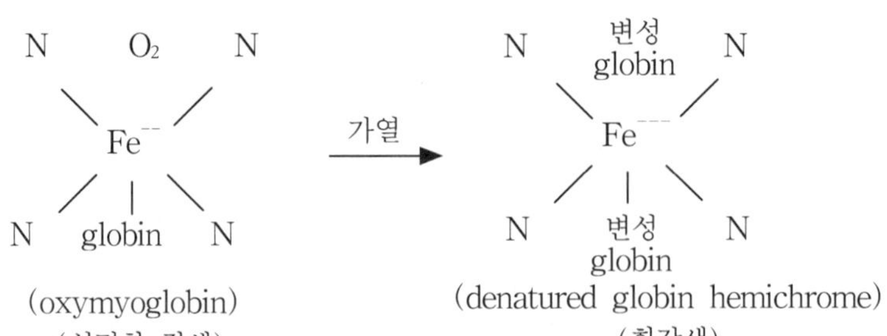

그림 3-5. 가열했을 경우 육류의 색소변화

보관하면 산패취가 나는 것은 변성 글로빈 헤미크롬(globin hemichrome)이 주원인이며, 산화형인 제2철은 지방의 산패를 촉진한다.

5) 육류를 구이하는 동안에 일어나는 바람직하지 않은 현상들

육류를 조리하는 목적은 고기의 맛을 향상시키고 색을 변화시키며, 근육을 연하게 하여 소화를 돕고, 고기에 오염되어 있는 세균 및 기생충을 사멸시킴으로써 안전하게 식용할 수 있도록 하는 데 있다.

(1) 열에 예민한 영양소의 파괴

조리열에 의해서 가열하는 경우 육단백질의 함량은 영향을 받지 않고 비타민 B 복합체 가운데 리보플라빈(riboflavin), 니아신(niacin) 그리고 판토텐산(pantothenic acid)도 비교적 변화가 적다. 그러나 티아민(thiamin)은 열에 가장 예민하므로 낮은 온도에서 조리하여야 변화가 적다.

(2) 표면 건조 및 수축

불고기를 약한 불로 구우면 굽는 시간이 오래 걸려 표면이 건조해지고, 너무 센불로 구우면 익기 전에 타거나 단백질이 급격히 수축되어 질기고 맛이 떨어진다.

6) 육류의 연화에 이용되는 방법

(1) 기계적인 방법

길게 나열되어 있는 근섬유를 단면으로 잘라 잘게 만들거나 칼질하여 다지는 방법이 있다. 기계에 의하여 갈아내거나 불고기 같은 경우 근섬유의 단면을 얇게 썰어내기도 한다. 또한 칼등이나 고기망치로 두들겨서 연화시키는 방법도 물리적인 연화방법에 해당한다.

(2) 수화에 의한 방법

적절한 농도의 간장이나 소금(1.3～1.5%)을 이용하여 수화력을 증가시키는 방법이 있으나 과량인 경우 수분이 유출되어 질겨진다.

(3) 숙성에 의한 방법

사후경직 후 숙성시키는 방법은 앞에서 설명하였다.

(4) 효소에 의한 방법

파파야 · 무화과 · 파인애플 · 생강 등에는 단백질을 분해하는 효소가 들어 있는데, 파파인(papain) · 피신(ficin) · 브로멜린(bromelin) · 프로테아제(protease) 등이 그것이다. 이들은 실온에서는 서서히 작용하나 60~70℃에서는 활발히 작용한다. 분말형태로 상품화하여 판매하기도 하는데 연화에 이용되는 효소는 적당량을 사용하여야 한다. 모든 연화에 관련된 물질들은 과량으로 사용하면 오히려 질감을 지나치게 연화시켜 문제가 되기도 한다. 특히 키위는 프로테아제를 함유하고 있는데 과량 사용할 경우 육류조직이 심하게 연화될 수 있다. 그러므로 쇠고기 600g에 키위 반 개씩 넣으면 적당하다.

Q & A

냉동육을 해동하는 방법은?

냉동육을 이용하여 조리하기 위해서는 먼저 해동해야 한다. 냉장고 안에서 해동하는 방법은 실온에서 해동하는 방법에 비해 3배의 시간이 걸리지만, 가장 안전하고 맛과 질감을 유지하는 데 적절하다. 시간 여유가 없는 경우에는 비닐 봉지에 담아 흐르는 수돗물에 담가 해동하는 방법이 있는데, 육류의 품질 측면에서 보면 바람직하지 않다. 냉동육을 그대로 조리하는 경우에는 해동육보다 50% 정도 시간이 더 필요하다.

7 생채 · 숙채

일상으로 쓰이는 나물이란 용어는 여러 가지 재배되는 채소와 산나물, 들나물 그리고 버섯류를 데쳐 양념에 무치거나 기름에 볶으면서 양념하여 만드는 숙채류를 말한다. 넓은 의미로는 생채류나 다른 식품과 혼합하여 만드는 잡채, 냉채류까지 포함하여 사용하기도 한다. 생채나 숙채는 우리 일상식의 부식 가운데 가장 기본적이고 일반적인 음식의 하나로 이용되어 왔다. 이들 생채나 숙채에 사용되는 재료로는 모든 채소와 버섯, 나무의 새순 등이 사용되었는데 따라서 이러한 채소는 우리 민족에게 중요한 반찬으로서 중요한 자리를 차지하고 있다. 우리의 일상 반상차림 중에서 가장 간단한 3첩 반상에도 김치 · 숙채 · 생채는 기본적으로 사용되어 영양학적 면에서 볼 때도 매우 우수한 식단이며, 냉온의 조화 및 색채의 조화면에서도 매우 과학적인 면을 엿볼 수 있다.

나물을 언제부터 먹기 시작했는지는 문헌의 기록으로 확인하기 어려우나 자연식품으로 일찍부터 정착되어 보급된 음식이었을 것으로 추측된다. 삼국시대 말 무렵부터 주 · 부식이 분리되면서 무 · 죽순 · 상추 · 가지 · 쑥 · 마늘 등이 재배된 기록이 있으며, 미나리와 오이는 통일신라 때부터 문헌에 나온다. 고려시대에 와서는 숭불사상에 따른 육식의 절제 및 잦은 기근 등이 산과 들에 나는 나물을 식품으로 이용하는 데 많은 영향을 미쳤을 것으로 보인다.

이러한 채소요리는 절식 · 제례 등에서도 빠짐없이 포함되었는데, 제례음식의 삼탕삼적에는 삼색나물, 오탕오적에는 오색나물이 한 그릇에 담겨졌다. 대보름날이 되면 진채식이라 하여 아홉 가지 이상의 나물, 즉 고사리 · 고비 · 취나물 · 물쑥나물 · 무 · 가지 · 콩나물 · 호박오가리 · 시래기 등 가을에 말려두었던 묵은 나물들을 만들어 먹었는데 이런 묵은 나물을 먹으면 여름에 더위를 타지 않는다고 한다.

전통적으로 즐겨먹었던 숙채와 생채의 종류는 표 3-9 와 같다.

표 3-9. 나물의 종류

분 류	종 류
숙채	물쑥나물, 산나물, 두릅나물, 고사리나물, 씀바귀나물, 도라지나물, 애호박눈썹나물, 오이나물, 가지나물, 버섯나물, 표고버섯나물, 싸리버섯나물, 능이버섯나물, 박나물, 무나물, 시래기나물, 숙주나물, 늙은호박나물, 호박오가리나물, 구절판, 밀쌈
생채	도라지생채, 오이생채, 무생채, 더덕생채, 겨자채, 상추쌈
기타	잡채, 탕평채, 죽순채, 월과채, 숙주채

자료 : 강인희, 《한국의 맛》, 대한교과서주식회사, 1987년.

생 채

생채는 싱싱한 채소들을 익히지 않고 생으로 초장·초고추장 또는 겨자장 등에 설탕과 식초를 사용하여 달고 새콤하게 무쳐 먹는 나물류이다. 또한 숙채에 비해 맛이 산뜻하고 무엇보다 채소 본래의 맛을 충분히 살리면서 영양소의 손실을 최소한으로 할 수 있는 조리법이다. 그러므로 생채의 이러한 특징을 잘 살리기 위해서는 조리할 때 재료의 신선도와 위생상태를 잘 유지시키는 것이 중요하다.

한편 생채와 유사한 방법으로 만드는 냉채는 생채 또는 숙채의 조리법을 이용하여 주로 여름철에 시원하게 먹을 수 있게 만드는 조리법으로, 여러 가지 식품을 사용하며 때에 따라 고명을 올리기도 한다. 냉채는 가능한 한 생재료로 만들며 차게 해서 먹기 때문에 더운 여름철이나 입맛이 없을 때 또는 고기류 등의 간이 강한 음식을 먹을 때 함께 곁들이면 입맛을 개운하게 해준다. 냉채의 종류로 겨자즙에 무친 겨자채, 잣즙에 무친 실백냉채, 호도즙에 무친 호도냉채, 닭고기살을 넣어 무치는 닭고기냉채 등을 들 수 있다.

표 3-10. 신선한 채소의 특징

종 류	특 징
무	알이 차고 무거우며 잔털이 없고 색깔, 모양이 좋은 것을 선택한다. 목질부분이 발달하여 방사상으로 흰 줄이 있거나 중심부에 하얗게 패인 곳이 있는 것은 맛이 나쁘고 영양성분도 적다. 가을무는 맛이 달고 씹는 조직감도 좋아서 많이 사용되나 여름무는 요리의 재료로는 잘 이용되지 않는데, 이는 가을무보다 수분이 많고 물러서 맛이 없기 때문이다.
양배추	무겁고 잎이 두꺼우며 광택이 있는 것이 신선하다. 겨울 양배추는 익혀 먹고 봄 양배추는 날로 먹기에 좋다.
시금치	잎은 수가 많고 두껍고 유연하며, 색깔이 진한 것이 좋다. 줄기가 붉은색인 포항초가 최상품으로 꼽힌다.
오이	껍질이 우둘투둘해서 만지면 아플 정도이고 색깔이 짙으며 윤기가 도는 것이 좋다.
죽순	보관하기가 어려우므로 통조림에 든 죽순을 사용하는 경우가 많은데, 이때 빗살무늬 사이에 있는 하얀 석회질은 반드시 씻어낸 뒤 사용해야 한다. 통조림 죽순에서 볼 수 있는 흰 석회질은 가공과정에서 죽순에 들어있는 키틴질, 단백질, 아미노산, 전분 등이 티로신과 결합하여 생긴 것이다.
두릅	싹이 나온 부분의 갈색 껍질을 벗겨내는 밑손질을 반드시 해야 한다. 데칠 경우에는 두릅의 아랫부분이 두꺼우므로 끓는 물 속에 먼저 넣거나, 미리 칼집을 넣어 골고루 익게 해야 한다.
당근	마디가 없고 모양이 둥글며 잘랐을 때 단단한 심이 없는 것이 좋다.
고사리	어리고 부드러우며 굵고 짧은 것이 좋다.
고 비	연하고 부드러우며 끝이 잘 오그라든 것을 선택한다.
가지	표면이 매끄럽고 윤기가 있어야 하고 잘랐을 때 안이 꽉 차 있으며 성숙한 씨가 있어서는 안 된다. 먹었을 때 단맛이 있어야 한다.

1) 생채의 재료

생채의 재료로는 다양한 채소가 이용되나 특히 신선하고 나쁜 맛이 없으며 조직이 연한 것이 적당하다. 주로 오이, 도라지, 가지, 파, 미나리, 더덕, 무, 상추, 쑥갓, 당근 등이 가장 흔하게 쓰인다. 표 3-10은 생채에 사용되는 각종 채소의 신선한 특징을 나타낸 것으로, 재료를 구입할 때 유의해야 한다. 또한 해파리나 미역・파래・톳 등의 해초류와 오징어・새우・조개 등의 해물류를 익혀 채소와 무치기도 한다. 그러나 생채를 조리할 때는 채소로부터 전염병균이나 기생충알, 농약성분 및 오염물질 등이 부착되기 쉬우므로 항상 위생적인 측면에 유의해야 한다. 양념으로는 주로 식초나 설탕을 쓰는 것이 특징이고, 파와 마늘은 많이 쓰지 않는다.

2) 채소의 보관

채소류는 냉장고 안에서도 쉽게 변질할 수 있으므로 3일 이내에 소비하는 것이 가장 좋은 방법이지만, 조금 더 오래 먹기 위해서는 각 채소에 따른 적절한 보관법을 알아두는 것이 좋다.

(1) 부추 · 쑥갓 · 실파 등의 녹색채소

물기가 있으면 채소가 녹으므로 물기가 닿지 않게 하는 것이 중요하다. 시든 경우에는 젖은 신문지로 싸서 보관하면 어느 정도 회복시킬 수 있다.

(2) 양배추 · 무 · 버섯

신문지에 싸서 서늘한 곳이나 냉장고에 보관하는데, 이때 줄기가 위로 가고 잎은 아래쪽에 가도록 하는 것이 좋다. 이 밖에도 무나 당근의 잎이 저장시 그대로 붙어 있으면 이들의 영양분을 잎이 모두 빼앗아가기 때문에 되도록이면 잘라서 보관하는 것이 좋다.

(3) 고사리

삶아 물기를 없애고 필요한 양만큼 덜어 비닐에 싸서 냉동고에 보관한 다음 필요할 때마다 꺼내 쓰면 편리하다.

(4) 감자

냉장고에 오래 보관하면 색깔이 변하고 질감이 나빠지기 때문에 실온에서 저장하는 것이 좋다.

채소를 장기간 저장할 때는 끓는 물에 살짝 데쳐 효소를 불활성화시킨 다음 냉동보관하거나 말려두는 것이 좋다.

3) 생채의 조리원리

생채는 채소를 날것 그대로 먹기 때문에 채소 자체가 지닌 색 · 향 · 맛을 그대로 즐길 수 있으며, 특히 채소를 씹을 때 아삭아삭한 조직감 등을 느낄 수 있다. 따라서 이러한 채소 본래의 특징들을 잘 살리기 위해서는 조리할 때 여러 가지 점에서 주의해야 한다.

채소의 아삭아삭한 씹는 맛을 잘 살리려면 채소를 썰거나 다듬은 뒤 물 또는 소금을 약간 첨가한 물에 담가두면 되는데, 이는 원래 세포액의 식염 농도가 0.85% 정도이므로 세포막의 반투성에 의해 세포 안으로 물 또는 묽은 농도의 소금물이 이동하여 팽압이 생기기 때문이다. 이와는 반대로 채소를 담그는 물의 소금 농도가 세포액보다 높은 경우에는 세포 속의 물이 세포 밖으로 이동하여 절여진 상태가 된다. 이는 김치를 담글 때 배추를 절이는 원리이다.

따라서 생채를 만들 때는 먹기 직전에 준비된 채소를 물 또는 소금을 약간 넣은 물에 담갔다가 사용하는 것이 좋다. 또한 채소를 채로 썰 때는 결 방향으로 썰어야 부서지지 않고 신선하며 제 맛을 느낄 수 있다. 특히 생채를 조리할 때는 생채를 미리 무쳐서 오래 놓아두면 색깔이 변하고 맛이 싱거워지며 국물이 많이 생기므로 모든 재료를 준비해 두었다가 손님상에 내기 직전에 무치는 것이 좋다. 생채를 무칠 때는 특히 식초와 설탕이 넉넉해야 감칠맛이 좋으며 참기름, 깨소금은 조금만 쓰는 것이 산뜻하고 아예 넣지 않아도 좋다.

한편 무생채를 만들 때 무채를 썰어 소금으로 오래 절인 뒤에 무치면 시원한 맛이 적고 무의 비타민 C와 당분이 많이 유출되므로, 모든 양념을 함께 넣어 무쳐서 곧바로 먹어야 싱싱한 맛을 즐길 수 있다.

숙 채

숙채란 원래 '익힌 나물'이란 뜻이지만 보통은 숙채보다는 나물이라는 말을 흔히 사용한다. 나물이란 용어를 사전에서 찾아보면 "야생식물의 식용 부분이나 채소를 조미하여 만든 반찬 또는 식용 가능한 야생식물의 재료를 총칭한다."고 되어 있다. 나물 즉 숙채는 주로 채소·산나물·들나물·뿌리 등의 채소를 데치거나 삶거나 볶아서 갖은 양념을 하여 만든 것으로, 재료에 따라 조리방법과 양념의 종류가 차이가 있다.

나물은 조리방법에 따라 크게 기름에 볶아서 양념하는 볶음나물과 뜨거운 물에 데쳐서 양념으로 무치는 무침나물로 나눌 수 있다. 이들 모두 녹황색을 띤 채소에 기름을 다량 사용하여 조리하기 때문에 카로틴(carotene)의 흡수에 매우 효과적이므로 영양면에서 우수하다. 이 외에도 잡채, 탕평채, 월과채, 밀쌈 등도 크게 나눌 경우 숙채에 포함된다.

1) 숙채의 종류

(1) 볶음나물

채소류를 날것 그대로 또는 살짝 데친 다음 기름을 두른 팬에서 은근한 불로 양념을 넣어 볶는 나물로, 볶을 때 조미료가 채소에 잘 배어들 수 있도록 물기를 약간 준 뒤 뚜껑을 덮은 채 잠시 익혀 양념이 채소에 스며들 수 있는 시간을 주는 것이 중요하다.

그러나 잡채를 만드는 경우처럼 채소의 색을 살리고 물기가 없어야 할 때는 밑이 두꺼운 팬에 기름을 두른 다음 센불에서 채썬 재료들을 단시간에 볶아 수분을 신속히 증발시켜야 한다. 그러므로 나물의 종류에 따라 각각의 조리법에 차이가 있다. 또한 잡채를 만들 때 중요한 것으로는 삶아 놓은 당면이 퍼지지 않도록 하여야 하므로 당면을 삶자마자 곧바로 찬물에 헹구어 물기를 뺀 다음 기름을 발라두거나 뜨겁게 달군 팬에 달달 볶아 놓는 것이 좋다. 단 이때 기름이 너무 많으면 잡채가 질척해지므로 적당한 양을 사용한다. 요즘에는 잡채의 주재료로 당면을 많이 사용하는데 본래의 잡채는 버섯류와 채소류가 주재료로 사용되는 것이 원칙이었다.

한편 채소 및 고기를 볶을 때는 후라이팬이 깨끗해야 완성되었을 때 보기에 좋은데 이를 위해서는 한 가지 재료를 볶을 때마다 팬을 물에 씻는 번거로움을 없애기 위해서 미리 계획을 해서 순서 있게 볶는 것이 좋다. 대개 볶는 순서를 살펴보면, 당근 → 오이 → 미나리 → 도라지 → 숙주 → 석이버섯 → 양파 → 쇠고기 → 표고버섯·목이버섯 → 당면 등의 순으로 볶는 것이 잡채를 깨끗하면서도 맛있게 만드는 방법이다. 또한 오이처럼 수분이 많은 채소를 볶을 때는 먼저 1~2%의 소금에 미리 절여 수분을 제거한 다음 센불에서 단시간에 볶아야 오들오들한 질감을 나타낼 수 있다.

(2) 무침나물

무침나물은 채소류나 버섯류를 찌거나 데쳐서 소금·간장 또는 고추장 등을 넣어 간을 한 다음 참기름·고춧가루·파·마늘·깨소금 등의 갖은 양념을 넣어 양념이 잘 침투할 수 있게 무쳐서 만든다. 무쳐서 만든 나물 음식은 조리법이 매우 간단하여 쉬워 보이지만 다른 음식에 비해 손맛과 정성이 그 맛을 좌우하는 맛내기가 꽤 어려운 음식 가운데 하나이다. 따라서 여러 양념을 넣은 다음 숟가락으로 대충 휘저어서는 맛이 제대로 나지 않으며 충분히 손으로 조물조물 무쳐야 제 맛을 낼 수 있다. 요즈음에는 깨소금을 많이 쓰고 있으나 과거에는 잣을 가루내어 만든 실백가루를 많이 사용하였다.

(3) 기타 나물류

① 월과채

나물에 밀가루나 찹쌀가루로 전병을 부쳐 채로 썰어서 같이 섞어서 만든 나물로, 채소의 맛과 전병의 맛이 어우러져 독특한 맛을 낸다.

② 밀쌈

밀쌈은 쇠고기·채소 등 채썰어 볶은 속재료와 달걀지단을 채썰어 준비한 다음 부쳐놓은 밀전병에 김밥 싸는 것처럼 말아 썰어 초간장에 찍어 먹는 음식이다. 주로 여름철 주안상에 적합하다.

③ 탕평채

탕평채는 녹두묵을 썰어서 참기름·소금으로 가볍게 버무려 담고 살짝 데친 숙주·미나리·물쑥 등의 나물과 볶은 고기 등을 가지런히 담아 초장을 뿌려서 먹는 나물이다.

2) 숙채의 재료

숙채에는 거의 모든 재료가 사용되는데, 봄에 나는 봄나물에서부터 시금치·미나리·콩나물·고사리·고비·두릅·도라지·버섯류가 적합한 재료이다. 겨울에는 이들을 말려서 저장하였다가 사용한다. 숙채는 채소의 특성에 따라 조리법과 첨가되는 양념이 약간씩 다른데, 나물을 무칠 경우에는 주로 달래·냉이·씀바귀·물쑥·소루쟁이·두릅·시금치·숙주·콩나물·미나리·가지 등을 사용하고, 나물을 볶을 때는 주로 죽순채·박나물 · 시래기 · 무 · 호박오가리 · 버섯 · 취 · 고사리 · 도라지 등을 이용한다. 양념으로는 참기름, 깨소금을 비교적 많이 넣는 것이 부드럽고 맛이 더 좋다.

【채소의 손질방법】

- 시금치 : 밑동을 다듬어 씻은 다음 끓는 물에 소금을 약간 넣어 재빨리 데치고 찬물에 헹구어 물기를 짜놓는다.
- 달래 : 알뿌리 표면의 얇은 겉껍질을 벗긴 다음 뿌리는 끝부분만 약간씩 잘라버리고 사용한다.
- 냉이 : 뿌리의 잔털을 떼어내고 씻은 다음 끓는 물에 소금을 약간 첨가하여 뿌리부터 넣고 데친다. 이때 손가락으로 뿌리를 눌러보아 부드러워졌으면 꺼내서 찬물에 헹구어 사용한다.
- 고사리 : 잘 다듬어 데친 다음 말리면서 양손으로 비벼주면 고사리 잎부분의 까실까실한 잔털이 떨어지고 줄기의 섬유질도 부드러워진다. 말린 고사리는 따뜻한 물에 하루 정도 담갔다가 쌀뜨물에 삶아 이용한다.
- 두릅 : 두릅나무의 어린순으로 오래 전부터 식용하여 왔는데 단백질과 칼슘이 많고 비타민 C 함량도 높기 때문에 영양적으로도 우수하다. 손질하는 방법은 잎이 떨어지지 않도록 주의하면서 싹이 나온 부분의 갈색 껍질을 벗겨내는 밑손질을 반드시 해야 한다.
- 씀바귀 : 억센 부분은 다듬어 내고 너무 긴 것은 손으로 잘라 끓는 소금물에 잠시 삶아서 냉수에 헹군 다음 하룻밤 동안 물에 담가두어 쓴맛을 우려내야 한다.
- 더덕 : 껍질을 옆으로 돌려가면서 벗겨낸 다음 용도에 따라 적당히 잘라 방망이로 두드린다. 이때 너무 세게 두드리면 부서지므로 조심스럽게 두드려 넓게 편다.
- 도라지 : 통도라지일 경우에는 밑동을 다듬어 껍질을 옆으로 돌려가면서 벗겨낸 다음 적당히 잘라놓는다. 또한 쓴맛이 강하므로 소금으로 문질러 씻은 다음 조리하여야 한다.
- 오이 : 표면의 오톨도톨한 가시나 돌기부분을 소금으로 문질러 씻으면 오이의 표면이 더 파래지면서 깨끗해진다.

3) 숙채의 조리법 및 조리원리

숙채를 조리할 때는 기본적으로 유의해야 할 두 가지 사항이 있다. 첫째는 각각의 채소가 지닌 특유의 조직, 색 및 향을 살릴 수 있도록 적당하게 삶아야 하고, 둘째는 양념이 충분히 배도록 오래 주물러 손맛이 잘 배어들게 하는 것이다. 그러나 양념을 지나치게 많이 하면 오히려 나물 본래의 맛을 잃기 쉽고, 양념이 잘 배어들지 않으면 나물 맛을 내지 못하므로 주의해야 한다.

(1) 불리기

봄부터 가을까지 말린 채소를 조리할 때 따뜻한 물에 불려 놓은 다음 삶아서 이용하는 것으로, 호박이나 가지는 불리는 과정만으로 조리를 할 수 있으나 대부분은 묵은 나물을 삶는 과정을 거쳐서 조리한다.

표고버섯이나 느타리버섯은 생것을 사용할 때는 관계가 없으나 말린 것을 쓸 때는 물에 담가서 불려야 한다. 마른 느타리버섯은 수온 20℃에서는 20분, 10℃에서는 40분 전후에 흡수가 완료되는데 이 동안에 버섯의 유용한 맛성분이 상당량 유출된다. 따라서 버섯 담근 물을 버리지 말고 조리하는 음식에 이용하는 것이 좋다. 맛을 내는 성분의 손실을 방지하기 위해서는 물의 온도를 높여 단시간에 불리는 것이 바람직하다. 그러나 만약 미지근한 물을 사용할 경우에는 약간의 설탕을 넣으면 빨리 불릴 수 있고 맛성분의 용출도 억제할 수 있다.

(2) 데치기

숙채를 할 때 주로 이용하는 조리법으로, 물이 펄펄 끓으면 씻어 놓은 채소를 넣어 단시간에 익힌 다음 냉수에 헹군다. 데칠 때의 물의 양은 채소 무게의 약 5배가 적당하다. 콩나물이나 숙주나물과 같이 연한 나물을 데칠 때는 물을 조금 넣고 잠깐 데쳐서 단맛이 빠지지 않게 해야 하며, 두릅을 데칠 때는 두릅의 아랫부분이 두꺼우므로 끓는 물 속에 먼저 넣거나 미리 칼집을 넣어 골고루 익게 해야 한다.

또한 데치기는 채소를 장기간 보존하기 위해 냉동저장할 때 전처리로 많이 쓰인다. 식물체 내에 있는 퍼옥시다아제(peroxidase), 아스코르브산 산화효소(ascorbic acid oxidase), 폴리페놀 옥시다아제(polyphenol oxidase) 등의 효소작용을 억제하기 위해 짧은 시간 동안 가열하여 효소를 불활성화시키는 것으로, 동결 전, 동결 중 또는 동결할 때 일어날 수 있는 급격한 화학변화에 의한 품질의 저하를 방지할 수 있다. 나물을 데친 다음 헹구어 짤 때는 너무 꼭 짜지 말고 수분이 약간 있어야 좋으며 깨소금과 참기름은 맨 나중에 넣는다.

① 소금물에 데치기

미나리 · 시금치 · 쑥갓 등의 녹색채소를 데칠 때는 1～2%의 소금을 넣어 데치는 것이 순수하게 물만으로 데칠 때보다 채소의 수용성 성분이 적게 용출되는데, 이는 데치는 물의 농도가 채소의 세포액 농도와 같아지기 때문이다. 또한 소금을 넣고 데치면 채소의 색이 선명해지는데, 이는 소금이 엽록소의 용출을 줄여 클로로필의 안정화에 좋은 역할을 하기 때문인 것으로 추측된다. 이 외에 비타민 C의 산화도 억제한다고 한다.

② 쌀뜨물에 데치기

떫고 쓴맛을 내는 채소나 무, 죽순 등은 데칠 때 쌀뜨물을 넉넉히 붓고 물이 끓을 때 데치면, 쌀뜨물이 나쁜 냄새와 맛을 흡착하고 변색을 방지한다. 고사리나물을 만들 때도 고사리를 잘 다듬어서 짭짤한 소금물에 1시간 정도 담갔다가 건져 쌀뜨물에 데친 다음 무치거나 볶아야 시간이 지나도 신선도가 유지되고 빛깔이 변하지 않는다.

(3) 볶기

우리나라 볶음요리의 대표적인 것으로 구절판과 잡채 · 숙채가 있는데, 중국요리와 달리 기름을 그다지 많이 쓰지 않는 반면 갖은 양념으로 감칠맛을 내는 것이 특징이다.

① 녹황색 채소 볶기

녹황색 채소에 기름을 많이 써서 조리하기 때문에 카로틴의 흡수에도 매우 좋은 조리법이다. 일반적으로 채소를 볶을 때는 팬이 충분히 달구어진 뒤 강한 불에서 단시간에 볶아야 수분이 빠지지 않아 식품의 맛을 살릴 수 있다. 특히 녹색채소의 색인 엽록소(chlorophyll)는 조리시간이 길수록, 조리온도가 낮을수록, pH가 낮을수록 파괴율이 더욱 높다. 그러므로 시금치와 같은 녹색채소를 볶을 때는 색의 유지를 위해 팬에 기름을 두르고 달구어지면 채소를 넣어 재빨리 휘저으며 볶은 다음 얼른 꺼내어 넓게 펼쳐 놓고 열을 식혀야 색깔이 푸르게 유지된다.

채소를 볶을 때는 약간 설익은 듯하게 아삭아삭 씹히는 것이 중요하므로 이를 위해 센불에서 자주 팬을 흔들며 기름이 골고루 퍼지도록 하면서 재빨리 볶아내는 것이 좋다. 약한 불에서 오랫동안 볶으면 푸른색이 변색되고 물이 생겨 아삭아삭한 질감이 없어지므로 유의해야 한다. 특히 오이나물을 볶을 때 너무 오래 볶으면 물컹물컹해져 맛이 없으므로 파랗게 살짝 볶아야 한다.

또한 어떤 재료든지 볶기 전에 미리 양념을 하면 간이 잘 배어들어 좋으며, 간을 맞출 때도 간장만 사용하면 물기가 많아지므로 채소를 볶을 때 미리 소금으로 간을 맞추는 것도 맛있는 볶음요리를 만드는 방법이 될 수 있다.

② 묵은나물 볶기

묵은나물을 볶을 때는 청장으로 간을 맞추고 양념하여 은근한 불에서 오래 볶아 물기가 촉촉하도록 뜸을 충분히 들여야 부드럽고 맛있는 나물이 된다.

③ 잡채 재료 볶기

잡채에 들어가는 버섯을 볶을 때는 마늘은 넣지 말고 파만 조금 넣고 볶아야 버섯의 향기를 살릴 수 있다. 고기는 살짝 반 정도만 볶아서 익혀내고 약간의 고깃국물을 남겨 그 국물로 잡채를 무치면 잡채의 깊은 맛을 느낄 수 있다. 잡채와 같이 여러 가지 재료를 사용하는 나물은 각각을 따로 볶아 간을 한 다음 섞어준다. 나물을 볶을 때 들어가는 참기름은 불을 끄기 직전에 넣어야 고소한 향기를 유지시킬 수 있다.

(4) 무침

일반적으로 숙채는 참기름과 깨소금을 비교적 넉넉히 넣고 무쳐야 부드럽고 맛이 있다. 씀바귀나물을 무칠 때는 특히 식초와 설탕 또는 물엿을 동량으로 넣어주는 것이 좋은데 이는 씀바귀의 쓴맛과 식초의 신맛, 설탕의 단맛이 잘 어우러져 맛이 더욱 좋아지기 때문이다. 비타민 C가 많은 채소는 식초를 넣어 무치게 되는데, 식초는 비타민 C가 파괴되는 시간을 연장시켜 주므로 바람직한 방법이다.

4) 숙채 조리에서 색소를 보존하기 위한 조리법

(1) 녹색채소(chlorophyll계 색소)

클로로필 색소는 다른 색소에 비해 조리과정에서 크게 영향을 받는다. 특히 산성용액에서 가열하면 녹갈색 또는 녹황색으로 변하는데, 이는 클로로필의 Mg^{++}이 H^{+}로 쉽게 치환되어 페오피틴(pheophytin)을 형성하기 때문이다. 따라서 녹색채소를 데칠 때는 산과의 접촉을 가능한 한 적게 하여야 한다. 녹색채소를 끓는 물에 넣으면 푸른색이 매우 선명해지는데, 이는 세포 내의 공기의 탈기로 인해 클로로필 색소가 표면으로 두드러지기 때문이다.

그러나 계속 끓이면 식물 세포 내의 액포에 존재하는 여러 종류의 유기산이 클로로필 색소와 반응하여 누렇게 변색되므로, 이를 막기 위해서는 조리할 때 냄비 뚜껑을 열어 휘발성 유기산을 휘발시킨다. 또한 일반적으로 채소를 조리할 때는 수용성 성분의 용출을 최대한 방지하기 위해 조리수의 양을 가능한 한 적게 하는 것이 원칙이지만, 녹색채소의 경우에는 데치는 물의 양을 채소 무게의 5배 정도로 다량 사용하여 비휘발성 유기산을 희석시켜 푸른색을 선명히 보유시켜야 한다.

녹색채소를 데친 후에는 곧바로 냉수에 헹구는 것이 일반적인데, 냉수에 헹구는 조작은 채소의 비타민 C가 용출되는 기회를 제공하는 것이므로 영양면에서 바람직하지 않다. 그러나 데쳐낸 채소의 온도를 신속히 낮춰줌으로써 조직의 연화방지 및 특히 비타민 C의 자가분해를 방지할 수 있다.

또한 클로로필은 알칼리에는 안정하므로 조리수가 약알칼리일 때 녹색채소는 푸른색을 최대한으로 보유한다. 때때로 녹색채소의 색을 푸르게 고정시키기 위하여 중조($NaHCO_3$)를 넣는 경우가 있는데, 알칼리는 섬유소를 연화시켜 채소의 질감을 나쁘게 할 뿐만 아니라 특히 비타민 B_1, 비타민 C를 많이 파괴하여 영양소의 손실을 초래한다.

한편 녹색채소를 데치는 물에 오래 방치하면 조리수가 푸르게 변색되는데, 이는 지용성인 클로로필이 조직 내의 효소 클로로필라아제에 의해 수용성 클로로필라이드(chlorophyllide)를 형성하여 물에 용출되기 때문이다.

(2) 등황색 채소(carotenoid계 색소)

카로티노이드계 색소는 오렌지색·황색 또는 황적색을 띠며, 물에 녹지 않으나 기름에 녹고 열에 비교적 안정하며, 산·알칼리에 영향을 받지 않아 조리과정에서는 비교적 안정한 색소이다.

그러나 카로티노이드계 색소를 식품에서 분리해냈을 때는 공기 중의 산소와 접촉하여 이 색소가 산화, 퇴색된다. 그러나 이 색소가 식품에 존재할 때는 공기 중의 산소와 접촉할 기회가 매우 적으므로 산화적 파괴는 거의 일어나지 않는다. 당근과 같이 이 색소를 많이 함유한 식품은 기름을 사용하여 조리하면 유효성분의 흡수율이 좋아 영양면에서 효과도 있다. 그러나 당근이나 오이 등은 비타민 C를 파괴하는 아스코르비나아제(ascorbinase)가 있어서 무와 같이 갈면 무의 비타민 C가 파괴되므로 같이 조리하지 않는 것이 좋다.

(3) 적색채소의 조리(anthocyanins 색소)

홍당무, 자색 양배추, 비츠, 가지 등 채소의 적·자색은 안토시아닌(anthocyanins)계 색소로, 물에 녹으며 산에 안정하여 색 자체를 더욱 선명하게 유지하나 알칼리나 금속과 반응할 경우에는 적색은 자색으로 변하고 점차 변색이 진행되면 청색과 녹색으로 변한다. 그러나 이 반응은 가역적이므로 식초나 그 밖에 유기산이 많은 식품과 같이 조리하면 다시 적색을 띠게 된다. 따라서 적색채소는 일반적으로 조리수를 소량 가하고 뚜껑을 덮어 조리하는 것이 바람직하다. 또 색을 안정시키기 위해 식초나 레몬즙 등을 넣으면 좋다. 우엉을 삶을 때 청색으로 변하는 이유는 우엉 속에 들어 있는 알칼리성 무기질인 Ca, Na, Mg 등이 녹아 나와서 우엉의 안토시안(anthocyans)계 색소를 청색으로 변화시키기 때문이다.

(4) 백색채소(anthoxanthines계 색소)

무, 배추 줄기, 양파, 연근, 죽순, 콩나물, 숙주 등은 백색 색소인 안토크산틴(anthoxanthines)계 색소를 함유하고 있다. 이들 채소는 조리할 때 산을 첨가하거나 김치처럼 조리한 다음 발효하여 산이 생성되면 흰색을 선명하게 유지한다. 그러나 이와는 반대로 알칼리에는 불안정하여 황색 또는 황갈색으로 변색된다.

5) 채소의 갈변

감자, 고구마, 버섯, 우엉, 가지 등 채소의 껍질을 벗기거나 잘라 상처를 내면 그 부분이 급속히 갈변되는 것을 볼 수 있다. 이는 채소의 조직이 공기 중에 노출될 때 조직 내에 갈변을 일으키는 물질인 기질과 효소, 즉 기질인 페놀(phenol) 화합물에 효소 폴리페놀 옥시다아제가 작용하여 공기 중의 산소와 접촉하여 산화됨에 따라 멜라닌이라는 갈색 색소를 형성하기 때문이다.

또한 폴리페놀 옥시다아제와 유사한 티로시나아제(tyrosinase)에 의해서도 채소의 티로신이 산화되어 갈변을 일으킨다. 이러한 갈변반응은 식품을 취급하는 과정에서 종종 바람직하지 않은 결과를 초래한다. 따라서 이러한 갈변을 방지하기 위해서 다음과 같은 방법들이 사용된다.

(1) 효소의 불활성화

효소는 단백질로 이루어져 있는데 단백질은 열에 매우 약하므로 가열하거나 냉장 또는 냉동하는 경우 효소의 활성이 저해되어 갈변현상을 방지할 수 있다. 또한 대부분의 폴리페놀 옥시다아제의 최적 pH는 5.7～6.8로 산성용액에서는 효소의 활성이 억제되기 때문에 레몬즙, 오렌지즙 등의 과즙에 담가놓으면 갈변을 억제할 수 있다.

즉 과실의 갈변방지를 위해서는 산성용액을 사용하는 것이 바람직하나 채소는 신맛을 지니게 되어 채소 자체의 맛이 변하게 되기 때문에 채소의 갈변 방지법으로는 적절하지 않다. 폴리페놀 옥시다아제는 Cu^{++}나 Fe^{++}에 의해서 활성을 띠고 Cl^-에 의해서는 활성이 억제된다. 따라서 희석된 소금물에 담가두거나 채소를 자를 때 철로 만든 칼을 사용하지 않아야 갈변을 막을 수 있다.

(2) 산소의 제거

과일의 경우 껍질을 깎은 과일에 설탕을 뿌리거나 설탕물에 과일을 담가 산소와의 접촉을 피하게 함으로써 갈변을 방지할 수 있다. 그러나 이 방법은 단맛이 나므로 채소에는 적합하지 않다.

(3) 항산화제의 사용

아스코르브산은 강력한 항산화제로 조직 주변의 산소를 사용하여 자신은 산화되고 산화된 페놀류는 환원시켜 산화를 방지하기 때문에 갈변을 억제하는 데 사용된다. 그러나 이 방법 역시 과일에 주로 사용되고 있으며, 맛에도 영향을 줄 뿐만 아니라 가격도 너무 비싸서 채소에 사용하기에는 적당하지 않다.

(4) 아황산가스 또는 아황산염의 이용

아황산가스 또는 아황산염은 효소의 작용을 강력히 저해하므로 갈변현상을 방지하는 데 효과적이다.

Q & A

시금치의 영양적 가치는?

시금치에는 배추나 쑥갓 등의 다른 채소에 비해 수산이 많이 함유되어 있다. 따라서 이 수산 때문에 Ca의 이용률이 나빠진다고 알려져 있으나 이러한 수산의 흡수저해 작용은 시금치를 1kg 정도 먹을 때 일어난다고 하므로 보통의 식사에서는 거의 영향을 미치지 않는다고 본다. 오히려 Fe, 비타민 C, 카로틴 등의 섭취를 높일 수 있다.

Q & A

겨자 개는 법

겨자는 보통 40℃ 정도의 물에 개어서 따뜻한 곳에 15분 정도 발효시켜야 겨자의 독특한 매운맛이 난다. 이것은 시니그린이라는 매운맛 성분이 미로시나아제라는 효소의 작용에 의해 분해되기 때문인데, 이때 미로시나아제 효소의 최적 온도가 40℃이기 때문이다. 그러나 겨자는 매운맛 이외에 쓴맛도 있으므로 개어놓은 겨자에 따뜻한 물을 부어 3분 정도 두었다가 물을 따라 버리면 쓴맛이 제거된다. 또한 겨자의 맛이 너무 매울 경우에는 우유, 크림 등을 약간 첨가하면 다소 부드러워진다.

6) 채소의 쓴맛, 떫은맛, 아린맛을 제거하는 방법

채소는 종류에 따라 알칼리성 물질이나 수산, 여러 종류의 알칼로이드(alkaloid), 탄닌 및 호모겐티신산(homogentisic acid) 등을 함유하고 있다. 이들 성분은 아린맛, 쓴맛 또는 떫은맛 등을 내는데, 소량 존재할 경우 채소의 풍미를 향상시킬 수 있으나 다량 존재할 경우에는 좋지 못한 맛이 나므로 제거하는 것이 바람직하다. 시금치·쑥갓·배추·양배추 같은 채소들은 이러한 성분을 소량 함유하고 있다.

특히 죽순·고사리·우엉·아스파라거스의 아린맛은 호모겐티신산에 의하며 여기에 수산칼슘(calcium oxalate)이 다량 존재하여 아린맛을 더 강화시킨다. 일반적으로 아린맛이 강한 식품은 수산 함량이 높은 것이 많다고 한다. 또한 가지에도 수산칼슘의 결정체가 소량 함유되어 있어 약간의 아린맛을 지니고 있다. 따라서 이들 식품을 조리할 때는 이런 성분들이 잘 우러나도록 처리해야 한다.

(1) 물·식염수·식촛물에 담그기

가지, 우엉, 연근 등은 자른 채로 방치할 경우 산화효소의 작용에 의해 갈변하는데, 산화효소는 물에 녹기 쉬우므로 식품을 물에 담가두면 갈변현상은 어느 정도 방지할 수 있다. 또한 식염수(1% 정도), 식촛물(10% 정도)에 담가두어도 효소에 의한 산화작용이 일어나지 않아 갈변을 방지할 수 있다.

(2) 끓는 물에 데치기

시금치, 쑥갓 등에 함유된 성분은 주로 수산 또는 수산화합물인데, 이들은 물에 녹는 성질이 있으므로 끓는 물에 넣고 삶으면 제거된다. 이때 군맛이 나는 성분도 쉽게 유출된다.

(3) 밀가루나 쌀등겨를 넣고 삶기

죽순은 독특한 감칠맛과 촉감이 있어 씹힘성이 좋으나 아린맛이 약간 있다. 무, 콜리플라워 등을 삶을 때는 밀가루나 쌀등겨 등의 전분이 사용되는데 이는 이들이 군맛 성분을 흡착하여 제거시키기 때문이다. 또한 죽순을 삶을 때 쌀뜨물에 넣고 삶으면 여기에 존재하는 전분성분이 나쁜 맛을 흡착하여 제거시키며, 표면에 전분입자가 둘러싸게 되어 산화를 방지하고 당분의 유출도 적어지는 효과를 준다. 고비, 고사리를 삶을 때도 역시 죽순과 같은 원리에 의해 쓴맛을 없앨 수 있다.

8 회 · 편육

회

우리나라의 식문화를 소개할 때는 흔히 김치의 문화, 장류의 문화를 말하게 된다. 그러나 회를 먹는 식생활 역시 우리나라의 독특한 문화이다. 물론 이웃나라인 일본도 회를 즐겨 먹지만 일본은 주로 어패류회를 섭취하는 반면 우리는 어패류회는 물론 육회와 채소회 등 다양한 회를 즐긴다.

우리나라 식생활에 회가 도입된 것은 고려 말 몽고인들로부터 육식을 받아들이면서 시작된 것으로 추정된다. 고려 말에 육식의 성행과 더불어 도입된 회를 먹는 식문화는 조선시대에 들어와 숭유주의의 바람을 타고 널리 퍼지면서 육류, 어패류, 채소류 등을 익히지 않고 먹게 된 것으로 보인다. 그러나 익히지 않은 것만을 회에 포함시키는 것은 아니다. 익힌 고기를 썬 것은 숙회라 하며, 일부 패류와 채소류는 주로 숙회로 먹는다.

Q & A

공자님도 회를 좋아하셨다고 하는데……

《어우야담》에는 임진왜란 때 중국군사 10만 명이 오랫동안 우리나라에 주둔하였는데, 우리나라 사람들이 회를 잘 먹는 것을 보고 그들이 더럽다고 침을 뱉았다는 기록이 있다. 그것을 본 한 선비가 말하기를, "《논어》에 보면 회는 가늘게 썬 것을 싫어하지 않는다고 하면서, 그 주(註)에도 짐승과 물고기의 날고기를 썰어 회를 만들었다고 하였다. 공자께서도 일찍이 좋아한 것인데 어찌 그대의 말이 그렇게 지나친가?"라고 답하였다는 것이다.

1) 회의 재료

(1) 생회

신선한 재료를 익히지 않고 초간장, 초고추장, 겨자집, 소금기름 등에 찍어 먹는 것을 생회라 한다. 생회는 재료에 따라 육회, 갑회, 생선회, 어패류회 등으로 나뉜다. 우선 신선한 살코기를 날로 먹는 육회의 주재료는 쇠고기이다. 그런데 이때 사용되는 부위는 기름기와 힘줄이 없는 연한 우둔살이나 홍두깨살이 좋은데, 우둔살이 근육의 결이 섬세하고 부드러워 육회용으로 더 적당하다.

《시의전서》에는 육회용 재료에 대해 "기름기 없는 연한 황육의 살을 저며서 물에 담가 핏기를 빼고 가늘게 채썬다."고 설명하고 있다.

갑회란 일종의 '모듬 내장회'라고 할 수 있는데 간, 처녑, 양 등을 재료로 한다. 소의 내장은 살코기보다 영양적으로 우수하나 부패하기 쉬우므로 신선한 재료를 선택하는 것이 무엇보다 중요하다. 윤기와 탄력성이 있으며 빛깔이 선명한 것을 택하고 푸르스름하게 변색되어 있거나 냄새가 강한 것, 피가 배어 있는 것은 피하도록 한다.

내장은 손질을 잘 하는 것이 특히 중요하다. 간은 물 속에서 누르는 듯이 피를 제거하고, 표피는 소금을 발라가며 전부 벗기고 주름이나 힘줄을 말끔히 제거한 다음 냉동실에 잠깐 두었다가 사용하면 쉽게 썰 수 있다. 양은 되도록 두꺼운 부위를 선택하여 소금에 주물러 씻고 안쪽의 흰색 기름을 제거하고 뜨거운 물에 튀한 다음 칼로 검은 표피를 벗겨낸다. 처녑은 얇은 막만 떼어서 소금을 뿌려 박박 주물러 냄새를 없앤다.

어패류회에는 민어 · 광어 · 도미 등의 생선과 굴 · 해삼 · 조개 등의 패류도 생회의 재료로 널리 이용된다. 생회는 재료를 익히지 않고 그대로 먹는 것이기 때문에 재료를 반드시 신선한 것으로 선택해야 하며 손질할 때도 주의해야 한다.

(2) 숙회

일부 어패류와 채소류는 끓는 물에 데쳐 익혀서 먹는다. 이렇게 익혀 먹는 회를 숙회라 하며, 숙회로 이용되는 어패류에는 오징어 · 문어 · 낙지 ·

새우 같은 연체류나 패류·갑각류가 많다. 그러나 이 외에도 어채라 하여 광어나 민어, 도미 같은 생선을 끓는 물에 살짝 익힌 숙회도 있다.

채소에서 숙회의 재료로 주로 이용되는 것으로는 미나리, 실파, 두릅 등을 들 수 있다. 미나리는 잎이 신선하고 줄기가 매끄러우며 줄기에 연갈색으로 착색되지 않은 것이 좋으며, 잎이 끝까지 퇴색되지 않고 줄기를 눌러보아 탄력이 있고 마디 사이가 짧은 것을 고른다. 줄기가 힘이 없어 탄력이 없고 잎 끝이 갈변한 것은 수확하여 오래된 것이다. 두릅은 절단부위가 목질부를 포함한 것이 좋으며, 잎 끝이 퇴색되지 않고 녹색을 유지한 것이 좋다. 잎줄기에 붙은 가시를 만져보아 아플 정도로 단단한 것이 신선한 것이다.

파는 잎에 병이 없고 꺾인 부분 없이 곧바르게 힘이 있으며 하얀 부분이 확실히 보이고, 뿌리는 전체가 희고 곧으며 단단하고 탄력이 있으며 윤기있고 백색부분과 녹색부분이 확실히 구분되는 것을 고르는 것이 좋다.

2) 일반적 조리법 및 조리원리

(1) 회의 조리법

① 생회

- 육회 : 육회는 신선한 날고기의 맛을 즐기는 음식으로, 연하고 기름기가 없는 부위인 우둔살이나 홍두깨살로 선택하여 기름기와 힘줄을 완전히 제거하고 결의 반대방향으로 곱게 채썰어 양념장으로 무친다.
- 생선회 : 생선회는 반드시 물이 좋은 생선을 선택하여 비늘과 내장을 제거하고 살만 얇게 저민 뒤 결대로 썬다. 이때 먹기 직전에 썰어 전처리 후 바로 먹어야 하며 먹지 않을 경우에는 냉장고에 보관한다. 가능하면 단시간에 먹어야 신선도를 유지할 수 있다.
- 패류회 : 패류회는 해삼, 멍게, 굴, 조개 등으로 껍질이나 내장을 제거하여 회로 먹을 수 있다.

② 숙회

- 어채 : 흰살생선을 익혀 먹는 어채는 민어나 광어, 도미 등의 횟감을 선택해 도톰하게 썰어 녹말가루를 묻힌 다음 끓는 물에 데쳐 찬물에 헹구어 차게 식히고, 붉은고추·풋고추·석이버섯·목이버섯 등도

적당히 썰어 녹말가루를 묻혀 끓는 물에 데쳐내고 달걀지단을 부친 후에 준비된 재료들을 색스럽게 돌려 담는다.

- 연체류 숙회 : 연체류 숙회는 필요에 따라 껍질을 제거하고 끓는 물에 데친 다음 초고추장을 곁들인다.
- 채소 숙회 : 미나리강회나 파강회는 흔히 먹는 채소 숙회로 미나리나 파를 데친 다음 편육, 달걀지단, 고추 등을 말아서 넣는다. 이 밖에 두릅회가 있는데, 두릅을 데친 다음 소금 · 깨소금 · 참기름을 넣고 무쳐서 초고추장에 찍어 먹는다.

(2) 회의 조리과정에서 일어나는 이화학적 변화와 조리할 때 주의할 점

① 생회

- 어패류회와 초 : 회 특히 어패류회는 반드시 초장이나 고추냉이장에 찍어 먹는다. 그 중에서도 우리나라에서는 전통적으로 초장에 찍어먹는데, 어패류를 조리할 때 초를 사용하면 어육단백질이 응고하여 생것일 때와는 다른 감촉이 난다. 이런 효과는 특히 소금에 절인 어육을 초절임했을 때 나타나는데, 소금으로 수분을 제거하여 단백질을 용출시킨 다음 젤화하여 식초를 넣으면 아주 탄력 있는 질감의 어육을 얻게 된다. 홍어회가 바로 이런 원리를 이용한 대표적인 음식이다.

  또한 초맛으로 어취를 효과적으로 감소시킬 수 있는데, 생선의 비린내 성분인 트리메틸아민, 암모니아 등은 알칼리성으로 식초의 산에 의해 중화되어 비린내가 어느 정도는 제거될 수 있다. 또한 생어육에 부착되어 있는 세균은 중성에서 잘 생육하며 pH 5 이하에서는 거의 생육하지 못하므로 생육에 초를 가함으로써 살균효과도 얻을 수 있다.

【생선회와 레몬】

생선회를 먹을 경우 접시 한쪽에 빠짐없이 등장하는 것이 레몬이다. 대부분 레몬을 짜서 생선에 뿌리는데 이것은 반드시 삼가도록 한다. 왜냐하면 레몬의 산이 회의 단백질을 부분적으로 응고시켜 결과적으로 탈색에 의해 얼룩을 만들기 때문에 미관상 나쁘기 때문이다. 따라서 레몬은 생선회가 아니라 초장이나 간장에 뿌려서 먹도록 한다.

- 냉수세척 : 회를 뜨는 과정 중 포 상태에서 얼음물에 세척하는 것은

급속하게 근수축을 일으켜서 살이 단단해지도록 하기 위해서이다. 이런 냉수세척 방법에는 포가 익지 않을 정도로 뜨거운 물을 순식간에 뿌린 다음 얼음물에 담갔다가 건져내면 생선 비린내도 효과적으로 없앨 수 있으며 경직도 잘 유지된다.

사후경직 중인 생선은 냉수세척에 의해 경직이 잘 유지되나 해경 후의 근육은 냉수세척에 의한 경직현상이 일어나지 않는다. 따라서 육질이 치밀하며 사후경직 중에 먹게 되는 활어회는 얇게 썰어 먹는 것이 가능하지만 참치회처럼 해경시킨 후에 먹는 회는 근육이 단단하지 않기 때문에 두껍게 썰어야 한다.

Q & A

사후경직 중의 생선이 맛있다는데?

육류는 사후경직이 지나고 자가소화 과정을 거쳐 숙성된 것을 먹지만 생선은 경직 중의 것이 신선하기도 하며 맛도 있다. 이것은 사후경직 중인 생선의 근육이 단단하여 씹는 맛이 좋기 때문이다. 그러나 예외적으로 농어 같은 생선은 경직기를 지나 자가소화를 시작한 때가 더 맛있다고 한다. 이것은 이 생선들이 자가소화를 거쳐 지미성분의 하나인 히스티딘(histidine)이 증가하기 때문이다.

Q & A

그렇다면 어패류가 육류에 비해 빠르게 부패하는 까닭은 무엇일까?

첫째, 어패류는 육류에 비해 사후경직 기간이 짧다. 육류의 사후경직이 소의 경우 12~24시간인 데 반해서 어패류는 1~4시간에 불과하다.

둘째, 육류는 사후경직 후 자가소화에 들어가 지미성분이 생성되는 반면, 어패류는 사후경직이 끝나고 자가소화에 들어가면 다랑어와 같은 대어를 제외하고는 조직이 연약하여 자가소화 속도가 빨라 오히려 맛이 저하된다.

셋째, 생선의 근육 자체는 무균상태이나 표피·아가미·내장에는 다수의 세균이 있으며 사후 혈관을 통하여 침입하여 번식한다.

넷째, 생선을 냉동보관하는 경우에는 이런 자가소화를 지연시켜 장시간 저장할 수 있다. 그러나 참치나 고등어같이 지방을 많이 함유한 생선은 저온보관도 리파아제(lipase)의 작용은 억제할 수 없으며 결국 지방산패에 의한 품질저하가 일어나게 된다.

• 위생적인 면 : 생회는 조리과정을 거치지 않기 때문에 조리과정에서 일어나는 특별한 이화학적인 변화는 없지만, 가열에 의한 살균의 기회가 없으므로 특히 위생적으로 다루어야 한다. 특히 어패류회는 부패가 빠르게 진행되므로 신선한 재료의 선택은 물론 위생적인 취급과 단시간에 소비하는 것도 중요하다.

• 육회의 질감 : 육회는 생선회와 마찬가지로 가열처리되는 조리과정이 없기 때문에 조리에 따른 특별한 이화학적인 변화는 일어나지 않으며, 생선회처럼 빠르게 부패가 일어나지도 않는다. 그러나 쇠고기는 그 품종이나 부위, 숙성 정도에 따라 연도에 차이가 있으며 최대한 연한 육질의 재료를 선택하는 것이 중요하다.

이 밖에 육회를 만드는 과정에서 연해질 수 있도록 도와주는 것도 중요하다. 육회의 연화작용을 위해서는 고기를 썰 때 결의 반대방향으로 써는 방법과 배즙을 첨가해주는 방법이 있다. 배즙에는 단백질 분해효소(protease)가 들어 있기 때문에 육회를 양념할 때 배즙을 함께 넣으면 효과적으로 연화시킬 수 있다.

② 숙회

• 어물 숙회의 수축과 색의 변화 : 생선이나 새우, 오징어 등을 데칠 때 껍질이 수축되어 살이 구부러지는 경우가 있는데 이것은 생선의 진피층을 구성하는 콜라겐이 가열에 의해 수축하기 때문이다. 특히 오징어의 경우 수축이 심해지므로 모양 좋게 데치려면 칼집을 넣어주어야 한다. 색의 변화로는 새우의 아스타크산틴이 가열에 의해 아스타신으로 변해 붉은 색을 띠게 된다.

• 식물성 숙회의 데치는 과정에서 질감변화와 색변화 : 식물세포는 이미 찜에서 언급한 바와 같이 물에 데치는 동안 가열에 의해 펙틴의 변화, 섬유소의 연화, 세포막 변성 등에 의해 질감이 변화된다. 더불어 엽록소를 함유한 채소들인 미나리, 파, 두릅은 가열에 의해 올리브색으로 변할 수 있다. 따라서 푸른색을 최대한 유지시키기 위하여 다량의 물이 끓을 때 채소을 넣고 데쳐야 하며, 데칠 때 휘발성 유기산이 휘발될 수 있도록 냄비 뚜껑을 반드시 열고 데쳐야 한다. 그러나 이 방법은 푸른색 색소는 잘 보존되나 휘발성 향미성분은 보존되기 어렵다.

편육 • 족편

편육은 고기를 푹 삶아 물기를 빼어 얇게 저민 것으로 숙편이라고도 한다. 끓이는 도구만 있으면 쉽게 만들 수 있는 편육은 예로부터 전해 내려오는 고기 먹는 법으로, 우리나라 사람들이 즐겨먹는 육류음식의 하나이며 부산물로 생기는 국물도 이용할 수 있다는 장점을 갖고 있다. 편육 자체는 고기를 푹 삶기 때문에 고기의 맛성분이 국물로 빠져나와 고기 자체의 맛은 다소 떨어지지만 텁텁한 맛이 적고 깨끗한 맛을 갖는다. 특히 돼지고기 편육은 새우젓과 함께 배추김치에 싸서 먹으면 맛이 잘 어울린다.

편육과 비슷한 음식인 족편은 쇠족과 사태, 힘줄, 껍질, 꼬리 등에 물을 붓고 장시간 고아 교질단백질인 콜라겐을 수용성 단백질인 젤라틴으로 전환시켜 죽상으로 만든 다음 그릇에 부어 차게 식혀서 굳힌 일종의 동물성 묵으로, 예전에는 주안상에 많이 이용되었다.

Q & A

돼지고기와 새우젓이 찰떡궁합인 이유는?

각 나라나 지역마다 전통적으로 섭취해온 서로 어울리는 식품이 있게 마련이다. 독일의 사워크라프트와 돼지고기 요리가 그렇고, 미국의 생선후라이와 후렌치후라이가 잘 어울리는 식품이라면 우리나라는 다른 무엇보다 돼지고기와 새우젓을 들 수 있다. 그렇다면 왜 돼지고기와 새우젓이 잘 어울리는 것일까? 단순히 맛의 조화가 잘 이루어지기 때문일까?

돼지고기의 주성분은 단백질과 지방이다. 단백질은 우리 몸 속으로 들어가서 펩티드로 쪼개진 뒤 아미노산(amino acid)으로 바뀌는데 이때 필요한 것이 단백질 분해효소인 프로테아제(protease)이다. 그리고 지방을 먹으면 췌장에서 분비되는 리파아제라는 지방 분해효소의 작용으로 지방이 가수분해되어 지방산(fatty acid)과 글리세롤(glycerol)로 바뀌어 흡수되지만, 지방 분해효소가 부족하면 지방이 분해되지 못하고 설사를 일으킨다.

새우젓은 발효되는 동안에 대단히 많은 양의 프로테아제와 리파아제를 함유하게 되어 기름진 돼지고기의 소화제 역할을 하는 것이다. 이런 점에서 돼지고기에 새우젓을 찍어 먹는 것은 맛의 조화와 더불어 소화력을 증진시키는 매우 합리적인 음식의 배합이다.

1) 편육과 족편의 재료

(1) 편육

편육의 재료는 살코기를 이용하는 경우와 그 밖의 다른 부위를 이용하는 경우로 나누어 설명할 수 있다. 먼저 살코기를 이용하는 경우는 크게 쇠고기와 돼지고기로 나눌 수 있는데, 쇠고기 중에서 편육을 하기에 적당한 부위는 양지머리 · 사태살 · 업진살 등이며 이 가운데 양지머리의 차돌박이로 만든 편육이 지방이 적당히 분포하여 고기맛이 가장 일품이다.

돼지고기는 삼겹살, 목살, 어깨살, 뒷다리살로 편육을 만들 수 있는데 그 가운데 삼겹살이 가장 적당하다. 순수한 살코기 이외의 부분으로는 쇠고기에서는 우설 · 우랑 · 우신 · 쇠머리를 들 수 있으며, 돼지고기에서는 돼지머리를 주로 이용한다.

돼지고기를 이용하여 편육을 만들 경우에는 특유한 냄새가 나기 쉬우므로, 돼지고기를 조리하기 전에 냉수로 씻은 다음 물기를 완전히 빼고 사용해야 한다. 이렇게 하면 국물맛도 좋아지며 고기맛 또한 변하지 않는다.

(2) 족편

족편은 콜라겐을 많이 함유한 부위를 녹여서 다시 묵처럼 굳혀 썰어서 먹는 음식이다. 재료는 젤라틴으로 전환될 수 있는 콜라겐을 많이 함유한 질긴 부위인 쇠족이나 힘줄, 껍질, 꼬리 등을 주로 이용한다.

2) 일반적 조리법 및 조리원리

(1) 조리법

편육은 쇠고기나 돼지고기를 덩어리째로 삶아 베보자기에 싸서 판판하게 눌러 저민 것을 양념장이나 새우젓국에 찍어 먹는다. 가정에서 잔치를 하거나 대량으로 고깃국물을 낼 때 양지머리나 사태를 덩어리째 삶아 국물은 국수장국의 국물로 이용하고 고기 건더기는 편육으로 쓴다.

이미 앞에서 살펴보았듯이 편육의 재료는 육류 가운데 주로 쇠고기의 양지머리 · 사태살 · 우설, 돼지고기의 삼겹살과 돼지머리 부분을 가장 많이 이용한다. 따라서 이용된 재료에 따라 양지머리편육, 사태편육, 우설편육, 제육편육, 돼지머리편육 등으로 부른다.

양지머리편육이나 사태편육, 제육편육을 만들 때는 우선 재료를 찬물에 담가 핏물을 뺀 다음 냄비의 물이 끓어오르면 핏물을 뺀 고깃덩어리를 넣고 서서히 2시간 정도 삶는다. 이때 젓가락으로 찔러보아 흐물거리지 않을 정도로 익었을 때 고기를 꺼내어 도마 위에 베보자기나 행주 등을 깔고 잘 싸서 양지머리편육이나 제육편육은 판판한 것으로 잘 눌러 모양을 반듯하게 한다. 반면 사태는 굵기가 고른 원통형으로 말아서 끈으로 묶어 모양을 굳힌다. 편육이 굳으면 고깃결의 반대방향으로 썬다.

우설편육 역시 찬물에 담가 핏물을 제거하고 끓는 물에 삶는 것은 다른 편육과 같으나 삶는 시간이 1시간 정도로 짧으며 삶아낸 다음 혀의 껍질을 벗겨내야 한다.

돼지머리편육 역시 재료인 돼지머리를 찬물에 담가 핏물을 빼고 끓는 물에 넣어 끓어오르면 다시 씻어낸 다음 물을 충분히 붓고 약 3시간 이상 끓여 모든 뼈와 더러운 부분을 제거한다. 큰 보에 발라낸 머리고기를 싸서 돼지머리 삶던 물에 다시 넣어 30분 정도 삶아낸 뒤 보자기째 건져서 찬물을 끼얹어 도마 위에 평평하게 놓고 무거운 것으로 눌러서 모양을 굳힌다.

족편은 토막난 쇠족을 물에 담가 피를 빼서 끓는 물 속에 넣고 끓여낸 다음 다시 씻어 충분한 물에서 삶는다. 이때 사태도 함께 넣어준다. 쇠족의 골수가 쉽게 빠질 때까지 끓여서 뼈를 추려내고 체에 쏟아 국물은 밭고 건지는 곱게 다진 뒤 다시 합친다. 네모난 쟁반에 이 국물을 부어 식히고 윗면이 식어서 약간 굳으면 고명을 얹어 더 식힌다.

(2) 편육 · 족편의 조리과정에서 일어나는 이화학적 변화와 조리할 때 주의할 점

① 편육

편육에서 일어나는 이화학적 변화는 육류찜과 조림에서 일어나는 변화와 유사하다. 그런데 질감면에서 차이가 날 수 있는데, 왜냐하면 편육은 숙육을 행주나 베보자기에 싸서 무거운 돌로 7~8시간 눌러놓아 탈수가 일어나고 젤라틴화한 결체조직이 젤화하여 근조직을 다시 잘 결합시켰기 때문이다.

【편육을 만들 때 주의할 점】

첫째, 고기를 끓는 물에 넣어 근육 표면의 단백질을 먼저 응고시킴으로써 수용성 맛성분들이 육수에 용출되는 것을 최대한 방지하여 고기 자체의 맛을 좋게 유지하도록 한다.

둘째, 편육을 만들 때 고기 덩어리가 너무 크거나 두꺼우면 고기 속에서 핏물이 표면으로 몰려나와 고기의 색도 나빠지고 국물도 혼탁해지므로 1,500g 정도의 고기를 사용하는 것이 적당하다.

셋째, 편육을 썰 때는 근육섬유 길이의 직각방향으로 되도록이면 얇게 썬다.

넷째, 편육은 탈수된 동시에 지방분이 많이 용출되었기 때문에 공기 중에 오래 방치해두면 건조하여 맛이 없다. 그리고 근육의 미오글로빈에서 유리된 철분이 지방의 산패를 촉진하므로 냉장고에 보관하더라도 산패취가 형성되므로 빠른 시간에 소비하는 것이 바람직하다.

다섯째, 돼지고기의 편육을 삶을 때 생강을 넣으면 누린내를 없앨 수 있다. 그런데 생강의 방취효과는 단백질이 응고된 뒤에 효과적이므로 생강은 고기가 거의 익었을 때 넣는 것이 좋다.

② 족편

Q & A

콜라겐과 젤라틴, 그리고 족편은 어떤 관계일까?

모든 식용하는 육류는 근육섬유, 결체조직, 지방조직, 골격조직으로 구성되어 있다. 콜라겐은 이 가운데 결체조직에 포함된다. 결체조직은 근섬유를 둘러싸거나 근속끼리 연결하거나 근속을 다른 구조물과 연결하는 건, 장기를 지탱하는 조직, 뼈를 연결해주는 인대 등에 있으며 가죽도 이에 속한다.

결체조직에는 두 종류가 있는데, 교원섬유라 불리는 콜라겐 섬유(collagen fiber)와 탄성섬유인 일래스틱 섬유(elastic fiber)이다. 콜라겐은 습열로 장시간 가열하면 수용성의 젤라틴으로 전환된다. 콜라겐은 불용성으로 콜라겐 상태의 결체조직을 포함한 근육은 매우 질기지만 콜라겐이 일단 수용성인 젤라틴으로 전환된 근육은 연해진다. 또한 젤라틴은 고온에서는 액체이지만 상온에서는 젤을 형성하는 성질을 가지고 있는데, 편육과 족편도 젤라틴의 이런 성질 때문에 만들 수 있는 음식이다.

편육은 수용화되었던 젤라틴이 냉각되어 젤이 되면서 생기는 결착성을 이용하여 근섬유를 다시 강력하게 재결합시켜 만든 것이라 할 수 있다. 족편은 젤라틴이 젤이 되는 성질 자체를 이용하여 소의 여러 부위에서 젤라틴을 추출하여 젤을 만든 것이다.

9 김치와 젓갈

김 치

오랫동안 우리 식탁을 차지해온 김치는 채소를 저농도의 소금에 절여 저장하는 방법으로 발달해왔다. 우리 문화의 대부분이 그러한 것처럼 김치도 초기의 형태는 중국에서 유래, 전파되어 오늘날 우리나라와 중국, 일본에서 각각 다른 형태로 자리잡았다.

김치에 대해 최초로 언급한 중국의 옛 기록은 지금으로부터 3천여 년 전의 책인 《시경(詩經)》인데, 이때는 오이를 이용해서 저(沮)를 만들었다고 되어 있다. 그 뒤 《여씨춘추(呂氏春秋)》, 《설문해자(說文解字)》, 《석명(釋名)》 등의 기록을 종합해보면 저는 방부효과를 목적으로 채소를 초절임하거나 숙성시킨 것으로 신맛을 내는 식품이었으며 이것이 우리나라 김치의 원형이었으리라 짐작된다. 이렇게 채소를 저의 형태로 저장하는 방법은 일본에도 영향을 미쳐 채소를 소금이나 술찌끼, 된장, 초 등으로 절이는 음식으로 발전하였다.

우리나라의 고문헌 중에서 김치와 관계 있는 첫 문헌은 《삼국사기(三國史記)》이다. 여기에서는 왕비의 폐백품목으로 해(醢)라는 표현이 등장하는데, 이것은 김치와 젓갈을 총칭하는 표현으로 생각되나 김치에 관한 구체적인 언급은 없다.

그 뒤 문헌에서 최초로 김치를 담그는 방법이 확인된 것은 고려시대 이규보의 《동국이상국집》인데, 무를 소금에 절이는 형태의 김치가 등장하는 것으로 보아 이때까지도 장아찌류를 크게 벗어나지 못한 수준이었던 것

같다.

조선시대에 들어와 1527년에 편찬된《훈몽자회(訓蒙字會)》에서 저를 우리말로 "딤채"라고 불렀는데 이로부터 짐채 → 김채 → 김치로 변화되었으리라고 생각된다. 조선시대로 넘어오면서 김치에 관한 가장 큰 변화는 역시 매운 향신료의 도입이었다. 1500년대 초엽의《수운잡방(需雲雜方)》이라는 책에 천초와 마늘을 사용하는 김치에 대한 기록이 나오고, 고추에 대한 언급은 17세기 이수광의《지봉유설(芝峰類說)》에서 볼 수 있다. 고추를 김치의 양념으로 사용한 기록은 1766년의《증보산림경제》가 최초여서 우리 민족이 오늘날과 같은 매운맛의 김치를 식용하게 된 것은 채 300년이 되지 않았음을 알 수 있다.

지금은 배추김치가 김치의 대표격으로 주종을 이루고 있으나 배추가 김치재료로 사용된 것은 비교적 근래의 일이다. 상당 기간 동안 김치의 재료로 사용된 것은 무나 오이 등이었고, 오늘날과 같은 통배추김치는 결국배추가 우리나라에서 재배되면서부터였으므로 200년 남짓한 역사를 가지고 있다.

1) 김치의 재료

(1) 무

무는 십자화과에 속하는 근채류로 배추와 더불어 우리나라의 2대 채소이다. 중국을 통해 우리나라에 들어와 현재는 전국에서 다양한 품종의 무가 생산되는데, 크게 나누면 재래종과 일본계 품종이 있다. 재래종은 뿌리가 짧고 육질이 단단하나 일본계 품종은 대체적으로 뿌리가 길고 육질이 연한 편이다.

무는 사계절 고루 소비되는 채소로 무말랭이나 단무지 등의 용도에도 사용되나 김장용으로 가을무가 주종을 이루고 여름철에는 열무가 많이 재배된다. 무는 겨울철의 중요한 비타민 공급원이고 그 밖의 영양소도 함유하고 있지만 소화를 촉진하는 효소(diastase)가 들어 있다. 김치 재료로서의 무는 김치의 종류에 따라 각기 다른 품종의 무가 선호되지만 공통적으로 좋은 무는 다음과 같은 조건을 가지고 있다.

- 흠집이 없고 매끈하며 윤기가 나는 것

- 육질이 단단하며 치밀한 것
- 들어보았을 때 무겁고 크기가 균일한 것
- 매운맛이 적고 감미가 있는 것
- 무청이 싱싱하게 달려 있으며 흙이 그대로 붙어 있는 것
- 모래밭보다는 진흙밭에서 자란 것

(2) 배추

겨자과의 초본식물로 속잎은 황백색, 겉잎은 녹색이다. 우리나라에 도입된 초기에는 반결구배추가 이용되었으나 그 뒤 결구배추가 도입되어 이것을 김치 재료로 사용하며, 그 이외에도 부식재료로도 이용한다. 겨울철 김치의 경우에는 수분함량이 많은 배추가 부드럽고 맛이 좋으나 저장성이 나쁘므로 봄철 김치용으로는 조직이 단단하고 수분이 적은 배추를 사용한다. 김치 재료로서 좋은 배추는 다음과 같은 조건을 가지고 있다.

- 속이 꽉 차고 들어보았을 때 묵직한 것
- 배춧잎의 수가 많고 얇고 부드러운 것
- 잎이 단단하게 붙어 있고 푸른색 겉잎까지 모두 붙어있는 것

(3) 고추

고추는 가지과의 일년생 식물로 채소 가운데 생육기간이 아주 긴 편이다. 크게 나누면 매운 고추와 맵지 않은 고추가 있으며, 맵지 않은 고추는 생식으로 사용하며 크기가 큰 반면 매운 고추는 주로 조미료로 사용되며 크기가 작다.

김치에 사용되는 고추는 17세기에 우리나라로 유입되었다. 중남미가 원산인 고추는 일본에서 전래되어 우리나라를 통해 중국으로 건너갔다는 것이 정설이다. 고추가 김치에 이용된 것은 17세기 후반의 일이었으며 대중화된 것은 18세기 이후였던 것으로 생각된다. 김치 양념으로 쓸 때는 보통 고추를 말려서 가루를 내어 사용하는 경우가 많으나 오래 저장하지 않을 김치는 생고추를 갈아 사용하기도 한다.

김치 양념으로 쓰이는 붉은고추의 경우 그 색소는 β-카로틴과 캅산틴(capsanthin)이므로 비타민 A 함량이 높다. 비타민 C도 매우 풍부하지만 건조하는 과정에서 상당량 파괴된다. 좋은 고추는 다음과 같은 특징을 가

진다.

- 표피가 매끈하고 주름이 없는 것
- 색택이 선명하고 윤기가 있는 것
- 꼭지가 잘 붙어 있는 것
- 크기와 모양이 균일하고 건조상태가 양호한 것

(4) 마늘

마늘은 백합과의 다년생 식물로 원산지는 서아시아이다. 우리가 김치에 사용하는 부분은 작물의 줄기에 해당되는 부분이다. 마늘의 표피 색깔은 재배 토양에 따라 달라지는데, 대체적으로 밭에서 재배되는 밭마늘이 논마늘보다 육질이 단단하며, 보통 육쪽 마늘을 최상품으로 친다. 좋은 마늘은 다음과 같은 특징을 가진다.

- 크기와 모양이 균일한 것
- 표피가 담갈색 또는 담적색인 것
- 겉껍질과 속껍질이 단단하게 붙어 있는 것
- 마늘 특유의 매운맛이 강한 것
- 쪽수가 적고 단단한 것

(5) 생강

새앙, 생이라고도 한다. 생강과에 속하는 다년생 식물로 열대아시아가 원산지이다. 우리가 식용하는 부위는 뿌리로 매운맛을 가지며 향기가 좋아 양념, 차[茶] 이외에도 술이나 엿, 과자의 재료로 사용된다. 생강은 김치의 잡냄새를 제거하고 향을 높이는 작용 외에도 살균과 방부작용을 높여주는 역할을 하기도 한다. 다음과 같은 조건을 지니고 있으면 좋은 생강으로 친다.

- 크기와 모양이 일정하며 섬유질이 적고 연한 것
- 황토흙에서 재배한 것으로 쪽이 굵고 굴곡이 적은 것
- 껍질이 잘 벗겨지고 생강 특유의 매운맛이 강한 것

(6) 갓

갓은 겨자과에 속하는 채소로 중앙아시아가 원산이다. 잎은 자줏빛 또는

푸른색이고 약간 매운맛이 있으며, 씨는 겨자씨처럼 가루로 만들어 향신료로도 쓰이나 겨자씨처럼 맵지는 않다. 갓에 함유된 배당체인 시니그린은 효소 미로시나아제에 의해 머스터드 오일이 되어 매운맛을 낸다.

김치 담글 때 넣을 경우 용도에 따라 푸른 갓과 붉은 갓을 사용하는데, 색이 진할수록 향이 진해지므로 담백한 김치에는 색이 옅은 갓을 고르는 것이 좋다. 연하고 섬유질이 적으며 싱싱한 전라도 지방에서 생산되는 갓을 상품으로 친다.

Q & A

김치와 기무치

최근 들어 일본사람들의 김치에 대한 관심이 무척 높아졌다. 몇 십년 전만 하더라도 한국사람이 김치를 먹는 것을 매우 경멸(?)했던 일본사람들이 김치의 맛과 영양, 그리고 식품학적 의의를 깨닫고 김치에 큰 관심을 가지기 시작하였다. 실제로 일본인이 '기무치'라 부르는 김치의 소비가 점점 늘어나고 있는 추세이고 경제력을 바탕으로 세계 속으로 기무치를 알려가고 있어 우리가 각성해야 할 시점에 와 있다.

최근 들어 일본의 김치에 대한 과학적인 연구는 괄목할 만한 성과를 내놓고 있다. 그러나 아직 일본의 김치가 한국의 김치를 따를 수 없는 가장 큰 이유는 재료, 특히 배추 때문이라고 한다. 일본은 우리나라보다 강우량이 많고 기온이 높아 수분함량이 많고 섬유질이 적은 배추가 재배되기 때문에 저장성이 낮으며 우리 김치처럼 아삭아삭한 맛을 내기 어렵다.

2) 김치의 분류

김치는 계절, 지역, 주재료, 부재료, 형태 등에 따라 여러 가지로 나누어 생각할 수 있다. 한국식품개발연구원의 분류를 참고로, 김치의 종류를 표 3-11과 같이 나타냈다.

이와 같이 김치류의 주재료에서 가장 많이 사용되는 것은 무 · 배추 · 오이가 가장 많고, 이 밖에 갓이나 미나리 · 파 · 부추 · 고들빼기 같은 다양한 30여 종의 채소가 많이 사용되고 있음을 알 수 있다.

표 3-11. 김치의 종류

분 류	종 류
배추김치류 (9종)	배추김치, 통배추김치, 양배추김치, 속대김치, 보쌈김치, 백김치, 씨도리김치, 얼갈이김치, 강지
무김치류 (20종)	총각김치, 알타리김치, 빨간무김치, 숙김치, 서거리김치, 채김치, 비늘김치, 무청김치, 나박김치, 애무김치, 단무지, 열무감자김치, 비지미, 무묶음김치, 무명태김치, 무국화김치, 무배김치, 무오가리김치, 무말랭이김치, 무말랭이파김치
나물김치류 (19종)	호박김치, 깻잎김치, 미나리김치, 냉이김치, 시금치김치, 콩나물김치, 고들빼기김치, 박김치, 죽순김치, 고구마줄거리김치, 고춧잎김치, 가지김치, 달래김치, 모밀순김치, 도라지김치, 두릅김치, 부추김치, 고수김치, 풋마늘김치
석박지(5종)	멸치젓석박지, 동아석박지, 배추석박지, 무석박지, 내구석박지
파김치(5종)	실파김치, 쪽파김치, 오징어파김치, 전라도파김치, 황해도파김치
어패류 및 육류 김치류(10종)	굴김치, 꽁치김치, 새치김치, 대구김치, 북어김치, 오징어김치, 전복김치, 닭김치, 꿩김치, 제육김치
해조김치류(4종)	파래김치, 미역김치, 청각김치, 톳김치
물김치류(18종)	시금치물김치, 인삼오이물김치, 청각물김치, 분디물김치, 알타리국물김치, 열무물김치, 돌나물물김치, 통나물국물김치, 더덕물김치, 갓물김치, 오이물김치, 열무오이물김치, 연배추물김치, 배추물김치, 평안도통배춧국물김치, 풋배추물김치, 솎음배추물김치, 달랭이물김치
기타 김치류 (12종)	갓지, 석류김치, 어리김치, 골림김치, 곤지김치, 고추김치, 장김치, 율장김치, 원추리김치, 하루나김치, 냉면김치, 찌개김치
깍두기류(15종)	알깍두기, 굴깍두기, 아가미깍두기, 명태깍두기, 쑥갓깍두기, 우엉깍두기, 숙깍두기, 대구깍두기, 즉석용흰깍두기, 열무오이깍두기, 오이깍두기, 풋고춧잎깍두기, 삶은무깍두기, 창란젓깍두기, 풋고추깍두기
동치미류(9종)	동치미, 서울동치미, 나박동치미, 실파동치미, 무청동치미, 갓동치미, 총각무동치미, 알타리동치미, 궁중식동치미
소박이류(11종)	소박이김치, 소배추소박이김치, 오이소박이, 통대구소박이, 빨간무소박이, 배추쌈오이소박이, 갓소박이, 고추소박이, 더덕소박이, 무청소박이, 오이송송이
겉절이류(10종)	상추겉절이김치, 얼절이김치, 배추겉절이김치, 배추시래기김치, 실파겉절이김치, 무겉절이김치, 오이겉절이김치, 깻잎양파겉절이김치, 열무겉절이김치, 부추겉절이김치
장아찌류(22종)	마늘장아찌, 마늘종장아찌, 달래장아찌, 고춧잎장아찌, 풋고추장아찌, 배추꽃이장아찌, 배춧잎장아찌, 무채장아찌, 무숙장아찌, 연무장아찌, 무청장아찌, 무말랭이젓장아찌, 배추무말랭이장아찌, 배추짠지, 파짠지, 파강회짠지, 무채짠지, 삭힌 고추 짠지, 무배추고춧잎짠지, 고갱이짠지, 열무짠지, 골금짠지

자료 : 조재선 · 황성연, 〈김치 절임류의 표준화에 관한 조사연구〉, 《한국식문화학회지》, 1988.

【김치에 첨가되는 부재료들의 역할】

김치의 부재료로 이용되는 과일류로는 대표적으로 배를 들 수 있는데 이는 김치맛을 시원하게 하고 맛을 돋우는 역할을 한다. 또 김치류의 발효를 촉진하기 위하여 곡류가 첨가되기도 한다. 지역과 김치의 종류에 따라 첨가되는 곡류의 종류가 다르고 첨가하는 형태도 다르다. 즉 밥이나 죽을 쑤어 첨가하는 방법, 가루를 내어 첨가하는 방법, 곡류 삶은 물을 첨가하는 방법 등 조금씩 다른 형태로 첨가된다.

김치에 첨가되는 동물성 부재료의 경우 어류를 젓갈로 담가 첨가하는 경우가 가장 흔하지만 간혹 날것으로 첨가하기도 한다. 또 육류를 첨가하기도 하는데 보통은 육류를 삶아 그 국물을 사용한다. 동물성 식품의 경우 대부분 김치의 맛을 증진하기 위한 목적으로 사용되지만 영양면에서도 김치류에 부족하기 쉬운 단백질을 보강하는 역할을 한다.

3) 김치의 조리원리

김치류의 조리과정은 크게 세 부분으로 나누어 생각할 수 있다.

(1) 첫 번째 과정 : 채소 절이기

겉절이류나 일부 종류의 김치는 절이지 않고 바로 양념을 첨가해 버무리는 경우도 있으나 대부분 김치 조리의 시작은 절이기에서부터 시작된다.

채소를 절이는 과정은 채소를 적당한 크기로 자르고 소금을 뿌리거나 소금물에 담그는 단순한 과정이다. 그러나 이 과정은 김치에 적당한 염도를 부여해 간을 맞게 하고 숨을 죽여 부드럽게 하며 수분을 탈수하는 중요한 목적을 가진다.

배추를 소금에 절이는 과정은 삼투작용으로 이루어진다. 삼투현상은 반투막을 사이에 두고 농도가 서로 다른 두 용액이 만나면 농도가 낮은 쪽에서 높은 쪽으로 용액이 이동하는 현상을 말한다. 식물의 세포벽에는 반투막이 있어 물은 통과시키지만 식염과 당 등의 용질은 통과시키지 않는다. 배추를 세포액보다 농도가 높은 소금물에 담그면 세포의 수분이 세포간질로 유출되고 세포는 원형질 분리를 일으켜서 세포벽과 원형질막 사이에 Na^+ 이온을 포함한 식염수가 침투하게 된다. 이러한 과정을 통해 배추의 물이 빠지게 된다.

배추의 물이 빠지는 속도는 두 액즙의 농도의 차이가 클수록, 즉 소금물의 농도가 높을수록, 절이는 온도가 높을수록, 배추의 절단면이 클수록 빨라진다.

【절이는 방법】

- 건염법 : 배추의 잎 사이에 소금을 뿌려 쌓아놓는 방법이다.
- 염수법 : 15% 정도의 소금물을 만들어 배추를 담가놓는 방법이다. 배추를 절이는 시간은 소금물의 농도에 따라 다르며 배추의 염농도가 3%가 되었을 때까지 절이는 것이 가장 좋은 맛을 유지할 수 있다. 배추를 절이는 소금용액의 농도가 높을수록, 오래 절일수록 배추 속의 맛성분이 용출되어 손실이 클 뿐만 아니라 너무 짜고 수분이 많이 빠져 배추 조직이 질겨진다. 배추가 물 위로 뜨지 않게 주의하고 많은 양의 배추를 절일 때는 일정한 시간마다 배추를 뒤집어 주어야 전체적으로 골고루 절여진다.

Q & A

김치를 절일 때는 호렴으로!

일반적으로 김치를 절일 때는 호렴이 더 좋다. 호렴에는 정제되지 않은 여러 가지 무기질이 포함되어 있어 무기질 공급을 받을 수 있다. 그런데 이들 무기질, 특히 칼슘이 채소의 펙틴질과 불용성 염을 형성하여 김치를 무르게 만드는 펙티나아제(pectinase)의 작용을 방해한다. 그 결과 아삭아삭한 질감을 얻을 수 있다.

(2) 두 번째 과정 : 소 넣기

절인 배추를 씻어 물기를 뺀 다음 양념으로 버무리고 소를 넣는 과정이다. 소는 여러 가지 양념과 부재료를 배합해 놓은 것을 말하는데 김치의 종류에 따라, 지방에 따라, 각 가정에 따라 각각 다른 형태이다. 소를 넣는 과정은 절인 배추의 잎을 한 가닥씩 들추면서 양념을 바르고 소를 끼워 넣는 형태인데 대량생산 체제에서도 기계화가 어려운 과정이다.

소를 채워 넣은 김치는 곧 바로 숙성에 들어가게 되는데 김치의 숙성은 혐기적 상태에서 진행되므로 소를 채워 용기에 담을 때 혐기적 상태가 유지되도록 하는 것이 중요하다. 소를 넣은 김치를 배추 겉잎으로 꼭꼭 여미는 것이나 용기에 담을 때 차곡차곡 눌러 담는 것, 그리고 다 채워 넣은 뒤 무거운 돌로 눌러 공기가 있을 만한 공간을 없애는 과정들이 모두 발효 중의 혐기적 상태를 유지하기 위한 방법이다. 또 돌로 눌러주는 과정은 양념의 조미성분을 채소 조직 속으로 빨리 침투하게 하고 조직의 과다한 수분을 빼주는 역할을 한다.

(3) 세 번째 과정 : 김치 숙성시키기

김치가 숙성된다는 것은 재료 속의 탄수화물이나 단백질 등이 효소에 의해 분해되고 이것이 여러 가지 미생물에 의해 발효된 후 세포 속으로 들어가 조화를 이루는 과정을 뜻한다.

김치의 숙성에 영향을 미치는 중요한 요인은 소금의 농도와 숙성온도이다. 일반적으로 숙성온도가 낮고 소금농도가 높을수록 숙성기간이 많이 걸린다. 이 가운데 더 중요한 것은 숙성온도인데 4~5℃에서 천천히 숙성시켰을 경우 김치의 맛이 가장 좋다.

Q & A

우리나라의 김치 담그기에서 사용하는 용어

· **다듬는다** : 우리나라 조리 용어에서 '다듬는다'는 말은 김치 담그기에서뿐만 아니라 조리하기 전에 많은 재료를 손질한다는 의미로 사용된다. 그러나 '다듬는다'는 말은 식품에서 가식부를 가려낸다는 단순한 의미보다는 음식에 정성을 들인다는 의미가 담겨 있다.

· **담근다** : 우리나라 음식에 '만든다', '조리한다'는 표현 대신 '담근다'는 말을 쓰는 몇 가지 음식이 있다. 그 가운데 대표적인 것이 김치와 장류, 술 그리고 젓갈류일 것이다. 이는 모두 반드시 발효과정을 거쳐야 하는 음식들인데 '담근다'는 말은 재료를 모두 첨가하고 발효에 영향을 미치는 요인을 고려하여 발효 요인을 조절해준다는 의미까지 포함된다고 할 수 있다.

· **삭힌다** : '삭힌다'는 조리용어 역시 발효음식에 주로 해당되는 말이다. 이 삭히는 과정을 거쳐 나온 맛이 '삭힌맛'인데 서양인에게는 익숙하지 않으나 우리에게는 너무나 친숙한 맛이다. 이 발효미(酸酵味)를 제3의 맛이라고 하지 않던가!

4) 김치 숙성에 관계되는 미생물

(1) 세균

처음 김치를 담갔을 때의 상태는 염분이 약 3% 내외가 되므로 내염성균들만이 살아남게 되다가 점차 유기산이 형성되어 pH가 감소하고 혐기적 상태가 유지되면 혐기성균들이 증식하게 된다. 김치 숙성에 관여하는 혐기적인 세균으로는 *Lactobacillus plantarum, Leuconostoc mesenteroid, Lactobacillus brevis, Streptococcus faecalis, Pediococcus cerevisiae* 등이 주종을 이룬다.

이 가운데 김치의 주된 숙성균으로 여겨지는 *Leuconostoc mesenteroid*는 이상젖산발효균으로, 숙성 초기부터 양적으로 많이 번식하여 젖산과 CO_2를 생산한다. 따라서 김치의 pH는 낮아지고 다른 호기성균들의 생육은 억제된다. 김치가 적당하게 익는 단계에 도달하면 이 균의 생육은 감소하고 *Lactobacillus plantarum*과 *Lactobacillus brevis*의 생육이 증가하게 된다. 특히 *Lactobacillus plantarum*은 내산성균으로 숙성 중기 이후에 증가하기 시작하여 숙성 말기까지 꾸준하게 유지된다. *Streptococcus faecalis*는 발효 초기에 주로 증식하였다가 감소되는 균으로 내산성이 약하며 발효 초기에 김치 숙성에 관여하는 것으로 보인다. *Pediococcus cerevisiae*는 김치의 숙성 중기 이후에 활발히 증식하는 것으로 보아 김치의 산패에 관여하는 균으로 생각된다.

*Lactobacillus plantarum*과 *Leuconostoc mesenteroid*를 우선 비교해보면, *Lactobacillus plantarum*은 정상젖산발효균으로 젖산만을 생성하는 반면 *Leuconostoc mesenteroid*는 이상젖산발효균으로 젖산 이외의 각종 유기산과 알코올・탄산가스 등을 생성하여 김치의 맛을 내는 데 중요한 역할을 한다. 따라서 김치의 맛을 좋게 하는 방법을 미생물적 측면에서 본다면 *Leuconostoc mesenteroid*가 많이 생성되도록 하는 발효환경이 중요하다. 김치를 실온에서 숙성시킬 때는 *Lactobacillus plantarumm*이 많이 생성되고, 4~5℃ 정도의 저온에서 숙성시킬 때는 *Leuconostoc mesenteroid*가 많이 생성된다.

(2) 효모

김치의 미생물은 절이는 과정에서 염에 의해 활동력이 방해를 받지만 산막효모는 김치를 절이는 정도의 염농도에서는 생육에 지장을 받지 않는다. 또 대부분 호기성이기 때문에 김치의 내부보다는 공기와 접촉한 김치액의 표면에서 활발히 증식한다.

김치에 존재하는 효모는 *Saccharomyces*가 주종을 이루며 이 밖에 *Toruloposis, Candida, Hasenula, Pichia* 등이 발견된다. 효모는 김치가 숙성되는 동안 알코올을 생성하고 이들 가운데 일부 알코올은 산과 결합하여 에스테르를 형성하여 김치의 향과 맛을 향상시키는 역할을 하기도 한다. 그러나 *Hasenula, Pichia* 등은 김치의 표면에 증식하면서 젖산을 소비시켜 김치의 pH를 높이고 그 결과 부패균의 활동이 활발해져서 김치의 품질에 손상을 입히므로 이들 효모가 생기지 않게 통제하는 것이 무엇보다 중요하다.

5) 김치 숙성 중 일어나는 변화

(1) 맛성분의 변화

① 유기산

김치의 맛을 내는 성분에는 여러 가지가 있지만 대표적인 것으로는 유기산과 CO_2를 들 수 있다. 김치의 숙성이 진행되면서 생성되는 유기산에 의해 산도는 증가하고 pH는 점차 감소하게 되는데, 일반적으로 pH가 4.0 부근이 되었을 때 가장 맛있는 상태라고 한다. 김치의 숙성 중에 가장 많이 생성되는 유기산은 젖산(lactic acid)이며 이 밖에도 호박산(succinic acid), 사과산(malic acid), 초산(acetic acid), 구연산(citric acid), 주석산(tartaric acid) 등을 들 수 있다. 김치에서 생성되는 유기산의 함량은 발효조건에 따라 달라진다. 소금농도가 낮고 저온에서 숙성시킨 김치는 소금농도가 높고 비교적 고온에서 숙성시킨 김치보다 더 많은 유기산과 탄산을 생성하므로 김치 특유의 상큼한 맛을 가진다.

② 알코올

생배추나 생무에는 카보닐화합물 · 함황화합물 · 아세트알데히드 등이 많이 들어 있는데, 이런 물질들은 김치가 숙성되면서 점점 감소하고 알코올이 생성되어 김치의 맛을 좋게 한다. 알코올 역시 소금농도를 낮게 해서 숙성시킨 김치에서 더 많이 생성된다.

③ 아미노산

유기산 이외에 김치의 맛을 좋게 하는 맛성분으로는 아미노산을 들 수 있다. 김치에 젓갈을 넣은 경우 유리아미노산의 종류와 양이 많이 생성되므로 김치의 맛이 좋아진다. 김치의 유리아미노산 가운데 리신(lysin), 아스파르트산(aspartic acid), 글루탐산(glutamic acid), 발린(valine), 메티오닌(methionine), 이소류신(isoleucine), 류신(leucine) 등의 함량이 높은 것으로 알려져 있다. 특히 유리아미노산은 김치의 맛을 좋게 할 뿐 아니라 김치의 숙성 중기 이후에 김치의 pH가 지나치게 떨어지는 것을 막는 역할을 한다. 즉 김치 발효가 진행될수록 pH가 떨어지다가 숙성 후기에는 그 정도가 둔화되는 것을 관찰할 수 있는데, 이러한 현상은 유리아미노산이 일종의 완충작용을 하고 있는 것으로 생각된다.

(2) 영양성분의 변화

김치에 들어 있는 영양성분 가운데 가장 중요한 것은 비타민 C이다. 김치 발효 초기에 비타민 C는 일단 감소하지만 곧 회복하여 김치가 가장 맛있게 익을 때까지 계속적으로 증가하다가 이 시기를 지나면 다시 감소하는 양상을 보인다. 이처럼 김치의 숙성 적기에 최고의 비타민 C 함량을 보이는 것은 배추 속에 함유되어 있던 포도당(glucose)과 갈락투론산(galacturonic acid)으로부터 비타민 C가 생합성되기 때문이다. 또 가장 맛있는 시기 이후에 비타민 C가 감소하는 것은 김치 발효에 관계하는 미생물들이 비타민 C를 이용하기 때문인 것으로 생각된다.

그 외에 비타민 B_1, B_2, 니아신 등도 담근 직후에 약간 감소했다가 증가하기 시작해 맛이 가장 좋은 시기에 최고를 이룬 다음 다시 감소해 비타민 C와 비슷한 양상을 보인다. 김치 숙성 중에 이들 비타민의 함량이 증가하는 것은 재료의 조직 속에 있는 비타민들이 효소에 의해 용출되거나 미생물 등에 의해 합성되는 것으로 생각된다. 그 외에 고추와 배추 등에 함유되어 있는 카로틴은 산에 불안정하므로 발효가 진행될수록 점차 감소한다.

6) 김치 숙성 중에 일어나는 바람직하지 않은 현상들

관능적 특성과는 별개로 김치 발효환경이 부적절하였을 경우 산패와 연부현상, 그리고 김칫국물이 걸쭉해지는 현상 등이 있을 수 있다.

(1) 산패현상

김치 발효과정에 유기산들이 생성되어 점차 pH가 낮아지는데 이것이 지나치면 식품으로서의 가치를 잃게 되는 산패현상이 일어난다. 넓은 의미에서 보면 이것은 일종의 과숙현상이다. 맛있는 김치를 오랫동안 먹기 위해서는 김치가 적당하게 숙성된 이후에 미생물의 작용을 저지해 더 이상 숙성되지 않도록 막는 여러 가지 방안들이 연구되고 있다. 김치가 적숙기를 지나 산패기에 접어들면 전체적인 산도는 매우 높아지나 그에 비하면 pH의 변화는 상대적으로 크지 않은데 그것은 김치 속의 아미노산들에 의한 완충작용 때문이다.

(2) 연부현상

김치의 연부현상은 김치가 아삭아삭한 맛을 유지하지 못하고 물러지는 것으로, 김치의 기호성을 매우 나쁘게 만든다. 이러한 현상은 채소의 펙틴질이 폴리갈락투로나아제(polygalacturonase : PG)라는 효소에 의해 분해되기 때문에 발생한다. PG는 호기성 산막 미생물에 의해서 분비되는 효소로 펙틴질을 분해하여 긴 사슬을 형성하고 있는 갈락투론산을 떼어내는 역할을 한다. 이 효소의 활성은 호기성 산막을 형성하는 미생물의 번식에 의해 활발해지므로 김치를 담그거나 저장하는 과정에서 공기와의 접촉을 막으면 억제할 수 있다. 김치를 잘 눌러 공기가 있을 만한 공간을 없애주거나 배추의 조직이 김칫국물 밖으로 나오는 것을 막는 것이 중요하다(→ 펙틴 : 채소찜 참고).

(3) 김칫국물이 걸쭉해지는 현상

김치가 숙성되면서 김치액이 걸쭉해지는 현상이 생길 수 있는데 이것은 김치가 발효하면서 덱스트란(dextran)이 생성되었기 때문이다. 덱스트란은 α-글루코오스가 1,6 결합하여 생성된 다당류의 한 종류로서, 김치를 담글 때 첨가한 설탕이 가수분해되어 생기는 물질이다.

김치의 발효를 주도하는 *Leuconostoc mesenteroid*는 덱스트란 수크라아제(dextran sucrase)라는 효소물질을 분비하는데 이 효소가 설탕을 덱스트란으로 전환시킨다. 김치액에 덱스트란이 생기면 맛이나 모양·촉감 등이 좋지 않게 되는데, 설탕 첨가량이 많을수록 또는 오래 버무릴수록 많이 생성되므로 주의해야 한다.

젓갈

젓갈은 어패류에 소금을 가하여 저장함으로써 어패류 자체의 효소작용으로 자가소화 작용을 일으켜 독특한 풍미를 가지는 고유의 발효식품이다.

젓갈류는 중국을 중심으로 바다를 끼고 있는 동양 각 나라의 식문화권에서 오래 전부터 사용되어 온 것으로 생각되며, 우리나라의 문헌에서 젓갈에 대한 가장 오래된 기록은 《삼국사기》이다. 신문왕(재위 681~691)이 왕비를 맞을 때 폐백품목으로 다른 식품들과 함께 해(醢)류를 사용했다는 기록이 있다.

그 뒤 조선시대 초기 유희춘(柳希春)의 《미암일기》에서 젓갈과 식해의 구체적인 명칭이 나타나는데, 게·백하·가리마·전복 등이 재료로 사용되었던 것으로 보인다. 조선시대 중기로 넘어오면 젓갈에 사용된 어패류의 종류가 무척 다양해진다. 안동 장씨(安東張氏)가 저술한 《음식디미방》이나 류중임(柳重臨)의 《증보산림경제》에 따르면, 청어·연어·새우·숭어·조기·밴댕이 등을 원료로 사용했음을 알 수 있다.

1) 젓갈의 종류

젓갈은 크게 해류(醢類, 젓갈류)와 식해류(食醢類)로 나눌 수 있다.

해류는 예전에는 어패류 이외의 다른 원료로도 만들어졌으나 오늘날 남아 있는 것은 우리가 흔히 접하는 소금에 절이는 젓갈류이다. 이러한 젓갈류는 원료인 어패류에 단순히 소금만 첨가한 것으로, 어패류 자체에 의한 자가소화와 내염성 미생물에 의해 숙성이 진행된다.

식해류는 어류나 패류에 익힌 곡류와 맥아·소금 또는 누룩을 혼합해서 발효시킨 것으로, 어패류의 자가소화 외에도 적극적인 젖산발효를 동반한 발효식품이다. 젓갈류는 지역에 따라 원료의 차이는 있으나 우리나라 어느 지방에서나 사용되었던 식품인데 반해, 식해류는 북부지방을 중심으로 주로 발전되었다. 현재는 강원도 지방에서 명태나 가자미 등을 중심으로 명맥을 유지해오고 있다.

표 3-12. 한국산 젓갈과 식해의 종류

구 분	재 료	종 류
젓갈	어류	가자미젓, 강달이젓, 고노리젓, 고등어젓, 갈치젓, 까나리젓, 꽁치젓, 능성어젓, 눈치젓, 대구젓, 도루묵젓, 도미젓, 돌치젓, 동태젓, 등피리젓, 디포리젓, 매가리젓, 멸치젓, 모챙이젓, 민어젓, 반지젓, 뱅어젓, 밴댕이젓, 송애젓, 뱀장어젓, 병어젓, 볼낙젓, 조기젓, 수느래젓, 신대젓, 실치젓, 아그대젓, 열치젓, 웅어젓, 자리젓, 전어젓, 정어리젓, 준치젓, 황숭어젓 등
	갑각류	갈게젓, 갯가재젓, 게장, 게젓, 고개미젓, 곤쟁이젓, 꽃게적, 농발게젓, 능갱이젓, 대하젓, 돌게젓, 바닷게젓, 박하지젓, 방게젓, 백하젓, 벌떡게젓, 부새우젓, 새우젓, 새우맛젓, 새우액젓, 새하젓, 썰게젓, 오젓, 육젓, 자젓, 중하젓, 참게젓, 청게젓, 털게젓, 토하젓, 피앵이젓, 화란게젓, 황발이젓 등
	연체류	꼴뚜기젓, 굴젓, 낙지젓, 대합젓, 동죽젓, 맛젓, 모시조개젓, 바시락젓, 백합젓, 소라젓, 떡조개젓, 오징어젓, 어리굴젓, 조개젓, 한치젓 등
	어패류의 내장 및 아가미	갈치속젓, 게웃젓, 고등어내장젓, 대구아가미젓, 민어아가미젓, 명태아가미젓, 맹장어창젓, 전어밤젓, 조기속젓, 조기아가미젓, 창란젓, 해삼창자젓 등
	어패류의 생식소	게알젓, 고등어알젓, 대구알젓, 대구이리젓, 명란젓, 새우알젓, 성게알젓, 숭어알젓, 연어알젓, 장대알젓, 조기알젓, 화란젓 등
식해	어류	가자미식해, 갈치식해, 광어식해, 노가리식해, 대구식해, 도다리식해, 도루묵식해, 멸치식해, 명태식해, 뱅어식해, 우럭식해, 전어식해, 전갱이식해, 조기식해, 쥐치식해, 홀떄기식해, 횟대식해 등
	연체류	고동식해, 낙지식해, 대합식해, 마른오징어식해, 문어식해, 오징어식해, 한치식해 등
	어란 및 아가미	명태아가미식해, 명태창자식해, 명란식해 등

자료 : 이한창, 《발효식품》, 신광출판사, 1998.

2) 젓갈의 재료

젓갈을 만드는 어패류의 종류는 광범위하다. 즉 여러 가지 어류에서부터 새우 · 게 같은 갑각류 및 오징어 · 낙지 · 꼴뚜기 같은 연체류에 이르기까지 다양하며, 어패류의 내장이나 아가미뿐 아니라 알 같은 생식소까지 이용한다.

식해류는 젓갈류에 비해 원재료가 한정되어 있으며, 그나마 현재 남한지역에는 명태나 가자미 등 맛이 담백한 흰살생선을 원료로 한 몇 가지만 주로 식용하고 있다.

3) 젓갈의 조리원리

(1) 젓갈류의 조리원리

젓갈류는 종류에 따라 조금씩 차이는 있으나 대부분 원료인 어패류 사이사이에 소금을 뿌려 넣고 숙성시키는 방법을 사용한다. 여기서는 가장 많이 이용되는 새우젓을 중심으로 설명하도록 하겠다.

① 세척

젓갈의 원료인 새우는 대량으로 취급되므로 흙이나 이물질 등이 묻어 있을 수 있다. 이를 제거하기 위하여 3% 정도의 소금물로 씻어내는데 보통은 바닷물로 세척하는 경우가 많다. 이때 원재료에 손상이 가서 선도가 떨어지지 않도록 주의해야 한다. 세척한 다음 물기를 완전히 제거하는 일도 중요하다.

② 소금 첨가와 숙성

젓갈류는 일반적으로 원재료의 20% 이상의 소금을 첨가하는데 새우젓은 멸치젓보다 소금 첨가량이 더 많다. 또 같은 새우젓이라 하더라도 새우의 크기와 종류 · 계절에 따라 첨가되는 소금의 양이 조금씩 다른데, 가을에 담는 추젓보다는 오월이나 유월에 담는 오젓 · 육젓에 많은 양의 소금이 필요하다.

새우와 소금을 잘 섞어 담금용기에 넣은 다음 위에 소금을 덮고 PE 필름을 덮는다. 이때 공기가 최대한 제거되도록 하는 것이 중요한데 이를 위하여 원료를 담금용기에 다져 넣는다거나 입구를 단단히 묶는 작업이 필요하다. 고온에서 숙성시키면 숙성기간이 단축되는 장점이 있으나 바람직하지 못한 미생물이 번식하게 되므로 보통 13~15℃에서 4~5개월 정도 숙성시킨다.

젓갈의 숙성은 초기에는 원료인 어패류의 근육이나 내장기관에 함유된 소화효소가 자가소화를 일으키는 과정에 의존한다. 어느 정도 자가소화가 일어나 미생물이 생존하기 좋은 상태가 만들어지면 그 뒤 주로 높은 염농도에서도 생육 가능한 호염성 미생물들이 분비하는 효소가 재료의 단백질을 분해하여 숙성이 이루어진다. 일부 내염성 효모가 숙성에 관여하기도 하나 곰팡이의 생육은 드문 편이다.

(2) 식해류의 조리원리

식해류는 젓갈류에 비해 염도도 낮으며 전분질의 원료가 첨가되므로 숙성기간이 짧다. 원료인 생선을 세척하여 물기를 빼고 적당한 크기로 자른 다음 원료량의 5~10% 정도 되는 소금을 첨가하여 침출액이 어느 정도 빠져나올 때까지 기다린다. 빠져나온 침출액을 완전히 제거하고 조밥이나 쌀밥 같은 전분질과 고춧가루, 엿기름 등을 배합한다. 지방에 따라 마늘이나 다른 향신채를 첨가하기도 하고 무채를 썰어 넣기도 한다. 공기가 들어가지 않도록 차곡차곡 담은 뒤 입구를 잘 막아 한달 이내로 숙성시킨다.

식해류는 식염의 농도도 낮고 전분질 원료가 첨가되므로 젓갈류에 비해 복잡한 발효과정을 거친다. 원료의 자가소화와 단백질 분해효소를 분비하는 미생물에 의한 분해 이외에도 젖산균과 효모 등이 생육하게 되어 젖산과 알코올 발효가 일어나게 된다. 이때 생겨난 젖산과 알코올은 식해 특유의 풍미와 톡 쏘는 듯한 맛을 부여한다. 젓갈에 비해 염농도가 낮지만 젖산발효에 의해 생성된 젖산 때문에 pH가 낮아져 낮은 온도에서 숙성시키지 않더라고 부패는 잘 일어나지 않는다.

4) 젓갈의 발효 미생물

젓갈류의 미생물은 높은 염도에서도 생육할 수 있는 내염성 세균이 주종을 이루고, 그 외에 내염성 효모도 일부 숙성에 관여해 특유의 향미성분을 내는 데 도움을 준다.

젓갈류에서 멸치젓의 경우에는 주로 *Pseudomonas, Achromobacter,*

Flavobacterium, Brevibacterium 등이, 새우젓의 경우에는 *Micrococcus morue, Pediococcus, Sarcina, Hallobacterium* 등이 숙성을 주도한다. 숙성이 진행되면서 내염성 효모의 생육이 왕성해져서 맛이 가장 좋아지는 시기에 가까워오면 효모치가 최대에 이른다.

식해의 숙성에 관계하는 미생물은 이들 젓갈류의 숙성에 관여하는 미생물 이외에도 산・알코올을 생성하는 세균이나 효모 등이 복합적으로 관여한다. 일반적으로 효모치가 최대에 도달하였을 때 가장 좋은 맛을 내는 것으로 생각된다.

Q & A

우리집 김치에는 어떤 젓갈이 들어 있을까?

김치를 담글 때 주로 사용하는 젓갈은 지역에 따라 조금씩 특색이 있다. 물론 지금은 냉장시설도 좋아지고 교통이 발달하여 옛날처럼 구분이 명확하지는 않으나 아직도 지역에 따른 특성이 남아 있다.

기온에 따라 김치의 염도가 달라지는데 중부 이북의 지역에서는 기온이 낮으므로 싱겁고 국물이 많은 담백한 김치를 담그는 반면, 상대적으로 기온이 따뜻한 남부지방에서는 짜게 담근다. 경상도와 전라도 지역의 김치가 이 경우에 해당하는데, 김치를 짜게 담글 경우 소금만으로 염도를 맞추면 맛이 없으므로 젓갈을 많이 사용하게 된다. 전라도와 경상도 지역은 다른 젓갈도 사용하지만 멸치젓을 많이 사용하여 진한 맛이 난다.

서울과 경기도・충청도・황해도 등 중부지방의 김치에는 새우젓・조기젓・황석어젓 등을 많이 사용하여 담백한 맛을 내고, 강원도에서는 젓갈을 많이 사용하지 않는 대신 생오징어나 명태 같은 생선을 꾸덕꾸덕 말려서 넣기도 한다.

평안도 지역은 조기젓, 새우젓을 주로 사용하고 쇠고기 등의 육류를 삶아 김칫국물을 만들기도 한다. 함경도 김치는 지역적인 특성으로 젓갈을 잘 쓰지 않는다.

10 장아찌 · 마른찬

장아찌

주로 밑반찬으로 애용되어 온 장아찌는 가을걷이 후 장만하여 각종 영양소와 비타민을 섭취할 수 있는 우리 고유의 전통 저장식품으로 제조방법이 다양하게 발전해왔다.

장아찌는 장과(醬瓜)라 하는데, 장아찌에 관한 최초의 기록은 고려시대 중엽 이규보의 《동국이상국집》에 "좋은 장을 얻어 무 재우니 여름철에 좋고, 소금에 절여 겨울철을 대비한다." 하였으므로 그 역사는 고려시대로 거슬러올라간다. 이렇게 고려시대로부터 전해오는 장아찌의 재료와 독특한 제조방법은 수없이 많고 다양하며, 지역별로 장아찌의 주요 재료가 전해 내려오고 있다. 장아찌는 주로 된장 · 고추장에 박는 것, 간장에 담그는 것, 식초나 젓갈을 이용해 담그는 것 등으로 구분할 수 있다.

1) 장아찌의 식품학적 의의

장아찌는 채소가 풍부하게 생산되는 계절에 간장이나 고추장, 된장 등에 저장해 두었다가 채소가 생산되지 않는 겨울철에 부족하기 쉬운 비타민이나 무기질을 공급해 줄 뿐 아니라 저장식품 특유의 맛을 즐길 수 있다.

계절에 따라 기온의 차이가 심하고 농산물 수확에 제한이 있었던 과거의 경우 채소가 생산되지 않는 계절에 채소를 공급하기 위해 김장김치와 더불어 장아찌와 같은 저장방법은 필수적이었다. 또한 장아찌는 입맛을 개운하게 하는 기호식품이기도 하였다.

그러나 현대에 들어와 염도가 높아 각종 성인병과의 상관관계 때문에 전통음식으로서의 기호도가 많이 낮아지고 있으며, 근래에는 신선한 채소를 사시사철 쉽게 구할 수 있으므로 겨울철 비타민의 공급원으로서의 필요성이나 이용빈도가 더욱 낮아진 듯하다.

그러나 채소를 염도가 높은 간장이나 된장에 재어두는 것은 부패 세균의 생육을 억제할 수 있는 훌륭한 저장법으로서, 장기간 저장시 장과 채소 성분의 숙성이 이루어져 조직이 연해지고, 자체효소에 의한 발효에 의해 독특한 향미성분이 생성되어 밥맛을 돋우어 주는 별미음식으로 그 위치를 확고히 하고 있다.

2) 장아찌의 종류

장아찌는 밑반찬으로 많이 쓰이는 채소음식으로 채소를 날것 그대로 만든 날장아찌와 익혀서 만든 숙장아찌가 있다. 보통 날장아찌를 장아찌라 부르고, 숙장아찌는 오랫동안 간장 · 된장 등에 박아두는 것이 아니라 익혀서 빠른 시간에 만들었으므로 갑장과 또는 숙장과라고도 한다.

【제조과정】

- 전처리 : 과채류나 근채류 등은 소금에 절이거나 끓는 물에 데치거나 건조시키는 등의 전처리를 하며 전처리 없이 그대로 담그기도 한다.
- 침적시키기 : 농도가 높은 각종 장류에 침적시키면 생활세포는 염분이 스며들고 수분이 빠지며 조직이 연해지고 자체 효소에 의한 발효가 이루어진다. 이 과정에서 장아찌를 잘게 썰거나 돌로 눌러놓으면 수

표 3-13. 장아찌의 종류

분 류	만드는 방법	종 류
숙장과 (숙장아찌)	패류, 미나리 · 오이 · 배추 · 무 등의 채소류는 절여서 물기를 제거하고 볶거나 간장물에 졸여서 만든다.	삼합장과, 오이통장과, 오이갑장과, 무갑장과, 미나리장과, 배추속대장
(날)장아찌	통마늘, 마늘종, 가지, 도라지, 더덕, 무, 풋고추, 깻잎 등을 간장, 된장, 고추장 등에 박아서 삭힌다.	통마늘장아찌, 마늘종장아찌, 무말랭이장아찌, 더덕장아찌, 감장아찌, 오이간장장아찌 등

표 3-14. 장아찌의 주요 재료

재 료	종 류
채소	깻잎, 열무, 고춧잎, 콩잎, 가지, 오이, 무, 풋고추, 감자, 고들빼기, 더덕, 도라지, 마늘, 토란
과실 및 견과	감, 참외, 천도복숭아, 밤, 호두
해초 및 어류	다시마, 김, 미역, 우무, 전복, 마른오징어, 대구포, 마른새우, 생해삼, 북어
육류 및 기타	쇠고기 우둔살, 두부, 쪽장과(오이, 무, 당근, 쇠고기)

분이 잘 빠져나와 침장액이 잘 배게 된다. 크기가 작은 재료는 얇은 망사 주머니나 베주머니에 넣어 박아두면 꺼낼 때 찾기 쉽고 재료에 장이 묻지 않아 손실이 적다.

- 침적액에서 꺼내기 : 장아찌를 박았던 고추장은 맛이 없어지고 빛깔이 흐려지므로 따로 구분해야 하며 조금씩 꺼내어 공기가 통하지 않게 봉한다.
- 양념하기 : 너무 짜면 물에 담가 소금기를 우려낸 다음 양념하기도 하며, 간장이나 젓국으로만 할 경우 너무 짜므로 멸칫국물을 내어 섞으면 맛도 좋고 짠맛을 조절할 수 있다. 잎채소 장아찌나 더덕장아찌, 파래장아찌 등도 물에 씻지 않고 양념한다. 채소는 얇게 썰어 그대로 먹을 수 있지만 참기름, 파, 마늘, 고춧가루, 깨소금 등의 양념을 넣어 무치면 맛이 더 좋다.

3) 장아찌의 제조원리

침지법에 의해 장아찌를 만드는 방법은 재료가 가지고 있는 생활세포를 사멸시키므로, 장류 내의 염분 및 그 밖의 성분이 충분히 스며들어 조직이 연해지고 효소의 발효작용에 의해 풍미 있는 음식이 된다.

장아찌를 만들 재료를 간장 · 된장 · 고추장 등에 박았을 때 식염용액의 높은 삼투압에 의해 세포로부터 탈수가 이루어지고, 결국 식품 중 자유수의 함량이 낮아져 저장효과가 있다. 그 외에도 고농도 식염용액은 미생물이 분비하는 단백질 분해효소의 작용 저해와 산소의 용해도 감소로 호기성 세균의 발육을 저해하고 소금의 탈수작용과 미생물 세포의 원형질 분리에 의해 부패 미생물의 발육을 저지한다. 또한 식염의 해리에 의한 Cl^- 이온의 작용에 의해 방부효과가 있는 것으로 알려졌다.

장아찌가 잘 담가졌다는 것은 침장액이 충분히 배었다는 의미이며, 맛이 안 들은 것은 아직도 재료의 세포가 살아 있는 것이다. 장아찌를 담글 때 잘게 썰거나 돌로 눌러놓는 것은 수분을 빼고 세포의 사멸을 충분히 하기 위해서이다.

【장아찌 담글 때 주의할 점】

장아찌를 담그기 전에 주의할 점은 재료를 충분히 씻어야 한다는 것이다. 이렇게 하면 장아찌를 담근 다음 보관할 때 유해 미생물의 번식을 억제할 수 있기 때문이다. 또한 물기가 많으면 좋지 않으므로 소금에 절여서 물기를 빼고 적당히 말려서 담근다.

4) 침장액의 종류에 따른 장아찌

(1) 된장에 박는 장아찌

가장 흔한 방법으로 된장에 함유된 레시틴은 체내에서 유화 완충작용을 하므로 혈중 콜레스테롤(cholesterol) 침착을 막아 동맥경화를 방지하며, 콩의 사포닌 성분도 용혈작용, 지방대사 활성화, 산화억제, 노화방지에 기여한다.

주로 더덕, 도라지, 성게, 새우, 쇠고기의 우둔살, 두부, 동치미무, 풋고추, 오이, 깻잎, 수박껍질, 가지, 참외, 콩잎, 무, 동아 등을 이용한다.

(2) 간장・식초를 이용한 장아찌

식초에 담가두는 장아찌는 초산・젖산 등의 방부성뿐만 아니라 조미법을 겸한 것으로, 산의 방부성은 주로 수소이온에 의한 세포단백질의 응고로 일어난다. 일반적으로 효모는 pH 4.0 이하, 곰팡이는 pH 3.0 이하에서 생육이 억제되지만 초절임 식품을 장기간 저장하기 위해서는 저온살균이나 보존제를 병용해야 하는데, 마늘종장아찌의 경우는 pH나 염화나트륨($NaCl$)의 방부성을 겸하고 있어 장기간 저장할 수 있다. 때때로 간장을 끓여 다시 부어주는 과정에서 미생물 사멸효과와 저장기간 연장의 효과가 있다.

그 외에도 식초는 청량감을 주고 생리적으로 식욕을 증가시키며 소화액 분비를 촉진시켜 소화 흡수를 도울 뿐 아니라 비타민 C를 보호 고정해주면서 채소의 신선미를 더해준다. 주로 마늘종이나 마늘, 오이, 깻잎, 가지, 무, 고춧잎, 무말랭이 등을 이용한다.

(3) 고추장을 이용한 장아찌

고추장에 박아두는 장아찌는 고추장의 염분이 비타민 C의 자동산화를 억제하며 고추와 고추씨의 함유성분인 캅사이신(capsaicin), 캅사이시딘(capsicidin)은 *Bacillus subtilis*균에 대한 항균작용이 있다. 또한 β-카로틴과 비타민 C가 다량 함유되어 있어 항돌연변이 및 항암작용이 있다고 보고되었으며, 고춧가루에서 추출한 회분은 아플라톡신(aflatoxin) B_1의 돌연변이 효과를 저해하며, 고춧가루는 건위제로 피부를 자극하여 혈액순환을 돕는 역할도 한다.

주로 동치미무, 김, 미역귀, 더덕, 마늘종, 북어, 감, 오이, 참외, 송이, 전복, 무, 우무, 굴비 등을 이용하기도 한다.

(4) 기타

- 멸치젓을 이용한 장아찌 : 오징어, 풋고추, 콩잎
- 젓갈을 이용한 장아찌 : 씀바귀, 풋고추, 무, 깻잎, 단풍든 콩잎
- 소금을 이용한 장아찌 : 무

5) 장아찌 담그기의 실제

(1) 오이와 오이장아찌

오이는 짧고 둥글며 육질이 비교적 치밀한 것을 고른다. 소금물의 농도는 물 1ℓ에 소금(호렴) 100~120g의 비율로 녹여 10~11%가 되게 하며 오이가 떠오르지 않도록 돌로 누른다. 담근 뒤 1주일 동안은 매일 소금물 농도를 검사하여 소금을 보충해주고 농도를 맞추어야 한다. 20일 정도 지나면 오이가 녹갈색이 되는데 발효가 다 되면 15~18% 소금물에 담가 어두운 곳에 저장한다.

발효 중 소금농도가 10% 이하로 내려가면 발효는 촉진되나 부패균이 번식하고, 11% 이상이 되면 젖산균의 번식이 저해되어 발효하는 데 오랜

표 3-15. 지역별 장아찌의 주요 재료

종류 / 지방	주요 재료
경기도	무, 깻잎, 미역귀, 배추시래기, 산초, 언무, 배추고갱이, 무채, 속대
충청도	북어, 곶감, 참외, 더덕, 무, 오이, 가지, 고추, 두부, 전복, 생감, 숙육, 생강, 마늘종, 승검초대
전라도	두부장, 도토리, 우무, 더덕, 굴비, 홍합, 배추고갱이, 도라지, 마늘종, 양어, 씀바귀, 잔고추, 고춧잎, 가지, 묵, 콩잎, 곶감
경상도	콩잎, 마른오징어, 당귀, 전복, 개암, 무
강원도	무, 오이, 도라지, 더덕, 고사리
제주도	후춧잎, 무
황해도	풋고추, 오이, 호박, 김, 무, 분지, 무말랭이, 쪽파
평안도	무, 오이, 무말랭이, 싸장, 두부장, 줄기장이
함경도	텃밭마늘

자료 : 윤숙자, 《한국의 저장 발효음식》, p. 211.

표 3-16. 월별 장아찌 담그기

장류 / 월별	간장	된장	고추장	멸치젓
2월	두부	동치미무		
3월			동치미무, 김, 미역귀	
4월	마늘종		더덕, 마늘종	오징어
5월	마늘대, 산초		더덕, 북어	풋고추
6월	풋고추	풋고추		풋고추
7월	풋고추, 오이	풋고추, 오이	감, 오이	깻잎
8월	깻잎	깻잎, 수박껍질		
9월	가지, 토란대	가지, 참외	참외, 송이	
10월	무, 고춧잎, 토란대	콩잎, 무, 동아	무	콩잎
11월	무청, 묵, 배춧잎, 속대, 무말랭이, 배추고갱이		전복, 묵, 우무, 굴비	

시일이 걸린다. 오이지를 많이 담근 경우 꺼내어 채반에 말렸다가 고추장에 박아도 좋은데, 오이가 너무 크면 간이 덜 배어 맛이 좋지 않다.

(2) 고추장아찌

풋고추는 6월이나 서리가 내리기 전인 늦가을에 수확되는 것을 구입하여야 맛이 있는 장아찌를 만들 수 있다. 이때 풋고추의 꼭지를 너무 바짝 자르면 물러서 못 먹게 된다.

풋고추는 먼저 소금물에 삭히는데, 이때 풋고추에 바늘로 군데군데 구멍을 내고, 고추가 위로 떠오르지 않게 대발이나 접시를 얹어야 한다. 풋고추가 노랗게 삭으면 간장·식초·설탕을 섞어 넣거나 고추장에 박아 2주일 이상 둔다.

(3) 더덕장아찌

가늘게 찢은 더덕장아찌를 4~5cm 길이로 썬 파와 함께 그릇에 담고 식초, 설탕, 고추장, 다진 마늘, 깨를 섞어 만든 양념 고추장으로 무쳐도 맛있다. 더덕 껍질을 벗기면 손이 검게 되고 찐득거리는 진이 묻으므로 장갑을 끼고 칼로 벗기면 편리하다.

(4) 마늘종장아찌

4월 무렵 마늘종이 한창일 때 마르거나 쇠어서 질긴 부분을 잘라버리고 물에 씻어서 꾸덕꾸덕하게 말린 다음 4가닥씩 모아서 둘둘 감아 풀리지 않게 매서 간장, 고추장, 된장 등에 박는다.

(5) 무장아찌

김장철에 단단한 조선무를 구입하여 4~6등분하여 소금에 절였다가 물기를 꼭 짜서 채반에 널거나 가는 철사에 꿰어 말린다. 그런 다음 진간장, 설탕, 생강채, 실고추로 만든 양념장을 끼얹어가며 항아리에 차곡차곡 담아 돌로 눌러 놓는다.

(6) 가지장아찌

가지는 9월에 난 가늘고 씨가 없는 것이 좋다. 가지를 썰어 소금을 뿌려 절여두었다가 눌러 물기가 빠지면 말려서 양념을 섞어 만든 양념장을 켜

켜로 끼얹으며 항아리에 담아 뚜껑을 닫고 저장한다.

가지통장아찌는 가지에 칼집을 넣고 끓는 물에 살짝 데쳐 물기를 없애고, 볶은 쇠고기에 갖은 양념을 넣고 버무려 가지 칼집 속에 넣은 다음 진간장에 식초·설탕을 섞어 끼얹으면서 항아리에 담는다. 이렇게 잘 덮어 두었다가 2~3일 후에 먹는다. 그러나 가지통장아찌는 오래 두고 먹을 수 없는 단점이 있다.

마른찬

마른찬은 반상차림의 반찬이나 술안주감으로 쓰기 위하여 평소에 만들어 두는 일종의 단기 저장식품으로 수분이 적어 오래 두고 먹을 수 있다.

마른찬에는 고기·생선 등을 양념하여 말린 포, 건어물을 손질한 것, 해조류나 말린 어패류를 바싹 볶아 만든 것, 고기류를 바싹 조린 것, 식물성 식품에 찹쌀풀을 발라 말렸다가 기름에 튀겨 조미한 것 등이 있으며 고온다습하지 않은 가을철·겨울철·봄철에 만든다.

1) 포

(1) 역사와 유래

포의 가공은 자연물 채집시대 때부터 들짐승이나 산짐승 또는 생선류를 우선 먹고 남은 것을 말리기 시작하면서 실시하였을 것으로 추측한다. 문헌상으로는 《삼국사기》에 신라의 신문왕이 왕비를 맞이할 때 폐백품목으로 쓰였다고 기록되어 있으며, 조선시대에는 나라에 올린 진상품목이나 각 고장의 산물품목으로 여러 가지 건어, 말린 전복, 말린 새우, 꿩이나 사슴, 노루고기포 등이 기록되어 있다.

포는 쇠고기나 생선의 살을 넓게 포로 떠서 간을 하여 말리는 저장식품이다. 육포는 쇠고기의 우둔살이나 홍두깨살을 결대로 얇게 떠서 간장·설탕·후춧가루 등으로 조미하여 채반에 널어 말리는 것으로, 장포 또는 약포라고도 하며 가장 흔히 먹는 포이다.

표 3-17. 포의 종류

재료에 따른 분류	육포 : 쇠고기를 이용한 약포, 대추편포, 칠보편포, 육포쌈 등이 있다.
	어포 : 생선을 말린 것으로 암치포, 대구포, 오징어포, 북어포가 있다.
양념에 따른 분류	장포 : 간장으로 양념한 것으로 오래 묵은 집간장[眞醬]이라야 맛과 빛이 좋다.
	염포 : 쇠고기나 꿩고기를 두툼하게 포를 떠서 소금, 후춧가루로 간을 한 뒤 볕에 말린다.

쇠고기로 만드는 포 가운데 대추편포와 칠보편포가 있는데, 편포는 쇠고기를 곱게 다져서 대추알만하게 또는 그보다 조금 크고 동글납작하게 빚어 말린 것이다. 어포는 대개 흰살생선을 얇게 포를 떠서 소금으로 간을 하여 말리는데 예외적으로 북어는 간을 하지 않고 통째로 말린다.

포를 이용한 마른 구절판은 약포, 민어로 만든 암치포, 대구포, 대추, 은행, 곶감쌈, 생율, 잣솔, 어란 등으로 만든다.

(2) 포의 조리원리

포를 말리는 데는 시간이 걸리며 모양이 반듯하게 말려야 하므로 정성과 요령이 필요하다. 말리는 시기는 하절기를 피해 통풍이 잘 되는 곳에서 빨리 말려야 빛도 좋고 맛도 있다. 이 밖에 연기를 쐬어 말리는 훈연법이나 불을 피워 말리는 배건법 등 여러 가지 수단이 동원된다. 이렇게 건조시킨 육포는 냉동실에 보관해야 지질의 산패를 지연시켜 저장기간을 연장시킬 수 있다.

이러한 건조식품은 식품의 부패를 막는 방법으로 세균 번식에 필요한 수분(자유수)을 50% 이하로 제거해서 저장성을 부여한 것이다. 맛에 중요한 영향을 미치는 인자는 유리아미노산이며, 자가소화작용에 의해 유리아미노산이 증가한다. 건조시켜 수분이 감소함에 따라 맛을 내는 성분의 농축과 탈수로 인한 근섬유의 치밀화 및 지방의 이동에 의한 분산된 지방립 때문에 씹었을 때 독특한 질감의 변화를 가져온다.

【자유수와 식품의 저장성】

식품에 존재하는 물은 두 가지로 나뉜다. 하나는 결합수로 식품을 구성하는 물질과 결합하여 그 일부를 형성하는 물이다. 이것은 용매로는 이용될 수 없고 -40℃에서도 끓지 않으며, 효소활성이나 미생물 생육에 이용되지 않는다. 따라서 결합수는 식품의 부패, 미생물의 생육과 관련이 없는 물이다.

또 하나는 자유수 또는 유리수로 식품 내에서 자유로운 상태로 존재하고 용매로 작용하기도 하며, 유기물로부터 간단히 분리, 제거할 수도 있다. 0℃에서 얼고 건조시 증발하며 미생물의 생육에 이용되는 물이다. 결국 건조는 자유수를 증발시킴으로써 미생물이 이용할 수 있는 자유수의 양을 감소시켜 식품의 저장성을 증가시키는 저장방법이다.

2) 자반

자반이라 하면 흔히 절인 생선을 떠올리는 경우가 많으나, 실제로는 한 가지 특정한 조리법을 가리키는 것이 아니라 반찬이 되는 마른찬, 부각, 절인 생선, 짭짤한 밑반찬 등을 두루 이르는 말로 한자로는 좌반(佐飯)이라고 쓴다.

(1) 자반의 종류

- 생선을 소금에 절인 것 : 고등어자반, 준치자반, 암치자반
- 해산물이나 건어물을 기름에 튀긴 것 : 매듭자반, 미역자반
- 해산물이나 건어물을 기름에 볶거나 무친 것 : 북어무침, 자반미역볶음, 김자반, 파래자반
- 쇠고기를 간장에 조린 것 : 장산적, 장조림, 똑똑이자반, 약포조림
- 채소를 이용한 자반 : 풋고추자반, 더덕자반

(2) 생선자반을 조리할 때 일어나는 이화학적 변화

① 육질의 엉겨앉음 현상

자반류는 염분에 의해 육조직이 단단해지고 탄성 있는 제품이 되는데, 이러한 자반류의 탄성은 엉겨앉음(setting) 현상에 기인한다.

어육에 식염을 2∼6% 첨가하면 삼투압에 의해 소금이 어육 속으로 침

투하여 투명도가 증가하고 점성이 나타나며 보수성이 증가한다. 이것은 근원섬유 단백질인 액틴과 미오신이 염용성이어서 식염에 의하여 녹아 나와 양자가 결합하여 망상의 액토미오신을 형성하는데, 이 액토미오신의 보수성이 좋기 때문이다.

그러나 자반고등어와 자반멸치 등은 소금농도가 15% 정도로 염도가 매우 높아 액토미오신이 형성되기 어렵고 탈수와 단백질의 침전현상이 일어난다. 염장한 생선을 물에 넣어서 소금을 우려낸다 해도 원래의 생선살과 다른 것은 단백질이 불용성으로 변성했기 때문이다.

생선의 신선도가 떨어지면 같은 양의 소금을 뿌려도 살이 단단해지지 않는데, 이것은 어육의 pH가 알칼리성이 되어 단백질의 팽윤성이 높아지기 때문이다.

② 염장 중 이물질의 생성

염장 중에는 탈수, 즙액유출, 자가소화에 의한 단백질・지방 등의 변화가 나타나는데 암모니아(NH_3), 아미노산, 비단백성 질소 등은 증가하고 미오신, 미오겐 등의 단백질은 감소한다. 염장 중의 악취는 지방산의 분해에 의한 산화생성물이나 암모니아, 스카톨(skatole), 메틸아민(methylamine), 황화수소(H_2S) 등과 같은 단백질의 분해산물에 의한다.

③ 산패에 의한 과산화물의 형성

염장한 건어물은 고도의 불포화지방산을 포함하고 있는데 오래된 건어물 표면이 황색 또는 적갈색이 된 것은 바로 이러한 산화물이 생성된 결과이다. 이렇게 열화(劣化)된 유지는 영양가가 떨어질 뿐 아니라 독성을 나타내는데, 과산화물과 그 분해에 의해 생긴 각종 분해물은 체내에 흡수되어 몸의 대사에 필요한 효소를 불활성화하는 것으로 알려져 있다.

④ 미생물의 번식

염장 중 온도가 높으면 탈수작용이 급속히 이루어져 빨리 절여지지만 미생물의 번식과 식품 자체의 효소작용이 왕성해져 부패가 일어나므로 저온에서 염장이 이루어지도록 해야 한다.

3) 부각・튀각류

채소나 해산물을 간장, 찹쌀풀을 발라 말렸다가 기름에 튀긴 음식으로, 기름을 사용하면서 만들어지기 시작한 것으로 추측된다. 풋고추, 참가죽

잎, 깻잎, 들깨송이, 두릅, 감자, 솔잎, 돌김, 김, 다시마, 차조기, 꽃송이, 참가죽나무순, 메뚜기, 동백잎, 국화잎, 우엉잎 등이 재료로 이용되었다.

(1) 식품학적 의의

채소를 말려 저장해 두면 제철이 아닌 겨울철에도 비타민을 섭취할 수 있을 뿐만 아니라 경제적이고 저장식품의 독특한 맛을 즐길 수 있다. 튀각, 부각은 특히 사찰음식으로서 영양과 열량 보완의 가치가 있는 식품으로 발전되었다.

(2) 제조과정

① 채소 말리기

수분이 적고 향미가 많은 채소의 잎이나 줄기를 끓는 물에 데쳐 말리는 건조법을 사용한다. 주로 무, 가지, 애호박, 박 등을 생채로 썰어 말려서 효소작용과 미생물의 생육을 적게 하여 변질을 막는다.

② 부각의 제조

찹쌀가루로 풀을 쑤어 부각의 재료가 되는 식품에 발라 말렸다가 필요할 때마다 기름에 튀겨낸다.

- **찹쌀풀 만들기** : 찹쌀풀은 경단을 삶아 방망이로 꽈리가 일도록 저으면서 삶아낸 물을 조금씩 부어 된풀과 같이 만든 다음 소금과 양념을 넣고 간을 맞추거나 찹쌀가루 1컵에 물 1½컵씩 넣고 개어서 쓴다.
- **재료에 찹쌀풀 바르기** : 편평한 곳에 재료를 펼쳐 두께가 고르고 일정하게 바른다.
- **말리기** : 겹치지 않게 잘 말렸다가 차곡차곡 쌓아 공기가 들어가지 않도록 밀폐하여 눅눅해지지 않게 보관한다.
- **모양 만들기** : 물기를 꼭 짠 깨끗한 수건으로 불순물을 닦아 알맞은 모양으로 자른다.
- **튀기기** : 기름온도는 140～150℃가 적당하다. 온도가 낮으면 기름이 배어 눅눅해지기 쉽고 온도가 높으면 누렇게 된다. 너무 오래 튀기면 탄내가 나며, 먹을 때 바로 튀기면 말린 찹쌀이 하얗게 부풀어 모양도 예쁘고 바삭하며 고소하다.
- **조미하기** : 뜨거울 때 소금, 설탕, 통깨를 뿌려 놓는다.

표 3-18. 지역별 부각의 종류와 특징

지 역	종 류	특 징
경기도	깻잎 부각	차좁쌀가루로 풀을 쑤어 들깻잎에 묻힌다.
서 울	깨송이 부각	깨송이가 연할 때 따서 튀겨야 맛이 좋다.
강원도	들깨송이 부각	여물지 않은 들깨송이를 따서 물에 씻은 다음 찹쌀가루를 묻혀 시루에 쪄서 말린다. 그리고 이것을 보관하여 두었다가 먹을 때 튀겨 소금이나 설탕을 뿌린다.
	감자 부각	알이 굵은 감자를 얇게 저며 색깔이 변하지 않게 재빨리 소금물에 살짝 데쳐 단시간에 볕에 말리면 빛이 깨끗하다.
	두릅 부각	이른봄의 두릅은 강원도 특산품으로, 두릅에 밀가루를 묻혀서 튀긴다.
전라도	쑥대기 부각	쑥대기는 봄에 많이 나는 것으로 '돌김'이라 부른다. 김에 비해 늘어지지 않으므로 부각재료로 알맞다.
	돌김 자반(부각)	돌김은 서남 해안지방의 산물로 맛이 쫄깃하고 김보다 발이 굵다. 여름철에 구워서 김매기 때 점심밥의 찬으로 알맞다.
	차조기 부각	차조기꽃은 들깨송이처럼 꽃피는데, 절에서 많이 만드는 소찬이다.
	메뚜기 부각	예전에 즐겨 먹었던 부각으로, 메뚜기 날개와 발을 자르고 두어 개씩 꼬챙이에 끼워 풀을 발라 말렸다가 튀겨낸다.
	동백잎 부각	절에서 연한 동백잎을 따서 풀을 묻혀 말렸다가 튀기는데, 향이 특이하다.
	국화잎 부각	감국잎에 풀칠하여 말린다.
	우엉잎 부각	우엉잎을 까서 찹쌀가루에 소금간을 하여 풀을 쑨 것을 발라 말린다.
경상도	가죽 부각	연한 가죽나무 잎을 깨끗이 씻어서 살짝 데친 다음 약간 말렸다가 갖은 양념한 찹쌀풀을 발라 말려서 튀겨 먹는다. 통깨를 넣은 고추장에 묻혀 하나씩 말려서 튀겨 먹는다.
황해도	참죽 자반(부각)	봄에 참죽나무에서 참죽을 따서 잘 닦아 간장, 고추장, 파, 마늘, 깨소금 등으로 갖은 양념한 찹쌀풀을 발라 말린다. 먹을 때는 모양 있게 잘라서 식물성 기름에 튀겨낸다.
	깨송이 부각	찹쌀풀에 약간 간을 해서 깨송이에 발라 말린다.
	들깻잎 부각	찹쌀풀을 들깻잎 한쪽에만 칠하여 한 잎씩 채반에 펴서 말린 다음 먹을 때 튀긴다.
(공통)	풋고추 부각	맵지 않은 조그마한 풋고추를 밀가루에 묻혀 찜통에 쪄 말린 다음 그늘에 말려 저장한다. 먹을 때 기름에 잠깐씩만 튀겨내어 설탕, 소금으로 기호에 따라 가미한다. 가을에 밑반찬으로 해두면 겨울에 손쉽게 먹을 수 있다.

자료 : 윤숙자, 《한국의 저장 발효음식》, p. 222.

제 4 장

후식류의 조리과학적 특성

1 떡 류

떡은 한국 고유의 곡물요리로서 농경문화가 정착한 뒤 오랜 역사를 지닌 우리 전통음식의 하나이다. 삼국시대에 불교문화가 숭상됨에 따라 떡의 조리방법이 더욱 발전하게 되었으며, 고려시대에는 160여 종 이상의 여러 가지 떡이 만들어지기도 하였다.

떡은 제사나 연회·통과의례 등에서 빼놓을 수 없는 중요한 음식으로 오늘날까지 전해져오고 있는데, 재료별로 보면 멥쌀로 만드는 떡, 찹쌀로 만드는 떡, 그리고 잡곡이나 그 밖의 재료를 이용하여 만드는 떡으로 나눌 수 있다. 한편 곡물로 만드는 병과류가 점점 발전하여 조리기술이 다양해지면서 그 조리방법에 따라 찌는 떡(증병), 치는 떡(도병), 삶는 떡(빚는 떡), 지지는 떡(유전병)으로 구분하기도 한다.

1) 떡의 종류

떡은 그 만드는 방법에 따라 표 4-1과 같이 분류할 수 있다. 오늘날 알려진 떡 가운데 시루에 떡가루를 안쳐서 찌는 종류가 가장 많으며, 시루떡·각색편·백설기 등이 이에 속한다. 찹쌀이나 멥쌀을 쪄서 절구에 넣어 쳐서 만드는 절편·인절미 등은 치는 떡에 속하며, 삶는 떡은 쌀가루나 찹쌀가루를 반죽하여 손으로 빚어서 익히는 것으로 송편·경단·단자 등이 있다. 또한 지지는 떡이란 찹쌀가루·차수숫가루를 반죽하여 여러 가지 모양으로 빚어 기름에 지지는 것으로 수수부꾸미·화전·주악 등을 말한다.

화전은 찹쌀가루를 익반죽하여 동글납작하게 빚은 다음 계절에 따라 진달래·장미·국화 등의 꽃잎을 얹어 기름에 지져내는 떡으로 지금도 널리 이용되고 있다. 주악은 화전과는 좀 달리 익반죽한 찹쌀가루에 깨나 대추 등의 소를 넣고 송편처럼 빚어 기름에 튀기고 꿀에 재워서 만든 떡이다.

한편 요즈음에 다양한 조리방법으로 널리 애용되고 있는 약식은 찹쌀로 만든 밥에 여러 가지 재료를 첨가하여 찌는 밥의 형태이기 때문에 떡의 종류로 분류할 수 있다.

표 4-1. 떡의 종류

조리법	종 류
찌는 떡(증병)	각색편, 팥시루떡, 백설기, 두텁떡, 물호박떡, 잡과병, 찰편
치는 떡(도병)	절편, 인절미, 개피떡, 골무떡
삶는 떡(빚는 떡)	송편, 단자, 경단, 쑥굴리
지지는 떡(유전병)	화전, 주악, 수수부꾸미
기타	약식

2) 떡의 재료

(1) 쌀가루

떡을 만들 때는 찹쌀가루와 멥쌀가루를 주재료로 많이 이용한다. 쌀은 먼저 이물질을 제거하고 깨끗이 씻은 다음 여름에는 4~5시간, 겨울에는 하룻밤 정도 물에 담가 불린 쌀 5컵에 소금 1큰술씩 첨가하여 빻아서 이용한다. 떡가루는 다시 한번 체에 쳐서 사용하는 것이 좋으며, 쌀 5컵(800g)을 불려서 빻으면 쌀가루가 11컵쯤 되고 무게는 1kg 정도이다.

(2) 차수숫가루

차수수를 미지근한 물에 담가 물이 붉어지면 버리기를 2~3회 반복해서 차수수가 함유한 떫은맛을 없앤다. 이렇게 불린 차수수를 건져 소금을 약간 첨가하여 가루로 빻아 체에 친 다음 사용한다.

(3) 고물

떡의 고물로는 팥고물 · 녹두고물 · 콩고물이 주로 이용되며, 참깨 · 흑임자 · 밤 · 대추 · 석이버섯 등은 경단이나 각색편 및 단자의 고물로 널리 사용된다. 팥은 이물질과 돌을 골라내어 미지근한 물에 담가 충분히 불린 다음 깨끗하게 씻어 삶거나 찜통에 베보자기를 깔고 푹 쪄서 이용한다. 녹두는 맷돌에 타서 물에 담가 충분히 불린 다음 껍질을 벗기고 깨끗하게 씻어 팥고물처럼 삶거나 쪄서 준비한다. 단 녹두편에 쓰는 녹두고물은 생녹두를 그대로 사용하며, 콩고물은 콩을 씻어 솥에서 볶은 뒤 껍질을 버리고 갈아서 가루로 만들어 인절미·경단 등의 고물로 이용한다.

3) 떡 찌는 법

(1) 떡의 간 맞추는 법

떡가루를 만들 때는 일반적으로 쌀 5컵에 소금 1큰술 정도씩 넣어 간을 맞추어야 한다. 만일 떡가루에 소금을 넣지 않았다면 떡가루에 물을 내릴 때 또는 반죽할 때 소금물로 간을 맞춘다.

가루를 내지 않고 쌀을 쪄서 만드는 인절미 같은 떡은 쌀을 안쳐 찌다가 김이 오르면서 구수한 냄새가 날 때 찹쌀 5컵에 간간한 소금물 ½컵씩 뿌려 간을 맞춘 뒤 푹 뜸을 들인다.

(2) 떡가루에 물 내리는 법

떡가루를 체에 한 번 친 다음 설탕물(설탕과 물을 1 : 2의 비율로 섞은 다음 끓여서 식힌 것)을 솔솔 뿌리고 가루를 양손에 넣어 골고루 비벼준다. 이때 첨가하는 설탕물의 양은 떡의 종류에 따라 어느 정도 차이는 있으나 일반적으로 11컵에 ¾컵씩 사용한다.

고루 비빈 떡가루를 손에 한줌 쥐었다 펴보아서 떡가루가 쥔 모양 그대로 있으면서 약간 건드렸을 때 흐트러질 정도가 되면 적당한 것으로 본다. 이 떡가루를 다시 한번 체에 쳐서 사용한다.

(3) 떡가루 안치는 법

떡가루를 시루에 안칠 때는 먼저 시루밑을 물에 적셔 시루에 깐다. 요즈음에는 시루밑 대신 무를 둥근 모양대로 얇게 잘라 칼집을 주어 시루 구멍마다 놓은 다음 한지를 시루 바닥 크기에 맞추어 잘라 그 위에 얹기도 한다.

시루밑을 깔아 먼저 고물을 뿌리고 떡가루를 안친 다음 다시 고물을 뿌리고 떡가루를 안치는 방법을 반복하여 켜켜로 안치도록 한다. 떡가루가 멥쌀인 경우에는 켜를 얇게 하고 찹쌀일 때는 가루를 한번에 다 안치지 말고 김을 올려가면서 여러 번 나누어 안쳐야 잘 익는다.

떡가루를 다 안친 다음 그 위에 베보자기나 흰 한지를 덮고 시루 뚜껑을 덮는다. 이때 베보자기나 한지를 덮는 것은 시루 뚜껑만 덮을 경우 김이 잘 빠지지 않아 시루 안에 군물이 생겨 떡이 잘 쪄지지 않는 현상을 막기 위해서이다.

시루밑의 솥에 적당한 양의 물을 붓고 김이 새어나가지 않도록 시루와 솥 사이에 시룻번을 바른다. 시룻번은 밀가루 등을 반죽하여 가늘고 길게 만들어 시루와 솥 사이에 돌려가면서 붙인다.

(4) 떡 찌는 법

떡을 잘 찌려면 김을 잘 올리고 뜸을 알맞게 들여야 한다. 그러기 위해서는 불조절을 잘해야 하는데, 너무 센불에서 찌면 불길이 솥 주위로 가서 떡이 익기도 전에 가루가 먼저 말라 설익게 되므로 주의해야 한다.

흰떡을 찌는 경우 뜸을 너무 오래 들이면 색이 누렇게 변할 우려가 있으므로, 특히 시간을 잘 조절해야 한다. 떡을 찔 때는 떡 사이를 벌려놓아야 서로 달라붙지 않는다.

4) 떡을 찌는 과정에서 일어나는 이화학적 변화

떡이 만들어지는 과정에서 일어나는 중요한 이화학적 변화는 쌀가루의 중요한 성분인 전분에 의해 이루어지는 호화와 증편에서 일어나는 발효과정을 들 수 있다.

(1) 호화

쌀가루를 물로 반죽하여 쪄내는 전분의 호화과정이 떡을 만드는 공정에서 가장 중요하다. 이 과정은 수분의 양, 쌀가루 입자의 크기, 또는 반죽 정도, 첨가물에 따라 영향을 받는다. 쌀가루에 적당량의 수분이 있어야 쌀 전분이 빨리 호화되고 점성이 생겨 좋은 질감을 가질 수 있다.

떡의 경도와 끈기에 영향을 주는 중요한 성질은 원료인 쌀가루의 점탄성인데, 이는 떡의 공정방법에 따라 영향을 받지만 직접적으로는 쌀가루의 입도 분포에 관계된다. 쌀가루 입자의 크기가 작은 경우 점탄성 및 응집성이 좋은 떡을 만들 수 있으며 입자의 크기가 클수록 물 흡수율이 낮고 호화 팽윤의 진행이 느려지며 떡의 보관기간 역시 짧아진다(→ 호화 : 제2장 '밥'에서 전분의 호화 참조).

(2) 발효

우리나라 떡 가운데 유일한 발효떡인 증편은 전통적으로 멥쌀가루에 막걸리를 넣고 발효시키는 과정이 떡의 성패를 좌우하는 중요한 요인이다. 쌀가루의 전분이 가수분해되어 생성된 포도당은 이산화탄소(CO_2)와 에틸알코올(ethylalcohol)을 만든다. 이산화탄소는 쌀가루 반죽을 부풀게 하는 원인물질이 되고 에틸알코올은 증편의 향미에 많은 영향을 준다.

최근에는 막걸리 대신 이스트(yeast)를 사용하여 짧은 시간에 발효과정을 거쳐 쉽게 만들 수 있으나, 막걸리를 사용하여 장시간 발효시키는 전통적인 방법이 훨씬 좋은 향미를 지닌 증편을 만들 수 있기 때문에 그 방법을 고수하고 있는 편이다.

5) 여러 가지 떡의 이용과 조리 특성

(1) 백설기

백설기는 멥쌀가루에 설탕물을 내려서 켜가 없이 찌는 떡으로 지금까지 아기의 백일 · 돌 · 생일 등에 많이 이용되고 있다. 쌀을 6시간 정도 불려서 소금을 첨가한 다음 가루로 빻아서 고운 체에 내린다. 기호에 따라 쌀가루에 설탕물을 적당히 섞고 시루 등에 떡가루를 펴서 찌는 떡이다.

조리에서 일어나는 화학적 변화는 곡류 전분의 호화를 들 수 있으며, 쌀가루 입자의 크기가 작을수록 호화가 잘 일어나 백설기의 탄력성과 응집성은 좋아진다. 또한 첨가하는 설탕의 양은 호화도에 영향을 미치는데, 그림 4-1처럼 쌀가루의 13%까지 설탕을 첨가하면 호화도가 높아지지만 지나치게 설탕을 많이 넣으면 오히려 호화를 방해하는 것으로 나타났다. 이는 수분의 경쟁적인 이용 때문인 것으로 설명되고 있다.

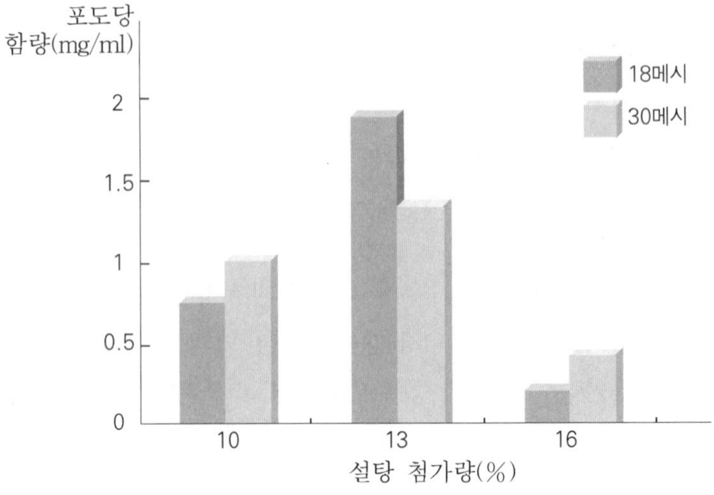

그림 4-1.
설탕 첨가량과 쌀가루 입자 크기에 따른 백설기 호화도의 변화

자료 : 안명수, 〈백설기의 제조 조건에 따른 이화학적 특성의 변화〉, 성신여자대학교 생활문화연구, 13, pp. 89~106, 1999.

(2) 인절미

치는 떡은 곡물을 알맹이 그대로 또는 가루를 내어 찐 다음 절구나 안반에 놓고 매우 쳐서 만든 떡으로, 인절미·절편·가래떡 등이 있다. 특히 인절미는 찹쌀을 이용해서 만든 떡으로, 차조·기장 등이 사용되며 쑥·대추 등을 첨가하기도 한다.

찹쌀을 씻어 물에 담갔다가 고두밥을 쪄서 밥알이 없어질 때까지 안반이나 절구에 친 다음 먹기 좋게 썰어 만든다. 콩이나 계피·흑임자·녹두 등의 고물을 묻히는 것에 따라 다양한 이름으로 알려져 있는 인절미는 끈기와 점성이 맛의 중요한 요인이라고 할 수 있다. 찰밥을 안반에 치는 동안 찹쌀 전분의 주성분인 아밀로펙틴이 세포 밖으로 나와 호화된 뒤 많은 가지를 가지고 있던 아밀로펙틴끼리 서로 완전히 엉키게 되면서 점성이 강한 특성을 지닌다. 따라서 점성이 강하고 오랫동안 노화되지 않는 인절미를 만들기 위해서는 전분을 완전히 호화시켜야 하고 쪄낸 찰밥을 오랫동안 절구에 쳐주어 아밀로펙틴끼리 서로 완전히 엉키게 해야 한다.

(3) 송편

삶는 떡의 대표적인 것으로 추석 명절이면 반드시 만들어 차례상에 올리는 중요한 떡이다. 떡가루를 익반죽하여 반죽 안에 소를 넣고 빚은 다음 솔잎을 덮고 찐다. 점성 있는 반죽을 만들기 위해서는 쌀가루를 반드시 익반죽해야 한다. 왜냐하면 쌀가루는 밀가루와 달리 글루테닌과 글리아딘의 함량이 적어 점성 있는 덩어리 반죽이 어렵기 때문이다. 따라서 따뜻한 물로 전분의 일부를 호화시킴으로써 점성이 있는 반죽을 만들 수 있다.

(4) 증편

증편은 우리나라의 유일한 발효떡으로, 기주떡·기증병·기지떡·술떡이라고도 한다. 멥쌀을 빻아 가루를 내어 막걸리로 반죽한 다음 25~35℃의 따뜻한 곳에서 2차, 3차 발효를 거친다. 발효가 끝난 반죽에 대추·석이채 등을 얹고 찜통에서 더운 김이 날 때까지 쪄낸다.

증편을 만들 때 막걸리는 발효를 위한 원료로 이용하는데, 막걸리란 일종의 이스트를 함유하고 있는 누룩에 의하여 쌀을 발효시켜서 만든 것으로 발효과정은 이스트에 의한 빵의 발효과정과 같다.

$$C_6H_2O_6 \rightarrow 2CO_2 + 2C_2H_5OH$$

포도당 　　 이산화탄소 　　 에틸알코올

이때 이산화탄소는 쌀가루 반죽을 부풀게 하고 에틸알코올은 독특한 증편의 향미에 영향을 준다.

(5) 경단

송편과 함께 삶는 떡에 속하는 경단은 주재료로 찹쌀가루나 수숫가루를 이용한다. 가루를 익반죽하여 둥글게 빚은 다음 끓는 물에 삶아 건져내어 콩고물·팥고물 등을 묻혀서 만든다. 찹쌀에 들어 있는 전분의 특성으로 쫄깃쫄깃한 촉감을 갖게 되는 경단은 반죽할 때 물의 양과 온도에 영향을 받는다. 물의 양이 쌀가루의 25%일 때, 또한 물의 온도가 높을 때 기호도가 가장 높은 경단을 만들 수 있다.

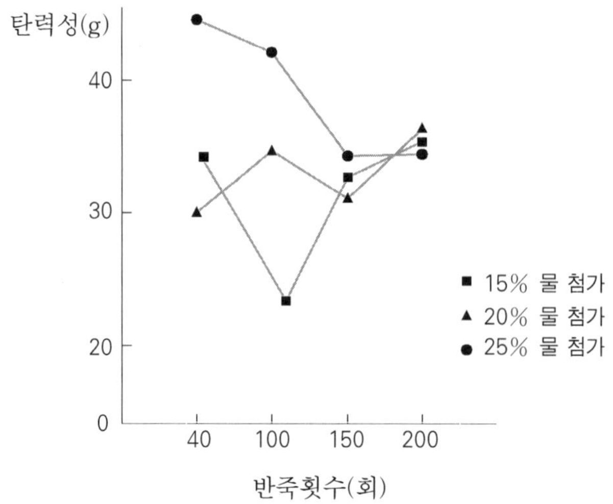

그림 4-2.
가수량과 반죽횟수에 따른 경단의 탄력성 변화

자료 : 윤서석 · 김기숙 · 한경선, 〈경단 조리법의 표준화를 위한 조리과학적 연구〉(II), -첨가하는 물의 양과 반죽횟수를 중심으로, 한국조리과학회지, 7(3), p. 47, 1991.

표 4-2. 경단의 가수량과 물의 온도에 따른 관능평가

물의 온도(℃)		가수량 15%	가수량 20%	가수량 25%
입 자	15	1.60	3.55	4.00
	80	1.55	3.15	4.50
연하기	15	1.95	3.15	3.50
	80	2.85	3.85	3.90
씹힘성	15	3.50	3.65	3.65
	80	4.55	4.05	3.15
수 분	15	2.45	3.35	3.70
	80	3.35	3.95	4.30
전체적 기호도	15	2.00	3.25	3.85
	80	2.30	3.90	3.90

자료 : 같은 책.

따라서 경단을 만들 때는 익반죽을 하여 찹쌀 전분을 약간 호화시킴으로써 탄력성과 응집성을 증가시킬 수 있다.

(6) 수수부꾸미

수수부꾸미를 만들기 위해서는 찰수숫가루를 찹쌀가루와 섞어 뜨거운 물로 익반죽하여 많이 치대는 것이 좋다. 이렇게 해야 떡이 쫄깃해진다. 팥으로 소를 만들고 뜨거운 팬에 수숫가루 반죽을 납작하게 눌러가면서 지진 다음 소를 올려놓고 반으로 접어서 익힌다. 수수는 약간 떫은맛이 있으나 점성이 높으므로 부드러운 질감의 떡을 만들 수 있다. 팥소나 수숫가루 반죽에 설탕을 첨가하면 노화가 지연되는데, 왜냐하면 설탕에는 물을 보유하는 친수성이 있기 때문이다.

(7) 약식

찹쌀밥에 꿀·참기름·간장으로 간을 하여 밤·대추·잣 등을 섞어서 버무려 찌는 밥의 형태이다. 약식의 유래는 신라 소지왕 때 까마귀에게 제사를 드린 데서 시작되었다고 하여 약밥이라고도 부른다.

약식을 만들려면 찹쌀을 물에 담갔다가 쪄야 하는데 잘 만들어진 찰밥은 원료미 무게의 1.6～1.9배가 된다. 이 양의 물로 끓여서 밥을 하면 쌀 입자가 수면보다 위로 올라오므로 물을 골고루 흡수할 수 없고, 또한 찹쌀은 멥쌀보다 저온, 단시간에 호화되므로 밥이 타기 쉽다. 따라서 찌는 조리방법이 적절한데, 찹쌀이 멥쌀보다 흡수성이 크며 전분의 호화에는 약 30%의 수분이 필요하므로 물에 충분히 담근 찹쌀은 찌는 방법으로도 전분을 충분히 호화시킬 수 있다.

도중에 물을 1～2회 정도 뿌려주면 전분의 호화가 잘 되어 부드러운 밥이 만들어진다. 찹쌀밥이 되면 꿀·참기름·간장 등을 섞게 되는데, 참기름은 엉기지 않도록 마지막에 넣는 것이 좋다. 꿀을 많이 이용하면 약식의 노화를 지연시킬 뿐 아니라 광택이 나는 효과를 볼 수 있다.

6) 조리와 저장할 때 나타나는 바람직하지 않은 현상들

떡을 만드는 조리과정이 다 끝난 다음 잘 만들어지지 않은 떡을 발견하는 때가 있다. 또는 다 만들어진 떡을 보관하다가 너무 굳어서 더 이상 이용할 수 없는 경우가 종종 생기는데 그 이유와 방지책은 다음과 같다.

(1) 설익은 떡

떡을 찌는 동안 떡이 익기 전에 떡가루가 먼저 마르게 되면 떡이 설게 된다. 가정에서 시루떡을 만드는 경우 종종 볼 수 있는 현상인데, 이 현상을 막기 위해서는 조리할 때 주의해야 한다. 쌀가루 사이에 증기의 대류가 잘 이루어지도록 떡을 안칠 때는 사뿐히 고르게 안치고, 특히 떡의 켜와 켜 사이에 고물을 얹으면 효과적이다. 찹쌀가루로 떡을 할 때는 멥쌀가루보다 켜를 얇게 안쳐야 하는데, 이것은 찹쌀이 멥쌀보다 점성이 많아서 조금 익게 되면 서로 엉켜 붙어서 증기가 통하기 어렵기 때문이다. 우리 조상들이 전통적으로 이용했던 시루는 물기를 흡수하는 특성이 있으므로 떡을 찌는 동안 쌀가루가 빨리 말라 설익을 가능성이 적어 떡을 잘 익힐 수 있는 장점이 있다.

(2) 떡의 노화

떡은 시간이 지남에 따라 질감이 딱딱해지는 전분의 노화현상이 일어나는데, 찹쌀로 만든 떡은 멥쌀이 원료인 떡에 비해 노화 속도가 느리다. 떡을 장기간 보관할 필요가 있을 때는 떡을 만든 직후 냉동저장하면 해동했을 때 조리 직후의 떡과 비슷한 질감을 보유할 수 있다. 특히 찹쌀은 아밀로펙틴으로 이루어져 있기 때문에 냉동저장한 후에도 점탄성을 보유하고 있어 해동을 해도 좋은 질감의 떡을 즐길 수 있다. 또한 떡가루를 반죽할 때 효소제를 0.1~0.5% 정도 첨가하거나 설탕물 등을 다량 첨가하면 떡의 경화를 막을 수 있다.

2 한과류

한과는 신라시대에 불교의 음다풍속과 함께 크게 발달하여 오늘날까지 전해지고 있으며, 떡과 함께 제사나 혼사·잔치 때 이용하는 중요한 전통 음식이다. 한과는 쌀이나 밀 등의 곡물가루에 꿀·기름·설탕 등을 넣고 반죽하여 기름에 튀긴 것 또는 과일이나 채소 등을 꿀로 조려서 만든 것으로, 재료와 조리방법에 따라 유밀과·유과·다식·정과·과편·숙실과로 나눌 수 있다.

1) 한과의 종류

한과는 재료와 조리방법에 따라 표 4-3처럼 분류할 수 있다. 밀가루에 꿀이나 기름을 넣고 반죽해서 기름에 튀긴 유밀과, 찹쌀가루에 콩물을 넣고 반죽한 다음 충분히 교반해서 건조시킨 반데기를 기름에 튀겨내는 유과, 가루 재료를 꿀이나 조청으로 반죽하여 다식판에 박아낸 다식, 익힌 과

표 4-3. 한과의 종류

분 류	종 류
유밀과	약과, 매작과
유과	강정, 산자, 빙사과
다식	송화다식, 흑임자다식, 승검초다식, 녹말다식, 밤다식, 쌀다식, 콩다식
정과	연근정과, 생강정과, 행인정과
과편	살구편, 앵두편, 오미자편, 복분자편
숙실과	조란, 율란, 밤초, 대추초, 잣박산
엿강정	콩엿강정, 땅콩엿강정

일이나 채소 등의 재료를 조청이나 꿀에 조리는 정과, 과일을 삶아 걸러서 묵처럼 굳힌 과편이 있다. 또한 과일을 익혀서 다른 재료와 섞거나 조려서 만드는 숙실과, 견과류나 콩·깨 등을 볶아서 꿀에 버무려 만드는 엿강정 등의 여러 종류가 있다.

(1) 유밀과

유밀과에 속하는 대표적인 것으로 약과와 매작과를 들 수 있다. 약과는 밀가루에 꿀·참기름·생강즙을 넣고 반죽하여 기름에 튀겨낸 다음 꿀물에 집청한 음식이다. 재료의 배합 비율이나 튀김온도는 약과의 질감 및 겉모양에 많은 영향을 준다. 기름의 분량이 지나치게 많거나 튀김온도가 너무 낮으면 약과를 튀기는 동안 반죽이 풀어지며, 튀김온도가 너무 높으면 속이 익기 전에 겉만 까맣게 타므로 튀김온도에 특히 주의해야 한다. 또한 튀김온도가 높을수록 약과의 경도는 증가하게 된다. 부드러운 질감의 약과를 만들기 위해서는 재료의 배합률·튀김온도·반죽횟수에도 주의해야 하는데, 반죽을 지나치게 오랫동안 하면 밀가루의 글루텐 형성이 많아져 질겨질 수도 있다.

한편 매작과는 밀가루에 소금과 생강즙을 넣고 반죽하여 얇게 밀어서 칼집을 넣어 뒤집어 꼬인 모양으로 만들어 튀긴 다음 집청을 한 유밀과이다. 약과에 비해 재료가 간단하며 만드는 방법 역시 단순하여 간식으로 많이 이용된다.

튀 김

튀김(deep-fat frying)이란 많은 양의 기름을 사용하여 단시간에 음식을 익히는 조리방법이다. 튀김 재료를 160~180℃ 정도의 고온에서 튀기게 되면 재료가 지닌 수분은 급격히 증발하고 수분 대신 기름이 흡수되어 튀김음식은 바삭바삭한 질감을 지니게 된다.

1. 튀김용 기름

튀김용 기름은 발연점이 높은 것을 택해야 하며, 액체유를 주로 이용하지만 수소를 첨가한 고체유를 사용할 경우에는 유화제를 첨가하지 않은 것을 선택해야 한다. 왜냐하면 유화제를 첨가한 기름은 발연점이 낮기 때문이다.

기름은 고온으로 가열하면 물처럼 끓는 것이 아니라 분해가 되는데, 기름이 열에 의해 분해되는 온도를 발연점(smoking point)이라 한다. 발연점은 기름을 가열했을 때 엷고 푸른 연기가 나기 시작하는 온도로, 푸른 연기의 주성분은 아크롤레인(acrolein)이다. 이것은 글리세롤(glycerol)이 탈수되어 생성되며 눈과 목의 점막을 자극한다.

2. 기름온도와 튀김시간

기름온도는 재료의 종류에 따라 달라야 하는데, 내용물은 익히지 않고 표면만 익혀도 되는 음식은 고온에서 단시간 조리하고 속까지 충분히 익혀야 하는 음식은 저온에서 서서히 익힌다. 음식에 따른 기름온도와 튀김시간은 다음 표와 같다.

음식에 따른 기름온도와 튀김시간

음식종류	기름온도(℃)	시간(분)
doughnuts	177~180	3~4
어패류	180~190	1~2
fritter	170~180	1~2
meat cutlet	180	3
채소(양파 · 가지)	190~196	1~2
croquette	190~200	1
french fried potato	196~201	3

기름은 비열이 낮기 때문에 쉽게 온도가 상승하고 쉽게 떨어지는데, 이러한 온도변화를 막기 위하여 두꺼운 금속으로 된 지름이 좁은 팬을 사용하는 것이 좋다.

튀김을 할 때 기름온도가 적절한지 알기 위해서는 온도계로 직접 측정하는 것이 가장 정확한 방법이지만, 온도계가 없을 때는 보통 다음 표처럼 튀김옷을 끓는 기름에 약간 넣어보아 떠오르는 상태에 따라 온도를 판단할 수 있다.

기름온도에 따른 튀김옷의 상태

기름온도(℃)	튀김옷이 떠오르는 상태
150	튀김옷이 팬 바닥에 가라앉아 표면으로 거의 떠오르지 않는다.
160	튀김옷이 바닥에 가라앉자마자 곧 표면으로 떠오른다.
170	튀김옷을 넣으면 중간 부분까지 가라앉았다가 즉시 표면으로 떠오른다.
180	튀김옷을 넣으면 가라앉지 않고 기름의 표면에 잘 뜬다.

이 방법보다 더 간단한 방법으로 흰소금을 넣는 경우가 있다. 기름의 온도가 170℃ 전후일 때 소금을 넣으면 '찌르르' 하는 소리가 나며, 이 소리가 나지 않으면 적정 온도에 도달하지 않았다는 것을 나타낸다.

3. 튀김음식을 할 때 주의할 점

- 한꺼번에 너무 많은 식품을 넣으면 온도가 회복되지 않은 채 낮은 온도에서 튀기게 되어 수분증발이 이루어지지 않고 대신 기름이 음식으로 스며들어 튀김이 눅눅해지므로 적당량을 넣도록 한다.
- 튀김바구니(frying basket)를 사용하면 이물질을 쉽게 제거할 수 있어서 편리하다.
- 재료를 튀긴 다음 과도하게 흡수된 기름을 제거하려면 반드시 흡유지(absorbant paper)를 사용하도록 한다.

4. 기름 흡수에 영향을 주는 조건

- 기름의 온도와 가열시간 : 기름의 온도가 낮고 튀김시간이 길면 길수록 흡유량이 증가한다.
- 식품재료의 표면적 : 튀기는 식품의 표면적이 크면 클수록 흡유량이 증가한다.
- 재료의 성분과 성질 : 기름의 흡유량은 일정한 온도와 가열시간에서도 재의 성분・성질에 따라 달라진다. 재료 속에 당의 함량이 많을 때, 수분 함량이 많을 때, 표면이 다공질일 때 기름 흡유량이 증가한다. 그러나 글루텐이 많은 경우에는 흡유량이 감소한다.

5. 튀김에 사용한 기름의 보관

튀김요리를 한 다음 남은 기름은 일단 식혀서 이물질이 있으면 걸러 공기나 광선의 접촉 면적이 적도록 갈색 병에 담아 서늘한 곳에 보관하고, 일단 사용했기 때문에 되도록이면 빨리 사용해야 한다.

이물질이 들어 있는 채 구경이 넓은 팬에 그대로 보관하면 기름의 산화가 촉진되고 발연점이 낮아진다. 특히 철제 팬에 동물성 식품을 튀긴 다음에는 곧바로 기름을 다른 그릇에 옮겨야 하는데, 이는 식품 속에 있는 헤모글로빈(hemoglobin)과 철화합물이 산화 촉매작용을 하여 산화가 촉진되기 때문이다.

6. 튀김방법

튀김방법은 튀김옷의 유무 또는 튀김옷의 재료 등에 따라 크게 세 가지 종류로 나뉜다.

- 튀김옷 입히지 않고 튀기기 : 식품에 튀김옷을 입히지 않고 그대로 튀기는 것으로, 수분 함량이 적고 조직이 단단한 식품 재료를 튀길 때 사용하는 방법이다. 이와 같은 방법으로 사용되는 재료로는 풋고추・깻잎 등의 녹색채소류, 민물생선과 비린내 나는 생선, 감자, 당근, 우엉 등이 사용된다. 주로 160～165℃ 정도의 비교적 낮은 온도에서 천천히 튀겨내도록 한다.

• 표면에 가루 입혀서 튀기기 : 재료의 표면에 밀가루나 전분을 입혀서 튀기는 방법으로, 주로 가자미 같은 단단한 육질의 생선이나 닭고기 등을 튀길 때 사용한다. 이 방법은 식품 자체가 지닌 맛 자체를 잃지 않게 해주는 동시에 바삭거리는 질감을 낼 수 있다. 튀김온도 160～170℃에서 충분한 시간을 두고 내부까지 열이 전달될 수 있도록 튀긴다. 가루를 입힌 다음 여분의 가루를 털어내고 잠시 재워두었다가 튀기면 기름에 가루가 떨어지지 않아 기름의 산패를 방지할 수 있다.

• 튀김옷 입혀서 튀기기 : 튀길 재료에 밀가루·달걀 등의 튀김옷을 씌워서 튀기는 방법이다. 우리나라의 전통음식 조리법에는 튀김이 거의 사용되지 않지만, 서양음식·중국음식·일본음식에서는 튀김옷의 재료 및 종류 등도 다양하다.

7. **튀김옷에 사용되는 재료**

• 밀가루 : 튀김옷의 재료로 주로 사용하며 글루텐 함량이 적은 박력분이 좋다. 잘된 튀김은 튀김옷이 얇고 질기지 않아야 하는데, 글루텐 함량이 많은 밀가루를 사용하면 글루텐이 물을 빨리 흡수하고 흡수된 물은 글루텐 망구조에 결합되어 재료를 튀길 때 수분이 증발되지 않아 바삭하게 튀겨지지 않으며 튀김옷도 두껍고 질겨진다.

중력분을 사용하는 경우에는 밀가루 분량의 반 정도를 전분으로 대치하면 박력분과 비슷한 비율로 조절할 수 있다. 현재 감자·고구마·옥수수 녹말가루가 시판되고 있다. 감자 녹말가루를 사용하면 튀길 때 잘 부풀고 바삭바삭하며, 고구마 녹말가루는 고소하지만 튀김옷이 질기고, 옥수수 녹말가루는 옥수수향이 있으나 적게 부푼다. 따라서 튀김옷을 만들 때는 감자 녹말가루를 넣는 것이 좋다.

• 달걀 : 튀김옷을 만드는 데 필수적인 재료이며, 이때 사용하는 달걀의 양이 튀김옷 반죽에 비해 많으면 반죽의 점도가 높아지고 튀긴 후 옷이 두꺼워져서 좋은 튀김이 되지 않는다. 달걀을 3배 가량의 물에 잘 푼 다음 밀가루를 반죽하면 적당한 반죽을 얻을 수 있다. 달걀이 들어간 반죽은 밀가루만으로 반죽했을 때보다 고온의 기름 속에서 탈수율이 좋고 팽화율도 10～30% 정도 증가된다. 또한 달걀의 응고 및 기포 때문에 씹을 때 바삭한 촉감을 준다.

(2) 유과

유과는 찹쌀을 오랫동안 수침시킨 다음 갈아서 만든 찹쌀가루에 콩물·청주 등의 재료를 섞은 반죽을 호화시켜 오랫동안 치대는 교반과정을 거치게 된다. 꽈리가 일 정도로 충분한 교반과정을 거친 반죽을 얇게 밀어서 여러 가지 모양으로 썰어 건조시킨 다음 기름에 튀겨낸 한과이다. 유과는 찹쌀을 물에 잠그는 수침기간, 첨가되는 콩물의 정도, 교반횟수, 건조방법 및 정도, 튀김온도 등에 영향을 받기 때문에 조리과정이 복잡한 음식이라고 할 수 있다.

반죽을 건조시킨 반데기는 튀기는 조리과정에 의해 충분하게 팽윤되어 부풀어야 하는데 찹쌀의 수침기간이 길수록, 콩이나 콩물의 첨가량이 충분하고 교반횟수가 많을수록 팽윤이 잘 된 유과가 만들어진다. 콩에 함유된 z-효소(enzyme)라는 성분은 유과 조직을 부드럽게 만들며 조직이 치밀한 형태로 팽윤될 수 있도록 영향을 주는 요인이다.

또한 튀김온도 역시 유과의 조직과 겉모양에 많은 영향을 주는데, 튀김온도는 세 단계로 조절을 해야 한다. 먼저 낮은 온도에서 반데기를 충분히 팽윤시킨 다음 서서히 온도를 높여 튀기는 것이 바람직하며, 지나치게 높은 온도에서 튀기면 유과의 팽윤도가 낮아지고 딱딱한 질감의 유과가 만들어진다.

(3) 다식

다식의 재료는 쌀 · 깨 · 콩 · 찹쌀 · 밀 등을 볶아서 만든 가루나 녹두 · 생강의 녹말가루, 송홧가루, 승검초가루가 이용된다. 다식은 볶은 곡식의 가루나 송홧가루를 꿀로 반죽하여 뭉쳐서 다식판에 넣어 여러 가지 모양이 나게 만들어 낸 한과이다. 곡식의 가루를 뜨거운 불에서 볶을 때, 곡류 전분의 호정화 현상에 의해 갈색으로 변하기도 한다.

Q & A

전분의 호정화란?

전분을 160~170℃의 건열로 가열하면 여러 단계의 가용성 전분을 거쳐 덱스트린(dextrin)으로 분해되는데, 이러한 변화를 호정화(dextrinization)라 한다. 호정화가 일어나면 점성이 낮아지고 맛과 색도 달라지는데, 약간 씁쓸한 맛과 갈색을 나타낸다. 이러한 현상은 빵을 구울 때 또는 가루를 볶았을 때 볼 수 있다. 전분의 호화는 물리적 변화만을 일으킨 것이나 호정화는 화학적 변화를 받은 것이므로, 덱스트린은 전분보다 분자가 적고 물에 녹기 쉬우며 호화 전분보다 효소작용을 받기 쉽다.

(4) 정과

정과는 비교적 수분이 적은 과실이나 식물뿌리 및 줄기, 열매를 얇게 저며서 물을 붓고 한번 끓여낸 다음 꿀·설탕물·조청에 조린 것이다. 빛깔이 고운 정과를 만들기 위해서는 설탕 대신 꿀을 이용하는 것이 좋으며, 꿀을 사용하면 광택 또한 우수하다. 보통 꿀이나 설탕 등에 연근·생강·유자·도라지·당근·인삼·모과 등의 재료를 넣어 사용한다. 조릴 때 위에 뜨는 거품은 걷어내고 뚜껑을 열고 조려야 윤기 있는 정과를 만들 수 있다.

(5) 과편

과편은 과일을 끓여 걸른 물에 설탕이나 꿀 등을 넣고 조린 다음 원하는 형태의 틀에 굳혀서 만든 음식이다. 과일에는 유기산과 펙틴 성분이 많아서 젤리나 잼이 잘 만들어지므로 일정 시간 굳히면 젤로 변한다. 옛부터 앵두가 많이 이용되었으며, 그 외에 딸기·살구·모과 등도 이용된다.

(6) 숙실과

숙실과란 과실을 익혔다는 뜻이다. 밤·대추 등 여러 가지 과일의 씨를 제거하여 설탕 시럽이나 꿀로 끓인 다음 식혀서 다시 과일 열매의 형태로 만든 음식이다. 과실 자체를 설탕시럽이나 꿀로 윤기 나게 졸여서 만든 밤초·대추초 등이 있으며, 대추나 밤을 삶아 껍질과 씨를 제거한 뒤 체에 내려서 꿀에 버무려 만든 율란·조란이 이에 속한다.

밤초나 대추초는 갑자기 센불에서 조리면 설탕시럽의 캐러멜화로 색이 검게 변하고 모양이 쭈글쭈글해지므로 약한 불에서 서서히 윤택이 나게 조리는 것이 바람직하다.

Q & A

당류의 캐러멜화란?

당 용액을 가열하면 130℃ 정도에서 당의 전화가 일어나고, 160℃~185℃에 이르면 분해되기 시작하여 계속해서 탈수중합이 일어나면서 담황색을 거쳐 갈색으로 색이 변한다. 190~200℃에서는 수분을 거의 잃고 진한 갈색의 캐러멜을 형성하는데, 이러한 현상을 캐러멜화(caramelization)라고 한다.

Q & A

펙틴젤이란?

펙틴은 식물조직에 널리 분포하는데, 특히 세포벽 사이에 존재하여 세포끼리 결착시켜 주는 시멘트와 같은 역할을 하는 물질이다. 펙틴의 구조를 살펴보면, D-갈락투론산(galacturonic acid)이 중합되어 있고 카르복실기(-COOH)가 부분적으로 메톡실화(methoxylation : $-COOHCH_3$)되어 펙틴 분자끼리 결합하여 3차원적인 망상구조를 만듦으로써, 그 내부에 물을 함유한 펙틴젤(pectin gel)을 형성하게 한다. 이러한 원리를 이용하여 잼(jam), 젤리(jelly) 등을 만든다.

펙틴의 구조

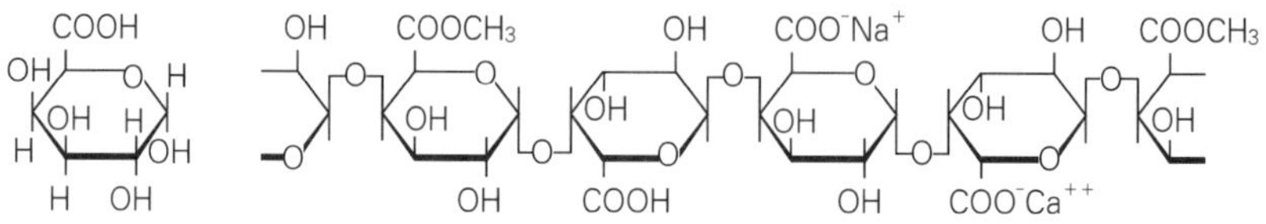

자료 : 안명수, 《식품과 조리원리》, p. 70.

1) 펙틴의 종류 및 젤의 형성 기전

펙틴은 메틸 에스터($-COOHCH_3$ 또는 $-OCH_3$)의 함량에 따라 하이-메톡실 펙틴(high-methoxyl pectin : HMP)과 로-메톡실 펙틴(low-methoxyl pectin : LMP)으로 나뉘며, 이들 각각의 젤 형성 기전에도 차이를 나타낸다.

- 하이-메톡실 펙틴(HMP) : 메톡실기($-OCH_3$) 함량이 7% 이상인 펙틴으로, 젤을 형성하기가 쉬워 산과 당만 있어도 쉽게 잼이나 젤리를 만들 수 있다.
- 로-메톡실 펙틴(LMP) : 메톡실기($-OCH_3$) 함량이 7% 이하인 펙틴으로, HMP와 달리 산과 당만으로는 젤이 형성되지 않으며 Ca^{2+}이 존재해야 가능하다.

2) 펙틴젤의 제조원리

- 설탕의 첨가 : 펙틴젤을 만들기 위해서는 펙틴 분자에 수화되어 있는 물을 제거하여 분자끼리 쉽게 결합할 수 있게 해야 하는데, 이렇게 하려면 설탕을 첨가해야 한다.
- 산의 첨가 : 펙틴은 물에 녹으면 음전하를 띠게 되어 펙틴 분자끼리 상호 반발하게 되는데, 젤을 형성시키기 위해서는 산을 첨가하여 음전하를 중화시킴($-COO^- + H^+ \rightarrow -COOH$)으로써 전기적인 반발을 줄여준다.

따라서 과일젤리나 잼을 만들 때 가장 중요한 세 가지 요소는 펙틴, 설탕 및 pH 조건으로, 일반적으로 젤리가 가장 잘 형성되기 위해서는 펙틴 함량이 1~1.5%, pH 3.0~3.4, 설탕량 60~65% 정도이어야 한다.

(7) 엿강정

엿강정의 재료로는 들깨·흰깨·흑임자·콩·땅콩·호두·잣 등을 사용하며, 엿과 섞은 다음 적당한 두께로 밀어 굳힌 것이다. 들깨·흰깨 등은 살며시 볶아 설탕에 물을 넣고 함께 끓이다가 물엿을 넣고 불을 약하게 줄인 뒤 설탕·물엿 등의 집청을 붓는다. 원하는 두께와 형태로 밀어서 굳히면 다양하게 엿강정을 만들 수 있다.

2) 한과의 조리 및 저장할 때 나타나는 바람직하지 않은 현상들

(1) 한과 표면의 딱딱한 조직

약과나 유과를 제조할 때 튀김온도는 표면 조직의 질감에 많은 영향을 준다. 적당한 탄성·씹힘성·부착성을 지닌 약과를 만들기 위해서는 튀김온도가 130~150℃이어야 하며, 부드러운 유과 조직을 만들기 위해서는 튀김온도는 30℃의 낮은 온도에서부터 150℃까지 서서히 온도를 올려주어야 한다. 지나치게 높은 튀김온도는 약과나 유과의 질감을 딱딱하게 하며 표면을 타게 하므로 적절한 온도의 선택이 매우 중요하다.

(2) 지방의 산패

약과나 유과를 장기간 보관하면 조리과정 중에 사용되었던 기름의 산패현상이 일어나게 된다. 지방의 산화를 막기 위해서는 공기와 접촉하지 못하도록 밀폐포장하는 것이 바람직하며, 냉동보관을 하면 산화효소의 불활성화로 산화방지에 효과적이다. 또한 약과를 반죽할 때 생강즙을 넣으면 지방에 의한 산화율을 낮출 수 있으며, 한과를 제조한 다음 시럽이나 꿀 등으로 표면을 집청하여 저장하면 공기를 차단하여 산소와의 접촉면을 줄일 수 있기 때문에 효과적이다.

3 음청류

1) 우리나라의 전통 음청류

우리나라는 삼국시대부터 식생활 형태가 체계화됨에 따라 주식과 부식이 분리되고 전통음료는 후식류로 발달하게 되었다. 《삼국사기》에 따르면, 김유신 장군이 출정길에 장수(漿水)를 마셨다는 기록이 있는데, 이때의 장수는 곡물을 젖산발효시킨 뒤 맑은 물을 첨가하여 만든 찬 음료로 생각된다.

고려시대에 오면 우리나라 역사상 차 문화의 전성기에 달하여 차를 마시는 것이 귀족과 서민사회 모두에서 일반화되었으나, 조선시대에는 배불정책과 주자학의 대두로 차를 재배·제조하는 사찰이 몰락함에 따라 차의 생산량이 감소하면서 녹차를 마시는 음다[飮茶]풍습이 다소 약해졌다. 대신 감잎차·구기자차·모과차 등의 대용차가 개발되었고 약이성 효과가 있는 여러 향미성 음청류가 크게 개발되었다.

(1) 전통 음청류의 종류

한국의 전통 음청류에는 차류·탕류·장류·숙수·갈수·화채류·식혜·수정과가 있으며, 그 제조법에 따라 종류가 다양하다. 한국 전통 음청류의 종류는 다음 표 4-4와 같다.

표 4-4. 한국 전통 음청류의 종류

분 류	제조법	종 류
차류	달여 마시는 차	백엽차, 형개차, 귤피차, 생강차, 계피차, 인삼차, 오가피차, 모과차, 결명자차, 미삼차, 곡차, 자굴차, 소엽차, 산사차, 회향차, 녹두차, 강귤차, 강죽차
	꿀물에 띄우거나 타서 마시는 차	당귀차, 국화차, 석류피차, 오미자차, 꿀차, 유자차, 산사차
	꿀에 재웠다가 물에 타서 마시는 차	자소차, 유자차, 매화차, 매자차
	오미자즙에 띄워 마시는 차	강순차, 박차
	청차에 섞어 마시는 차	청천백석차
	우려서 마시는 차	국화차
	가루내어 타서 마시는 차	기국차
탕류	고를 만들어 물에 타서 마시는 탕	건모과탕, 봉수탕, 여지탕, 습조탕, 향소탕, 지화고자탕, 제호탕
	가루내어 물에 타서 마시는 탕	수지탕, 백탕, 경소탕, 무록탕, 녹운탕, 용설탕, 선술탕, 행성탕
	달여서 마시는 탕	사물탕, 쌍화탕, 오미탕, 회향탕, 숙매탕, 수문탕, 온조탕, 빙지탕, 두구탕, 행락탕
	꿀에 재웠다가 물에 타서 마시는 탕	유자탕
	끓는 물을 부어서 또는 우려서 마시는 탕	국화탕, 자소탕
장류	발효 또는 숙성시키는 장	모과장, 계장, 귀계장, 제수
	달여 마시는 장	여지장
	냉수에 타서 마시는 장	매장
	기타	산장, 은장, 재장, 연수장, 단조장, 금성옥장
숙수	향약 음료인 숙수	자소숙수, 두구숙수, 침향숙수, 정향숙수, 향화숙수, 양간숙수, 율추숙수
	숭늉	숭늉
갈수	농축 과일즙	임금갈수, 포도갈수, 모과갈수
	향약을 달여 차게 마시는 갈수	어방갈수, 향당갈수, 오미갈수
화채류	오미자국물화채류	배화채, 복숭아화채, 보리수단, 진달래화채, 가련화채, 오미자화채, 장미화채, 책면(궁중)
	꿀물화채류	모과청화채, 책면(서민), 천도복숭아화채, 유자화채, 앵두화채, 밀감화채, 딸기화채, 떡수단, 복분자화채, 원소병, 옥수수수단, 송화수
	과즙화채류	앵두화채, 딸기화채, 수박화채, 포도화채
식혜	엿기름으로 밥알을 당화시킴	식혜, 찹쌀식혜, 연엽식혜, 안동식혜감주, 단감주, 보리감주, 석감주, 고구마감주, 술감주,
수정과	생강과 계피 끓인 물에 곶감·배 등을 넣어 만듦	수정과, 향설고, 배숙

차

차의 원산지는 중국과 일본, 그 밖에 동양의 여러 나라이다. 동백나무과에 속하는 다년생 차나무의 잎을 더운 물에 우려내어 마시는 음료이다. 차는 지금으로부터 약 5천 년 전 염제 신농이 100여 가지의 풀을 먹어 그 효능을 시험해 보다가 몸에 독이 배었는데 차를 먹고 독을 풀었다는 기록이 전해지고 있어 인류의 역사와 더불어 시작된 것으로 알려져 있다. 차는 커피・코코아와 함께 3대 비알코올성 기호음료로 세계 인류의 50%가 마시고 있다.

1) 차의 종류

차는 제조과정의 발효 정도에 따라 다음과 같이 크게 세 가지로 나눌 수 있다.

(1) 발효차

잎을 발효시켜 쪄서 말린 차로 홍차가 여기에 속한다. 잎을 약간 시들게 말려 비벼서 조직을 파괴한 다음 25℃ 정도에서 발효시킨다. 발효하는 동안 산화효소의 작용으로 엽록소가 분해되고, 탄닌과 그 밖의 성분이 산화・중합하여 홍갈색이 되며 향미성분도 생긴다. 발효과정에서 탄닌의 반 정도는 불용성이 되므로 떫은맛이 적다.

(2) 반발효차

발효과정을 홍차의 반 정도로 짧게 하여 제조하는 차로, 우롱차(oolong tea)가 여기에 속한다. 따라서 색이 약간만 변화된 것으로 독특한 방향을 가지며, 주로 중국에서 만들어진다.

(3) 불발효차

불발효차에는 녹차(green tea)가 있는데, 이는 잎을 전혀 발효시키지 않고 그대로 증기로 쪄서 산화효소를 파괴시킨 뒤 비벼서 말린 것이다. 엽록소가 거의 남아 있으며, 어린 잎일수록 선명한 녹색을 띤다.

2) 각종 차류의 특성과 제조법

(1) 순다류(純茶類) : 녹차

차나무는 여러 가지가 있으며, 같은 종류의 나무라도 토질 · 기후 · 해발 등에 따라 다르고 잎의 선택, 따는 시기, 가공방법 등에 의하여 차의 성질도 달라진다. 잎은 나무의 여러 부분에서 얻는데 어린 가지에서 아직 피어나지 않은 어린 잎을 따는 것이 좋으며 잎이 클수록 품질이 떨어진다.

녹차는 또한 가열방법에 따라 가마솥에 덖어서 만드는 덖음차와 수증기로 쪄서 만드는 증제차로 나눌 수 있는데, 우리나라에서는 주로 덖음한 녹차를 마시지만 일본에서는 증제한 녹차를 선호한다.

① 성분 및 효능

엽록소가 거의 남아 있으며 어린 잎일수록 선명한 녹색을 띤다. 녹차에는 카페인(caffeine)과 유사한 데인(theine)이라는 성분이 있어 쓴맛을 내며 어린 잎일수록 함량이 많다. 근육 · 뇌 등을 자극하며 이뇨 및 강심작용이 있다. 또한 폴리페놀(polyphenol)성 화합물로 차의 쓰고 떫은맛의 원인이 되는 탄닌이 끓는 물에 쉽게 우러나며, 차 속의 카테킨(cathechin)은 혈압상승을 억제하는 효과가 있다. 녹차에는 살모넬라균 · 장염비브리오균 등에 대한 항균작용을 하는 물질이 있고 비타민 C도 상당량 함유한다.

② 차 우려내기

차의 맛성분인 카테킨 · 카페인 · 유리아미노산류 및 당류 등은 차 우려내는 방법에 따라 성분 조성이 변하여 차의 맛이 달라진다. 맛을 향상시키는 질소와 유리아미노산류는 60℃의 낮은 온도에서도 잘 용출되지만, 맛을 조화시키는 카테킨 · 당류 등은 80℃ 이상의 높은 온도가 아니면 충분히 우러나지 않는다.

그러므로 온화한 좋은 맛을 원하는 상급의 녹차는 저온에서 우려내어 단감칠맛을 나게 하고, 강한 자극성 있는 맛에 중점을 두는 하급의 녹차는 고온에서 단시간 침출하는 것이 바람직하다. 상급의 차는 100℃로 완전히 끓인 물을 50~60℃로 식혀서 2분 30초 동안 우려낸다. 재탕의 경우는 물의 온도를 약간 높게 하고 물의 양도 많이 하여 1분 20초 동안 우려낸다. 중급의 차는 물을 70℃로 식혀서 2분 동안 우려낸다. 하급의 차는 90℃의 뜨거운 물에 30초 정도로 신속히 우려낸다.

(2) 유사다류(類似茶類)

① 생강차

생강은 독특한 매운맛과 방향성분을 가지고 있어서 차로 많이 이용할 뿐 아니라 한방약재로도 이용된다.

- **성분 및 효능** : 생강의 매운맛은 진제론(zingerone), 쇼가올(shogaol) 등으로 신진대사를 촉진하고 몸을 따뜻하게 하는 작용을 한다. 또한 생강은 식품으로 정유성분과 매운맛이 살균작용을 하여 생선회를 먹을 때 같이 먹으면 장염비브리오 등과 생선에 기생하는 아니사키스 같은 기생충 예방에도 효과가 있다. 또한 감기예방이나 치료에도 도움을 준다.
- **만드는 법** : 생강차는 생강을 저며 썰어 물을 붓고 중불로 10～20분 정도 끓인 뒤 기호에 따라 꿀이나 대추・잣 등을 넣어 마시거나 곱게 채를 썰어 설탕에 재웠다가 끓는 물에 타기도 한다.

② 인삼차

- **성분 및 효능** : 인삼은 오갈피과의 뿌리로, 주로 약으로 사용해왔고 음료로도 많이 이용하고 있다. 인삼의 생리작용으로는 중추신경에 대한 진정작용과 흥분작용이 있으며, 순환계에 작용하여 고혈압이나 동맥경화의 예방효과가 있다. 그 외에도 인삼은 몸을 따뜻하게 하는 성질이 있어 열이 오르므로 여름철에는 잘 마시지 않는다.
- **만드는 법** : 인삼차 제조에는 수삼(생삼)이나 홍삼(수삼을 쪄서 말린 붉은 인삼)을 모두 사용할 수 있는데, 통째로 또는 얇게 썰어서 물과 함께 은근히 중불로 끓여 마시거나 가루로 만들어 물에 타서 마시기도 한다. 인삼을 달일 때는 대추를 몇 개 넣으면 맛이 좋아지며, 인삼 10g에 물 500ml의 비율로 달인다. 기호에 따라 꿀이나 설탕을 첨가한다.

③ 유자차

- **성분 및 효능** : 달콤한 맛과 향이 좋은 유자차는 혈액순환을 촉진시키고 비타민 C도 풍부하여 감기예방에 좋다.
- **만드는 법** : 유자차를 만들 때는 유자열매 전체 또는 껍질만을 사용하기도 하는데, 유자를 적당한 크기로 썰어 푹 잠길 정도의 설탕이나 꿀

을 붓고 밀봉하여 저장한다. 차를 탈 때는 끓는 물에 유자편을 2~3쪽씩 넣고 잣이나 석류알을 띄워 낸다. 겨울철에 흔히 즐기는 음료이다. 유자청은 식혜물에 넣기도 하며 유자편은 두텁떡에 이용하면 좋다.

④ 구기자차

- 성분 및 효능 : 한방약재인 구기자는 독특한 향미는 없지만 강장·해열에 좋고 빛깔이 좋아 차로 끓여 마신다. 구기자는 혈액순환을 좋게 하는 성분인 베텐(betane), 비타민 A, B_1, B_2, 칼슘, 인, 철 등을 함유하고 있다. 현재까지 알려진 구기자의 가장 좋은 효능은 피로회복이다.
- 만드는 법 : 마른 구기자 열매를 씻어서 중불로 고운 빛이 우러나도록 끓인다. 기호에 따라 꿀이나 설탕을 가미하여 먹는다.

⑤ 대추차

- 성분 및 효능 : 대추차는 당질과 비타민 A, B_1, B_2가 상당량 들어 있어 예로부터 건강차로 애용해 왔으며, 신경쇠약·빈혈·식욕부진에 효과가 있다고 한다.
- 만드는 법 : 대추차는 보통 달여서 마시지만 즙을 내서 뜨거운 물에 타서 마시면 더욱 맛이 좋다. 대추에 물을 붓고 대추가 완전히 흐물흐물해질 때까지 푹 고아서 베보자기나 거즈에 싸서 꼭 짠다. 여기에서 나온 즙을 다시 달여서 농축시킨 다음 보관하였다가 뜨거운 물에 타 마시면 좋다.

⑥ 율무차

- 성분 및 효능 : 한방약재인 율무는 이뇨와 미용에 효과가 있다고 하여 애용해 왔으며 보양식품으로도 알려져 있다. 율무는 탄수화물·지방·단백질·칼슘·철분 등이 고루 들어 있으며, 몸 속의 이물질과 노폐물을 배출시키는 데 효과가 있다.
- 만드는 법 : 전통적인 방법은 볶은 율무를 찬물에 넣어 끓인 다음 약한 불에 30분 정도 달인다. 요즈음에는 율무의 껍질을 제거하고 볶아 가루로 만든 다음 뜨거운 물에 타서 먹는데, 기호에 따라 설탕 등을 넣어서 마신다.

⑦ 결명자차

- 성분 및 효능 : 옛부터 음료로 마셔오던 것으로 강장작용 및 이뇨작용이 있으며, 한방에서는 눈을 밝게 하는 약으로 알려져 있으나 어떤 성

분이 유효한 것인지는 알 수 없다. 이 밖에 변비에 효과가 있으며 체내의 수분을 배출시키는 작용을 하기 때문에 신장의 부담을 덜어주는 등 신장기능을 회복시키는 데 도움이 된다.

- 만드는 법 : 결명자를 깨끗이 씻어 물기를 뺀 뒤 약한 불에 살짝 볶는다. 물처럼 먹을 때는 8컵 가량의 물에 결명자 5g 정도 넣고 중불로 연한 갈색이 나도록 끓인다. 차로 먹을 때는 물 8컵 정도에 결명자 40g을 넣고 끓인 다음 걸러서 기호에 따라 설탕을 첨가해서 마신다.

⑧ 오미자차

- 성분 및 효능 : 한방약재인 오미자는 예로부터 여러 가지 화채류를 만들 때 사용해왔다. 독특한 방향과 상쾌한 신맛을 주며 연한 붉은색으로 색채가 아름답다. 주로 찬 음료로 이용된다. 오미자는 다섯 가지 맛, 즉 신맛 · 쓴맛 · 단맛 · 짠맛 · 매운맛을 갖추어 신선한 맛을 내며, 오미자 국물에는 유기산이 들어 있어 사람 몸의 각 장기에 좋은 생리작용을 하기 때문에 청량음료로도 적당하며 강장과 진해의 효과도 있다.
- 만드는 법 : 오미자는 끓여서 30℃ 정도로 식힌 물에 하룻밤 정도 우려내는 것이 좋다. 연구에 따르면 9시간 정도 우려내는 것이 관능적으로 가장 좋은 맛을 낸다고 한다. 이렇게 만든 오미자 국물은 화채에 많이 쓰인다.

⑨ 칡차

- 성분 및 효능 : 칡차는 두 가지 종류로 나눌 수 있는데, 생칡을 짜서 즙을 내어 만든 생칡차와 칡의 뿌리를 달인 차가 있다. 칡의 껍질을 벗겨 말린 것을 한방에서는 갈근이라고 하는데 기침 · 감기에 효과가 뛰어나 갈근탕의 주재료로 쓰인다. 또한 칡차는 과음으로 인한 숙취 해소와 감기에 좋은 약효가 있다. 몸을 따뜻하게 하고 두통을 가라앉히는 데 효과가 있다.
- 만드는 법 : 생칡차는 생칡을 깨끗이 씻어 적당한 크기로 썰어 절구에 넣고 찧은 다음 면보자기로 싸서 국물을 짜내 꿀물을 약간 타서 묽게 만들어 마신다. 말린 칡은 얇게 썰어 차관에 넣고 물을 부어 오랫동안 달인다. 건더기는 체로 밭이고 물만 따라 꿀을 타서 마신다.

⑩ 모과차

- 성분 및 효능 : 한방약재인 모과는 소화촉진과 감기에 특효가 있는 알

칼리성 식품이다. 그 밖에 천식 · 해소 · 피로회복에도 효과가 크고 더위 먹은 데 좋다고 한다. 또한 모과는 각기병에 효과가 있는 것으로 알려져 있으며 급체 · 토사에도 좋다.

- 만드는 법 : 모과는 씨를 발라내어 얇게 썬 다음 설탕이나 꿀에 재워서 모과청을 만든다. 말려서 보관하기도 하는데, 말린 모과와 대추를 넣고 푹 고아 국물만을 밭여서 꿀이나 설탕을 넣고 실백을 띄운다.

⑪ 매실차

- 성분 및 효능 : 매실차는 정장작용이 뛰어나며 설사 · 변비를 치료하고 강한 살균 및 해독작용이 있어 식중독을 예방하고 치료한다.
- 만드는 법 : 잘 익은 매실을 깨끗이 씻어 물기를 제거하고 설탕이나 꿀에 재워두었다가 여기서 생긴 시럽과 과실을 넣고 뜨거운 물을 부어 마신다.

⑫ 감잎차

- 성분 및 효능 : 감나무의 어린 잎을 말려 우려낸 감잎차는 비타민 A와 C가 풍부해 감기를 예방하고 병에 대한 저항력을 길러준다.
- 만드는 법 : 3～6월 무렵 싱싱한 감잎을 따서 씻어 물기를 제거하고 찜통에서 2분 정도 찐다. 찐 감잎을 햇볕에 바싹 말려 보관하였다가 뜨거운 물로 우려내어 마신다.

⑬ 솔잎차

- 성분 및 효능 : 중풍과 고혈압을 예방하고 혈액순환에 효과가 있다.
- 만드는 법 : 갓 따낸 솔잎을 깨끗이 씻어 물기를 뺀 다음 꿀에 버무려 밀폐용기에 담는다. 1주일이 지나면 건더기는 걸러내고 솔잎 시럽을 냉장보관하였다가 적당량을 뜨거운 물에 타서 마신다.

화 채

화채는 오미자 국물, 과즙, 꿀물에 계절의 과일을 띄우거나 꽃잎·실백을 띄워 내는, 후식에서 빼놓을 수 없는 전통음료이다.

1) 오미자 화채

오미자 국물에 과일이나 꽃잎을 띄워 낸 것으로, 그 과일과 꽃잎의 종류에 따라 이름이 붙여졌다. 이것을 정리해 보면 표 4-5와 같다.

오미자는 꽃잎덩굴과에 속하는 우리나라 고유의 열매로, 꽃이 지고 난 뒤 가을에 빨간 열매를 맺는다. 크기는 팥알만 하고, 대추처럼 검붉은 과육이 붙어 있다. 햇것은 더욱 붉은빛이 나고 과육이 많이 붙어 있는데, 화채용으로는 금방 딴 것이 국물 색이 곱고 신맛이 잘 우러나서 좋다. 말린 오미자는 붉은빛을 띠고 끈끈한 것이 고운 색을 우려내는 데 알맞다. 덜 익은 것은 오미자의 색이 곱게 우러나지 않으므로 화채에는 적당하지 않다.

오미자는 신맛·단맛·매운맛·쓴맛·짠맛의 다섯 가지 맛을 다 갖추어 신선한 맛을 주므로 화채의 국물로 오랜 동안 이용되어 왔다.

표 4-5. 오미자 화채의 종류 및 특성

종 류	특 성
진달래 화채	진달래 꽃잎에 녹말가루를 입힌 다음 끓는 물에 살짝 데친 것을 오미자 국물에 띄운다.
가련 화채	어린 연잎에 녹말가루를 입혀 끓는 물에 데친 것을 오미자 국물에 띄운다.
배 화채	꿀에 재워둔 배를 오미자 국물에 띄운다.
밀감 화채	밀감 알갱이를 설탕에 재웠다가 오미자 국물에 띄운다.
복숭아 화채	꿀에 재워둔 복숭아를 조각내어 오미자 국물에 띄운다.
보리수단	삶은 보리쌀에 녹말가루를 입혀 삶은 다음 찬물에 헹구어 오미자 국물에 띄운다.
창면	녹말가루로 가는 면을 만들어 오미자 국물에 띄운다.

Q & A

수단이란?

북송(北宋)의 시인 장문갑의 시에 "수단이 얼음에 잠겨서 사랑으로 쌓이네"라는 글귀가 있는 것으로 보아 중국이 기원임을 알 수 있다. 수단(水團)은 《열양세시기(洌陽歲時期)》에 아이들을 위한 시식성찬이라 하였고, "쌀가루나 밀가루를 쪄서 흰떡 모양으로 만들어 썬 다음 겉에 녹말가루를 묻혀 삶아 건져내어 꿀물에 넣어 먹는다."고 하였다. 수단은 단오절에 만들어 먹는 음식이었는데, 조선시대 중엽부터 유월 유두날로 옮겨졌다고 한다. 《도문대작》에서는 수단을 서울의 시식으로 소개하고 있다.

2) 과즙 화채

과일의 즙을 만들어 과일 조각을 띄우는 화채이다.

표 4-6. 과즙 화채의 종류 및 특성

종 류	특 성
앵두 화채	씨를 뺀 앵두를 꿀물에 띄운다.
산딸기 화채	산딸기를 물에 고아 만든 산딸기물에 산딸기를 띄운다.

3) 꿀물 화채

꿀물에 과일이나 떡 등을 넣어 먹는 화채이다.

표 4-7. 꿀물 화채의 종류 및 특성

종 류	특 성
배숙	배에 후추를 박아 꿀물이나 설탕물에 넣어 끓인다.
향설고	껍질을 벗긴 문배에 후추 몇 개를 박아 생강차에 넣고 끓인다.
유자 화채	설탕에 재운 유자 알갱이, 채친 유자 껍질, 배를 설탕물에 띄운다.
원소병	찹쌀가루를 각색으로 반죽하여 소를 넣고 빚어 삶은 후 꿀물을 붓는다.
떡수단	가래떡을 잘게 썰어 녹말가루를 묻힌 다음 삶아 찬물에 넣었다가 건져내어 꿀물에 띄운다.

Q & A

화채의 과일이 잘 뜨게 하려면?

화채를 만들었는데 그 과일이 잘 뜨지 않을 때는 어떻게 해야 할까? 화채 국물의 당도가 과일 조각의 당도보다 클 때 과일이 잘 뜬다. 비중의 원리를 생각하면 쉽게 이해할 수 있을 것이다. 일반적으로 물 1컵에 설탕 1/4컵이면 알맞은 당도이다. 설탕은 녹는 데 시간이 많이 걸리므로 시럽을 이용하는 것도 한 방법이다.

식 혜

우리에게 잘 알려진 기호성 음료 가운데 대표적인 것이 바로 식혜(食醯)이다. 식혜는 중국 주(周)대의 《예기(禮記)》에서 상류계급이 마시는 음료의 하나인 감주(甘酒)의 웃물인 예(禮 : 단술)에서 그 기원을 찾을 수 있다. 우리나라 문헌에서는 《수문사설》에 처음 나타난다. 또한 홍선균은 《조선요리학》에서 "외관으로는 미술적이고, 그 맑고 담백한 맛이 중국의 일등 품질의 차라도 우리의 식혜만은 못하다고 생각한다. 식혜를 늘 먹으면 소화가 잘 되며, 체중이 줄고 혈액을 잘 순환시켜 마음의 상쾌한 기분이 자연히 생기는 음식이다."고 예찬하였다. 식혜의 맛을 더해주기 위해 유자·석류·대추·밤 등을 사용하기도 한다.

1) 식혜의 종류

식혜는 오늘날까지 가장 널리 음용되고 있는 우리나라 고유의 청량음료로, 엿기름물로 밥알을 당화시켜 국물과 밥알을 함께 마신다. 식혜의 종류로는 백미나 찹쌀을 이용해 담그는 식혜와 감주 외에 첨가되는 재료에 따라 몇 가지로 더 나뉜다. 곧 밥알을 연잎에 싸서 당화시켜 연잎의 향기가 그윽한 식혜인 연엽식혜와 고춧가루와 무를 넣어 일종의 물김치 같은 안동식혜가 있으며, 지방에서 향토음료로 전해내려오는 감주도 있다.

2) 식혜의 조리법 및 조리원리

(1) 엿기름물 만들기

엿기름은 깨끗한 물을 사용하여 겉보리를 발아시킨 것으로 이것을 자연건조시킨 다음 분쇄하여 만든 것이 엿기름가루이다. 좋은 엿기름가루를 골라야 단맛이 잘 우러난다. 엿기름가루를 주머니에 담아 물에 넣고 주무르면서 엿기름물을 만든다. 이때 엿기름가루에 있는 전분은 식혜의 물을 탁하게 하여 맑은 식혜를 만들 수 없으므로 반드시 가라앉혀 맑은 웃물만을 쓴다.

(2) 식혜밥 만들기

식혜밥은 찹쌀이나 멥쌀을 사용한다. 멥쌀에 비하여 찹쌀은 아밀로펙틴의 함량이 많아 소화가 잘 되지만, 밥알이 오그라들어 동동 뜨지 않고 깔깔해서 입안에 달라붙는 특성이 있다. 밥은 일반적으로 물에 넣고 끓이는 방법을 택하거나 시루나 찜통에 찌는 방법으로 한다. 이때 호화가 완전히 되어야 엿기름물의 아밀라아제가 작용하여 쉽게 당화되어 말토오스(maltose)를 만들 수 있으므로 밥이 잘 호화되도록 한다. 찜의 방식으로 밥을 할 때는 중간부분은 오목하게 하여 수분이 잘 전달되도록 하고, 중간에 물을 몇 번씩 뿌려주면 쉽게 호화된다.

(3) 식혜밥 삭히기 : 전분의 당화작용

식혜밥이 뜨거울 때 엿기름물을 붓고 50～60℃로 보온한다. 이는 맥아의 효소(amylase) 작용이 이 온도에서 가장 활발하여 밥의 전분을 말토오스로 가수분해하기 때문이다. 식혜의 독특한 단맛 성분인 말토오스는 소화를 쉽게 하도록 도와준다.

밥알의 전분이 엿기름물에 의해 분해되어 당으로 빠져나가면서 밥알 속이 없어져 가벼워지면 3～4알씩 떠오르기 시작한다. 이렇게 밥알이 잘 삭으면 건져내어 찬물에 담가 헹구어야 식혜에 밥알이 잘 뜬다.

(4) 끓이기

식혜밥을 건져낸 엿기름물에 일정량의 물을 붓고 설탕과 생강을 넣어 함께 끓인다. 이렇게 끓인 식혜물은 열에 의해 효소가 불활성화되므로 더 이상 효소작용이 일어나지 않는다. 식혜는 반드시 차게 식힌 다음 식혜밥알을 띄워 낸다.

Q & A

식혜와 감주는 어떻게 다른가?

식혜는 엿기름으로 밥알을 삭힐 때 완전히 삭은 것을 건져서 찬물에 헹군 다음 먹기 직전에 밥알을 띄워내는 것으로, 밥알의 전분이 완전히 삭아 당분으로 빠져나갔기 때문에 가벼워져서 엿기름물에 둥둥 뜨게 된다.

감주는 엿기름물에 수십개의 밥알이 삭아서 뜨면 엿기름물과 함께 끓여서 밥알의 전분이 완전히 분해되도록 한 것이다. 가열을 함으로써 밥알의 형태가 많이 부서지면서 당분을 흡수하므로 감주는 밥알이 가라앉는 특징이 있다.

참고문헌 및 연구논문

강인희, 《한국의 맛》, 대한교과서주식회사, 1987.

———, 《한국의 떡과 과줄》, 대한교과서주식회사, 1997.

구영조 · 최신량, 《김치의 과학기술》, 도서출판 창조, 1991.

김경진, 《식품조리 및 이론》, 보성문화사, 1994,

김기숙 · 김미정 · 안숙자 · 이숙영 · 한경선, 《식품과 음식문화》, 교문사, 1999.

김동승, 《최신식품구매론》, 효일문화사, 1991.

김상형, 《식품학》, 수학사, 1994.

김형수, 《식품화학》, 수학사, 1986.

김형수 외, 《식품학개론》, 수학사, 1994.

남궁석 · 소명환, 《식품학총론》, 진로연구사, 1994.

드만, 존 M., 《식품화학》, 황인경 감수, 김미정 · 김미라 옮김, 도서출판 까치, 1989.

모수미 · 이혜수 · 현기순 · 홍성야, 《조리학》, 교문사, 2000.

문범수 · 이갑상, 《식품재료학》, 수학사, 1993.

문수재 · 손경희, 《식품학 및 조리원리》, 수학사, 1988.

———, 《식품학 및 조리원리》(개정판), 수학사, 1994.

박일화, 《식품과 조리원리》(개정판), 수학사, 1995.

서봉순 · 윤은순 · 이진순 · 하순용, 《한국조리》, 지구문화사, 1993.

손경희, 〈한국전통 음청류의 역사적 고찰〉, 제4회 인제 식품과학 포럼 논총, 1996.

신민자, 《식품조리원리》, 광문각, 2000.

안명수, 《식품과 조리원리》, 신광출판사, 1992.

———, 《한국음식의 조리과학성》, 신광출판사, 2000.

양일선, 《식품구매》, 수학사, 1993.

염초애, 《한국음식》, 효일문화사, 1992.

염초해 · 장명숙 · 윤숙자, 《한국음식》, 효일문화사, 1992.

윤서석, 《우리나라 식생활문화의 역사》, 신광출판사, 1999.

윤서석, 《우리나라의 식생활문화》, 신광출판사, 1999.

윤서석, 《한국음식(역사와 조리)》, 수학사, 1981.

이서래 · 신효선, 《최신식품화학》, 신광출판사, 1995.

이성우, 《고대 한국식생활문화사》, 향문사, 1992.

이성우, 《한국식품문화사》, 교문사, 1984.

이성우, 《한국요리문화사》, 교문사, 1985.

이한창, 《발효식품》, 신광출판사, 1998.
이혜수, 《조리과학》, 교문사, 1986.
이혜수 외, 《조리원리》, 교문사, 2000.
이효지, 《한국의 김치문화》, 신광출판사, 2000.
정문숙 · 신미혜, 《생활조리》, 신광출판사, 2000.
정현숙 · 정외숙 · 임효진 · 박춘란, 《새로운 조리과학》, 지구문화사, 1999.
조후종, 《조후종의 우리음식이야기》, 한림출판사, 2001.
한복려 · 한복진, 《종가집 시어머지 장 담그는 법》, 도서출판 둥지.
한재숙, 《조리과학》, 형설출판사, 1994.
한정혜, 《한국요리》, 성안당, 1998.
황혜성, 《조선왕조 궁중음식》, 궁중음식연구원, 1995.
황혜성 외, 《한국의 전통음식》, 교문사, 1994.
황혜성 · 한복려 · 한복진, 《한국의 전통음식》, 교문사, 1989.
Marion, Bennion, *Introductory food*, 10th ed, Prentice-Hall, Inc., 1995.

강종옥 · 안우진, Fung, Daniel Y. C., 〈육회에서의 참기름, 마늘, 간장의 미생물 억제 작용〉, p. 307, 하술발표회 : 축산시설환경 및 축산물이용, 1995.
김관 · 이용현 · 박양균, 〈찹쌀의 침지시간을 달리하여 제조한 찹쌀떡의 노화속도〉, 《한국식품과학회지》, Vol. 27, No. 2, p. 264, 한국식품과학회, 1995.
김광옥 · 김원희, 〈젓갈의 종류 및 첨가수준에 따른 배추 김치의 발효기간 중 특성 변화〉, 《한국식품과학회지》, Vol. 26, No. 3, p. 324, 1994.
김기숙 · 한경선, 〈경단 조리법의 표준화를 위한 조리과학적 연구〉(III), 《한국조리과학회지》, Vol. 8, No. 4, p. 405, 1992.
김복선 · 이택수 · 이명환, 〈식혜의 당화과정 중 성분변화〉, 《산업미생물학회지》, Vol. 12, No. 2, p. 125, 1984.
김성곤 · 변유량, 〈실온 및 고온 저장시 쌀밥의 노화 속도〉, 《한국식품과학회지》, Vol. 14, No. 1, p. 80, 한국식품과학회, 1982.
김윤지 · 성기승 · 한찬규 · 정재홍 · 강통삼, 〈새우젓을 첨가한 우, 돈육 젓갈 발효에 대한 단백질 분해효소의 영향〉, 《한국축산학회지》, Vol. 38, No. 3, p. 275, 1996.
김윤지 · 이남혁, 〈돼지머리편육 제조시 삶는 시간 조건에 따른 제품의 이화학적 특성 변화〉, 《한국식품영양과학회지》, Vol. 27, No. 4, p. 668, 1998.
김은실 · 전희정 · 이효지, 〈찜의 문헌적 고찰〉(I)-수조육류를 이용한 찜을 중심으로, 《한국식생활문화학회지》, Vol. 5, No. 1, p. 59, 1990.
――――, 〈찜의 문헌적 고찰〉(II)-어패류 · 채소류 및 기타를 이용한 찜을 중심으로, 《한국식생활문화학회지》, Vol. 5, No. 1, p. 77, 1990.

김종군, 〈한국 고유 떡류의 보존성에 관한 연구〉, 《대한가정학회지》, Vol. 14, No. 1, p. 639, 대한가정학회, 1976.
김종군 · 황진선 · 김우정, 〈쌀 품종에 따른 쌀밥의 물리적 및 관능적 특성 연구〉(I)-저장 중 쌀밥의 풍미 및 겉모양의 변화, 《한국농화학회지》, Vol. 30, No. 2, p. 109, 1987.
김태홍, 〈우육 조리법의 역사적 고찰〉, 4, 숙육과 편육, 《한국식생활문화학회지》, Vol. 9, No. 5, p. 499, 1995.
남상주 · 김광옥, 〈재료의 양과 감미료를 달리한 식혜의 관능적 특성〉, 《한국식품과학회지》, Vol. 21, No. 2, p. 197, 1989.
도순덕 · 이영미 · 장학길, 〈지역별 젓갈의 종류와 이용도에 관한 연구〉, 《한국조리과학회지》, Vol. 9, No. 3, p. 222, 1993.
민봉기 · 홍성희 · 신명곤 · 정진, 〈쌀밥의 가열조건별 취반 특성〉, p. 81, 1993년 춘계 학술발표회, 1993.
박석규 · 성치남 · 이상원 · 조용운 · 고용덕, 〈쌀밥 보온 중 이상취 발생 원인 미생물의 분리 및 동정〉, p. 47, 1996년 추계 학술대회, 한국식품영양과학회, 1996.
박소현 · 류재천 · 한영실, 〈숯불구이 방법이 어 · 육류의 품질 특성에 미치는 영향〉, 《한국조리과학회지》, Vol. 15, No. 4, p. 455, 추계 심포지엄, 1999.
박우포 · 김재욱, 〈소금 농도가 김치 발효에 미치는 영향〉, Vol. 34, No. 3, p. 295, 1991.
———, 〈조미료, 젓갈 등이 김치 발효에 미치는 영향〉, 《한국농화학회지》, Vol. 34, No. 3, p. 242, 1991
———, 〈향신료가 김치 발효에 미치는 영향〉, 《한국농화학회지》, Vol. 34, No. 3, p. 235, 1991.
신동화 · 최웅, 〈유과 제조 조건 및 팽화 요인에 관한 연구〉, 《한국식품영양과학회지》, Vol. 19, No. 6, p. 617, 1990.
안명수, 〈밥 · 죽의 문화〉, 《한국식생활문화학회지》, Vol. 7, No. 2, p. 195, 한국식생활문화학회, 1992.
———, 〈백설기의 제조 조건에 따른 이화학적 특성의 변화〉, 성신여자대학교 생활문화연구, Vol. 13, pp. 89~106, 1999.
유광원 · 김영순, 〈첨가물이 국수의 조리 특성에 미치는 영향〉, 《한국조리과학회지》, Vol. 13, No. 4, p. 417, 1997.
윤서석, 〈한국의 국수문화의 역사〉, 《한국식생활문화학회지》, Vol. 6, No. 1, p. 85, 1991.
윤서석 · 김기숙 · 한경선, 〈경단 조리법의 표준화를 위한 조리과학적 연구〉(II), 《한국조리과학회지》, Vol. 7, No. 3, p. 47, 1991.
윤서석 · 김미경 · 한경선, 〈한국음식 종목의 총람보고〉(I)-밥, 죽, 미음, 국수, 떡국, 수제비, 《한국식생활문화학회지》, Vol. 2, No. 1, p. 93, 1987.

이영진 · 황선욱 · 김상권 · 박윤서 · 전재근, 〈전기밥솥에서 보온 중인 밥의 조직감 변화〉, 《한국농화학회지》, Vol. 38, No. 5, p. 422, 1995.

이응호, 〈젓갈의 식품학적 특징 및 제조기술 동향〉, 《한국조리과학회지》, Vol. 11, No. 4, p. 405, 1995년 한국조리과학회 추계 학술심포지엄 및 정기총회 : 젓갈의 조리과학적 특성, 1995.

이주희 · 박금미, 〈생강 및 집청이 약과의 지방 산화에 미치는 영향〉, 《한국조리과학회지》, Vol. 11, No. 2, p. 93, 1995.

이철호 · 맹영선, 〈한과류의 문헌적 고찰〉, 《한국식생활문화학회지》, Vol. 2, No. 1, p. 55, 1987.

이홍열 · 정순택 · 박현진, 〈오이장아찌 제조 중 경도, 칼슘 함량, Polygalacturonase 및 Pectinesterase 활성 변화에 관한 연구〉, 《한국식품영양과학회지》, Vol. 24, No. 5, p. 796, 1995.

이효지 · 전희정, 〈식혜(식해) 제조의 과학적인 연구〉, 《대한가정학회지》, Vol. 14, No. 1, p. 685, 대한가정학회, 1976.

임영희 · 이현유 · 장명숙, 〈콩기름의 가열시간별 유과의 품질 특성〉, 《한국식품영양과학회지》, Vol. 22, No. 2, p. 186, 1993.

임은영 · 오명숙, 〈조리 방법 및 재료 배합비율이 약과의 품질 특성에 미치는 영향〉, 《한국식생활문화학회지》, Vol. 12, No. 1, p. 35, 1997.

장동석 · 최승태 · 전세규, 〈생선회의 위생대책 수립에 관한 연구〉, 《한국수산학회지》, Vol. 18, No. 3, p. 292, 1985년 춘계 총회 및 학술발표회(IV. 일반강연 발표요지) : C. 수산이용가공 분야(85-C-5), 한국수산학회, 1985.

장지현, 〈우리나라 전래의 양념류〉, 《한국조리과학회지》, Vol. 2, No. 2, p. 87, 추계 학술세미나 주제강연, 1986.

전형주 · 손경희 · 박현경, 〈유과 조리법의 표준화에 관한 연구〉(I), 《한국식생활문화학회지》, Vol. 10, No. 2, p. 75, 1995.

전형주 · 손경희, 〈유과 조리법의 표준화에 관한 연구〉(II), 《한국식생활문화학회지》, Vol. 10, No. 2, p. 83, 1995.

정순택 · 이홍렬 · 박현진, 〈오이장아찌 제조 중 산도, pH, 염도 및 관능적 품질 변화에 관한 연구〉, 《한국식품영양과학회지》, Vol. 24, No. 4, p. 606, 1995.

정애련 · 고무석, 〈마늘장아찌 숙성 중 텍스처 특성의 변화〉, 《한국식품과학회지》, Vol. 25, No. 6, p. 596, 1993.

조경희, 〈육류의 가열조리시의 변화〉, 《한국조리과학회지》, Vol. 11, No. 2, p. 192, 1995년 춘계 학술심포지엄 주제강연 2 : 육류의 조리과학성, 1995.

조순옥 · 조신호 · 이효기, 〈구이방법에 따른 임연수어 Texture 및 성분변화〉, 《한국조리과학회지》, Vol. 1, No. 1, p. 74, 1985.

최정 · 임성일 · 석호문, 〈전통 안동식혜의 숙성과정 중 성분변화〉, 《한국식품영양과학회지》, Vol. 20, No. 4, p. 381, 1991.

찾아보기

ㅇ

ㅈ

ㅊ

ㅋ

ㅌ

ㅍ

ㅎ

저자 소개

손경희 이화여자대학교 가정학과 졸업
이화여자대학교 대학원 졸업(석사)
연세대학교 대학원 졸업(박사)
대한가정학회 · 한국조리과학회 · 한국식생활문화학회 회장 역임
연세대학교 생활환경대학원 원장 역임
현재 : 연세대학교 식품영양학과 교수

민성희 세경대학교(전임)
정혜정 김포대학(전임)
박현경 연세대학교(강사)
김지향 연세대학교(강사)
최희선 인제대학교(강사)
이미숙 대원과학대학(전임)
전형주 서일대학(전임)
박 진 오산대학(강사)
박옥진 삼성 에버랜드 조리아카데미
연세대학교(강사)

한국음식의 조리과학

2001년 3월 7일 초판 발행
2012년 2월 21일 4쇄 발행

저 자 손경희 외
발행인 류 제 동
발행처 (株)教文社

413-756 경기도 파주시 교하읍 문발리
출판문화정보산업단지 536-2
전화 031) 955-6111(代)
팩스 031) 955-0955
등록 1960. 10. 28. 제 1-2호
홈페이지 : www.kyomunsa.co.kr
E-mail : webmaster@kyomunsa.co.kr

* 잘못된 책은 바꿔 드립니다.
값 12,000원

ISBN 89-363-0556-5